D1636095

polish
nigel gotteri and
joanna michalak-gray

Launched in 1938, the **teach yourself** series grew rapidly in response to the world's wartime needs. Loved and trusted by over 50 million readers, the series has continued to respond to society's changing interests and passions and now, 70 years on, includes over 500 titles, from Arabic and Beekeeping to Yoga and Zulu. What would you like to learn?

be where you want to be with **teach yourself**

For UK order enquiries: please contact Bookpoint Ltd, 130 Milton Park, Abingdon, Oxon, OX14 4SB. Telephone: +44 (0) 1235 827720. Fax: +44 (0) 1235 400454. Lines are open 09.00–17.00, Monday to Saturday, with a 24-hour message answering service. Details about our titles and how to order are available at www.teachyourself.co.uk

For USA order enquiries: please contact McGraw-Hill Customer Services, PO Box 545, Blacklick, OH 43004-0545, USA. Telephone: 1-800-722-4726. Fax: 1-614-755-5645.

For Canada order enquiries: please contact McGraw-Hill Ryerson Ltd, 300 Water St, Whitby, Ontario, L1N 9B6, Canada. Telephone: 905 430 5000. Fax: 905 430 5020.

Long renowned as the authoritative source for self-guided learning – with more than 50 million copies sold worldwide – the **teach yourself** series includes over 500 titles in the fields of languages, crafts, hobbies, business, computing and education.

British Library Cataloguing in Publication Data: a catalogue record for this title is available from the British Library.

Library of Congress Catalog Card Number: on file.

First published in UK 1997 by Hodder Education, part of Hachette Livre UK, 338 Euston Road, London, NW1 3BH.

First published in US 1997 by The McGraw-Hill Companies, Inc.

This edition published 2008.

The **teach yourself** name is a registered trade mark of Hodder Headline.

Typeset by Transet Limited, Coventry, England.
Printed in Great Britain for Hodder Education, part of Hachette Livre UK, 338 Euston Road, London, NW1 3BH, by Cox & Wyman Ltd, Reading, Berkshire.

The publisher has used its best endeavours to ensure that the URLs for external websites referred to in this book are correct and active at the time of going to press. However, the publisher and the author have no responsibility for the websites and can make no guarantee that a site will remain live or that the content will remain relevant, decent or appropriate.

Hachette Livre UK's policy is to use papers that are natural, renewable and recyclable products and made from wood grown in sustainable forests. The logging and manufacturing processes are expected to conform to the environmental regulations of the country of origin.

Impression number   10 9 8 7 6 5 4 3 2 1
Year   2011 2010 2009 2008

contents

Dedication

Moim ukochanym Rodzicom i mężowi Ianowi poświęcam.
Joanna

Pamięci Donalda Pirie poświęcam.
Nigel

Acknowledgements

The authors would like to thank Helen Coward, Helen Green, Kate Jarrett, Sarah Mitchell, Steve Taviner, Rebecca Green and Ginny Catmur for their patience and help in producing earlier editions of this book. They would also like to thank their colleagues, friends and students in England, Poland and Scotland for encouragement and many direct and indirect suggestions. As usual, any flak should nevertheless be directed straight at the authors.

For help with the third edition we particularly thank Alexandra Jaton, Helen Vick and the people in Poland whose names are shamelessly exploited as a pronunciation exercise on page 21.

introduction

Teach Yourself Polish is a complete course for beginners in spoken and written Polish. It is designed for self-tuition, but can also be used with a teacher. The course is organized around situations and dialogues, and explains grammar gradually as points arise.

About Polish

Polish is the state language of the Polish Republic. It is a member, with Czech, Slovak and Lusatian (also known as Wendish or Sorbian), of the western sub-group of the Slavonic languages, a family which includes Bulgarian, Russian, Ukrainian and others. As well as nearly 40 million speakers in Poland itself, Polish was spoken by an estimated 10 million Poles abroad even before Poland joined the European Union.

About this book

Grammar, in the form of endings on words, communicates a lot in Polish, so it is not realistic to draw a distinction between grammar and communication. This course is planned, however, not on the basis of which grammar points are easiest in theory, but on the basis of the situations in which you are likely to find yourself. This means that 'advanced' grammar points begin to creep in quite early on, because they have arisen naturally.

How to use this book

Each of the 20 units follows the same pattern, but not all are the same length. You are in charge of your own learning and your own pace. There's no hurry. Give yourself time to absorb things, and revise regularly. A lot of points, examples and words come around repeatedly to help you grow accustomed to them gradually. Outline explanations come first, and more details are filled in when you have seen patterns in action.

Dialogues There are some dialogues at the beginning of each unit. Using the recording, listen to them first to see how much you understand. Then read them carefully with the aid of the vocabularies in the units and at the back of the book.

Vocabulary The vocabulary boxes give you first the forms of words as they occur in the dialogues and then the form of the word that you would expect to look up in a dictionary (the citation form). You may or may not know the reason why a word occurs in a particular form at that stage. Learn the word in context, pronouncing its ending to yourself clearly, even if the reason for the ending is not yet clear. In Polish ends of words are not 'swallowed', so it is perfectly realistic to pronounce endings clearly.

i Sections with this symbol explain aspects of the language and of Polish life relevant to the dialogue.

Language patterns Further explanations of grammatical structures and how to create your own sentences.

Practice In these sections you practise the new words and information you have learnt, as well as pronunciation. Regular pronunciation exercises are provided to build up your confidence in pronouncing Polish on the basis of its spelling, which is gloriously regular in that respect.

How to... some of the things you can now do in Polish.

The symbol ▶ indicates material included on the accompanying recording.

The best way to make progress is to work a little every day and not to hurry. Approach Polish with an open mind. Please shed any preconceptions you may have from learning (or teaching!) things like English, French or Russian spelling, English or German word order, or from being told Polish is unpronounceable or impossible to learn. In fact, Polish is learner-friendly in significant ways that many languages we speak or study are not. Not easy, of course, but learner-friendly nonetheless. When you have understood the dialogues, move on to the explanations and commentaries, then go back to the dialogues. Each time you go back to a dialogue you will find you have more idea how the language is working in it. Some of the exercises are easier than others. They will probably make you re-read the dialogues and explanations once more. Revise regularly and don't rush.

Pronunciation

▶ The Polish alphabet has the following letters:

a ą b c ć d e ę f g h i j k l ł m n
ń o ó p r s ś t u w y z ź ż

This is the order of the alphabet, so for example, żaba (*frog*), źródło (*stream, source*) and zza (*from behind*) will appear in your dictionary in the order zza, then źródło, then żaba. In other words, ł (barred l), ż (dotted z) and letters with an acute accent (kreska) or the right-pointing tail count as separate letters.

▶ The following combinations of letters, as you will see shortly, represent single sounds:

ch cz dz dź dż rz sz

You will learn how to spell out loud (A for Adam, B for Barbara, etc.) in Unit 2.

The letters a, e, i, o, ó, u and y

a represents a sound midway between the a in *father* and the a in *bat*

e represents a sound like e in *bet*

y represents a sound like i in *bid* (but further away from the ee in *bleed*)

i represents an exaggeratedly clear version of the ee in *keen*

o is like the o in *box*

ó and u are both pronounced like the oo in *boot* (i.e. Bóg, *God*, and Bug, *the River Bug*, are pronounced the same).

ą and ę tend to represent sounds like o as in *box* and e as in *bed*, but lengthened by a cross between ł and n or m (a nasalized w roughly as in *When will they ever learn?*). Sometimes this is closer to an n, ĺ, m or ng (as in *the wrong kind of snow*). Sometimes, especially before ł or at the end of words ending in -ę it seems to disappear altogether in all but the most careful speech. Put another way, -ę at the end of a word is normally pronounced like a plain -e.

The following letters are pronounced roughly as in English:

b   d   f   g   k   l   m   n   p   s   t   z

But note that p, t and k are pronounced without the puff of air that usually follows them in English. The letter l represents a sound closer to a French or German l than to an English one.

The letter r represents a rolled (trilled) r, as in Russian or Spanish or stereotypical Scots English.

The letter ł now normally represents a sound like English w. You may hear older speakers, actors, or people from the East who pronounce it like a Russian l, something like the second l in the English word *little*.

The letter w is pronounced like English v.

The letter c normally represents ts as in *cats*, unless it is followed by i (see below).

The letter j is pronounced like the English y in *yes*.

▶ Try these Polish words. Take them as slowly as necessary to guarantee smoothness, as this is the best road to long-term fluency. There is absolutely no hurry.

kawa	*coffee*	matka	*mother*
herbata	*tea*	chleb	*bread*
kiełbasa	*sausage*	sałata	*lettuce*
kotlet	*cutlet*	befsztyk	*steak*
wysoki	*high*	cudzy	*someone's elses*
prom	*ferry*	statek	*liner*
kac	*hangover*	Jacek	*Jacek* (man's name)
cukier	*sugar*	łyk	*a gulp*
spory	*good-sized*	rumsztyk	*rump steak*
Robert	*Robert*	lody	*ice-cream*
Polska	*Poland*	Francja	*France*
Turcja	*Turkey*	Rosja	*Russia*
Rumunia	*Romania*	Włochy	*Italy*

Pronouncing sounds represented by letters with ´ (*kreska*)

ć, dź, ń, ś, ź all represent sounds that seem to include an attempt to pronounce j (y in *yes*) at the same time. ć is like ch in *cheap*, dź is like j in *jinks*, ń is like the first n(i) in *union*, ś is like sh in *sheep*, ź is like s in *pleasure*. All of these will sound best if you remember to try and pronounce j (y in *yes*) at the same time. If the sound represented by these letters is followed by a vowel (a, e, o, u/ó), then the accent ´ on the letter is replaced by a letter i after it. If the sound represented by these letters is followed by the vowel i, then the ´ is left off the letter.

▶ Try these words.

ciało	*body*	dzień	*day*
niebo	*sky*	ziarno	*(a) grain*
dziki	*wild*	łokieć	*elbow*
cierpieć	*suffer*	widzieć	*see*
sień	*hallway*	cień	*shadow*

Consonant letters followed by the letter i represent sounds which, again, seem to be combined with a [j] sound like the y in English *yes*.

▶ Try these words:

miska	*bowl*	list	*letter*
pisklę	*chick*	biały	*white*
dni	*days*	wiotki	*limp*

'Hardened' consonant sounds

cz, dż, rz (=ż in pronunciation), sz and ż represent sounds pronounced with the tongue in a similar position to an English r (not rolled); the tongue is held not tight against the ridge behind the upper front teeth, and the lips are slightly rounded. Imagine you are curling your tongue around some very cold food to keep the extreme coldness away from your teeth. Bearing this in mind, try:

cz like ch in *choose*, dż like j in *job*, rz or ż like s in *pleasure*, or *please your self* (*pleezher self*), sz like s in *sure*.

▶ Try these words:

czas	*time*	szkoła	*school*
deszcz	*rain*	szczur	*rat*

dżokej	*jockey*	rzeka	*river*
żona	*wife*	ryż	*rice*

dz represents a single sound rather like the **ds** in *beds*, unless **dz** is followed by **i** (see below).

Note that in Polish, **ch** and **h** both represent the sound at the end of Scottish *loch*.

Try these words:

kukurydza	*maize*	sadza	*soot*

Remember, before **i**, the letters **c**, **n**, **s**, and **(d)z** represent the same sounds as **ć**, **ń**, **ś** and **(d)ź**. The letters **ć**, **ń**, **ś** and **(d)ź** are not used before **i**.

Many sounds lose their voicing at the end of a word:

b	is pronounced like *p*	**d**	is pronounced like *t*
g	is pronounced like *k*	**w**	is pronounced like *f*
z	is pronounced like *s*	**ź**	is pronounced like *ś*
dź	is pronounced like *ć*	**dz**	is pronounced like *c*
rz/ż	is pronounced like *sz*		

So **Bóg** (*God*), **Bug** (*the River Bug*) and **buk** (*beech (tree)*) are all pronounced the same. This is a good illustration of an important fact about the relationship between spelling and pronunciation in Polish. If you see a word written in Polish, you can be at least 99.9 per cent sure how to pronounce it. If you hear a Polish word you do not know, you may be able to think of several ways it might be written.

▶ Try these words:

dąb	*oak*	ogród	*garden*
róg	*corner*	paw	*peacock*
raz	*one time*	weź	*take it*
powiedz	*say it*	odpowiedź	*answer*
twarz	*face*	staż	*training*

Where two consonants occur in succession, the second one usually decides whether the combination is voiced or not, though **w** and **rz** are pronounced like **f** and **sz** when they follow a voiceless consonant. In some kinds of Polish, this tendency even extends across the boundary between words.

▶ Try these:

stwórca	*creator*	wódka	*vodka*
także	*also*	dwóch dni	*of two days*

▶ When you see a consonant letter doubled, double the pronounciation, too:

Anna	*Anna*	lekki	*light, slight*
getto	*ghetto*	Jagiełło	*Jagiello*

▶ Stress

Stress (emphasis, accent) almost always falls on the last syllable but one of a word. Exceptions will be noted as they occur by capitalising the letter representing the vowel in the stressed syllable. Try these, taking them slowly and putting a gentle emphasis on the last syllable but one.

wystawa	*display*	cytryna	*lemon*
pomarańcza	*orange*	herbata	*tea*
kawiarnia	*coffee shop*	relaks	*relaxation*

Remember that the ´ on the ó indicates that the pronunciation is the same as the pronunciation of **u**. It does not indicate stress or emphasis.

Try these words:

ogród	*garden*	pokój	*room, peace*

Practise these words containing the letters ę and ą. In square brackets you will find non-existent Polish words that would be pronounced the same if they existed. This is how square brackets are used in this book: for imitated pronunciation using Polish spelling conventions.

ząb	*tooth* [zomp]	głęboki	*deep* [głemboki]
pętla	*loop* [pentla]	kąt	*angle* [kont]

Note that the letter **i** written before a, ą, e, ę, o, ó or u does not represent a separate syllable, but just indicates that the sound represented by the preceding letter has a **j** (**y** as in **yes**) built into it.

▶ Polish sounds harder to pronounce than it is. Here are some tips.

- Polish stress (emphasis on a particular part of a word) is quite light.
- Unstressed syllables are pronounced as clearly as stressed ones.
- If a word gives you trouble, try building it up gradually from the end.

Here is an example of the third tip. Imagine you have trouble with **przypuszczam** (*I suppose*). Build it up like this:

[czam Uszczam pUszczam szypUszczam przypUszczam]

Note that it is **szypuszczam** in the last stage but one, rather than **rzypuszczam**, because **rz** is pronounced like **sz** after **p**.

Similarly **z Krakowa** from Kraków [krakuf] and **w Krakowie** [f Krakowie] in Kraków:

[wa   kOwa   skrakowa]
[wie   kOwie   fkrakOwie]

▶ Intonation – the tune of a sentence

The most important thing to remember about Polish intonation is that statements in which your voice falls towards the end of a sentence can be turned into questions just by raising the pitch of your voice at the end.

Jest Polakiem. (voice falling)	*He's a Pole.*
Jest Polakiem? (voice rising)	*Is he a Pole?*

Here's the best news of all

Whatever placename you see on a sign in Poland, you will know how to pronounce it if you have learnt the rules in this pronunciation section. The rules for getting from spelling to pronunciation in Polish work so consistently that you're never in the embarrassing position of looking at a name and not knowing how to pronounce it. Try these placenames:

Kotomierz   Jarocin   Rzeszów   Tarnów

Imitated pronunciation

You have now seen several phonetic transcriptions based on Polish spelling and enclosed in square brackets []. Imitated pronunciation systems based on English spelling are bulky and difficult to get used to, and they vary from book to book. As Polish pronunciation is predictable on the basis of spelling and reading rules, there's no need to give the pronunciation of new words unless a word (*weekend* [łikent]) is an exception. You should simply revise the reading rules often to check you are sticking to all of them.

If you don't mind having a bit of a Polish accent in English, Polish spelling can be used to imitate English pronunciation far more efficiently than the other way around. For example, do you pronounce the traditional English name for Kraków [krAkuf], which is Cracow, as [krAkał] or as [krAkoł] ([krAkeł])? Do you call the capital of Russia [mOskał] or do you call it [mOskoł] ([mOskeł])? Have you noticed that polish (pasta/politura) is pronounced [pOlisz], whereas Polish (język polski) is pronounced [pOłlisz] ([pEłlish])?

You are now ready to embark on Unit 1.

Zaczynamy?	(voice rising)	*Are we starting?*
Zaczynamy.	(voice falling)	*Yes.*

01

jestem na wakacjach

I'm on holiday

In this unit you will learn
- how to greet people and answer greetings
- how to introduce yourself
- how to ask for help and thank people for it

There is a lot of material in this first unit. Take it steadily. You'll meet a lot of words which have several uses, so you will get good mileage from what you learn first. We also introduce some general points about the way Polish works; these are developed more fully in later units.

Dialogues

▶ James has just arrived in Okęcie, the international airport in Warsaw. He approaches passport control (**kontrola paszportowa**). He accidentally bumps into a fellow passenger. He apologizes.

James	Bardzo pana przepraszam.
Mężczyzna	Nic nie szkodzi.

---

bardzo *very (much)*
przepraszam (pana)
  (przepraszać, pan) *I'm sorry, I apologize (to you)*

Nic nie szkodzi (szkodzić) *It's all right*

Reminder: in the vocabulary boxes the forms of words which occur in the text are followed by the dictionary forms in brackets (forms you would look up in a dictionary or in the vocabulary at the back of this book).

▶ There is a queue at the passport control. A young woman is ahead of James in the queue, and he can hear her conversation with the passport officer.

Oficer	Paszport proszę.
Sally	Proszę.
Oficer	Dziękuję. W porządku.

The officer gives Sally her passport.

Oficer	Proszę.
Sally	Dziękuję. Do widzenia.

---

oficer *officer*
paszport *passport*
proszę *please; here you are; you're welcome*

dziękuję *thank you*
w porządku (porządek) *in order, all right, OK*
do widzenia *goodbye*

► Then it is James' turn.

Oficer Dzień dobry panu. Paszport proszę.
James Dzień dobry. Proszę.
Oficer Dziękuję. Pan jest w Polsce jako turysta?
James Tak, jestem na wakacjach, na miesiąc.
Oficer Dobrze. Wszystko w porządku. Życzę miłego pobytu w Polsce. Do widzenia panu.
James Dziękuję bardzo. Do widzenia.

---

dzień dobry *good morning/ afternoon*
panu (pan) *to you* (said to a man)
paszport proszę *(your) passport please*
proszę *here you are*
dziękuję *thank you*
jest pan . . .? *are you . . .?* (to a man)
w Polsce (Polska) *in Poland*
jako *as*
turysta *tourist*
tak *yes*

jestem (być) *I am*
na wakacjach (wakacje) *on (my) holidays*
na miesiąc *for a month*
dobrze *well, right, OK, fine, good, all right*
wszystko *everything*
w porządku (porządek) *in order*
jest (być) *is*
życzę (życzyć) *I wish (you)*
miłego pobytu (miły pobyt) *(a) pleasant stay*
do widzenia *goodbye*

► Meanwhile, Sally, the young Englishwoman who was in front of James at passport control, has a problem. She can't find Basia, her Polish friend who was supposed to be waiting for her at the airport. She decides to try the information desk. She approaches the girl sitting there.

Sally Dzień dobry. Potrzebuję pomocy.
Dziewczyna Tak, słucham panią.
Sally Nazywam się Sally Johnson. Jestem z Anglii. Nie mogę znaleźć mojej przyjaciółki.
Dziewczyna Jak nazywa się pani przyjaciółka?
Sally Barbara Jakubowska.
Dziewczyna Proszę chwileczkę zaczekać.

potrzebuję pomocy (potrzebować, pomoc) *I need help* **dziewczyna** *girl* **słucham panią** (słuchać) *I am listening to you* (to a woman) **pani** *Mrs, Miss, Ms* **nazywam się** (nazywać się) *my (sur)name is* **jestem** (być) *I am* **z Anglii** (Anglia) *from England*	**pani przyjaciółka** *your (female) friend* **mogę** (móc) *I can* **nie mogę znaleźć mojej przyjaciółki** (mój, przyjaciółka) *I can't find my friend* **jak nazywa się . . .?** *what is . . .'s name?* **proszę chwileczkę** (chwileczka) *please . . . a moment* **zaczekać chwilę** (chwila) *wait a moment*

▶ The girl speaks into the microphone:

Dziewczyna   Pani Barbara Jakubowska proszona jest do Informacji.

After a short while Barbara appears at the information desk.

Barbara   Jestem Barbara Jakubowska.
Sally (do dziewczyny)   Dziękuję pani bardzo za pomoc.
Dziewczyna   Nie ma za co. Do widzenia.

proszona jest do Informacji (informacja) *is requested to report to the Information Desk* **jestem** (być) *I am, I'm here* **do dziewczyny** (dziewczyna) *to the girl*	**dziękuję za pomoc** (dziękować) *thank you for (your) help* **nie ma za co** *don't mention it* **proszona** (prosić) *requested (to come)*

ℹ Everyday words: *czy, tak, nie*

Czy may introduce a question, to which the answer expected is *yes* or *no*:

> Ten pan jest bardzo miły.   *That man is very kind.*
> Czy ten pan jest bardzo miły? *Is that man very kind?*

Alternatively, a question mark in writing, or a question tune in speech (intonation up at the end), is enough:

> Ta pani jest z Polski?   *Is that woman from Poland?*

The usual word for *yes* is **tak**. (Another word is **owszem**. In informal speech, you will also hear the word **no** for *yes*, which is confusing for English speakers.)

► The Polish word for *no* is **nie**, which also means *not*. You have to be careful with commas in writing and pauses in speech, or you may cause a misunderstanding.

Nie jestem z Ameryki.	*I'm not from America.*
Nie, jestem z Ameryki.	*No, I'm from America.*

ⓘ How to say 'you': *pan, pani*

The polite word for *you* in Polish is **pan** to a man and **pani** to a woman. You will have noticed various forms of these two words.

	to a man	to a woman	
Dzień dobry	pan**u**	pani	*Hello/good morning*
Do widzenia	pan**u**	pani	*Goodbye*
Dziękuję	pan**u**	pani	*Thank you*
	Jest pan w Polsce . . .?	Jest pani w Polsce . . .?	*Are you in Poland . . .?*
Słucham	pan**a**	pan**ią**	*I'm listening to you*
	pan**a** paszport	pani paszport	*your passport*
	pan**a** nazwisko	pani nazwisko	*your surname*
	pan**a** przyjaciółka	pani przyjaciółka	*your (girl) friend*

Pan and **pani** can also mean *Mr* and *Ms*, or *(gentle)man* and *lady/woman*, e.g. **ten pan** (*that man*), **ta pani** (*that woman*). As you can imagine, this makes them very common words. Their variety of meaning can make them confusing to begin with, but you soon become used to them.

There are other words for *you*. For example, **państwo** (which also has the forms **państwa** and **państwu**) is used to a mixed group of men and women. If you are on familiar terms with someone, **ty** is used; if you are speaking familiarly to more than one person, you use **wy**. As you will see later, **ty** and **wy** are often left out.

ⓘ Imię i nazwisko *First name and surname*

Nazwisko is a person's surname. **Imię** is a forename. Official forms usually ask for **imię i nazwisko** (*first name and surname*).

Two phrases to say what your name is:

Nazywam się . . .	*My name is . . .*
Mam na imię . . .	*My first name is . . .*

A simpler alternative when introducing yourself is to use **jestem** (*I am*), usually followed by whatever name you would like the other person to use, for example:

Jestem Jurek.	*I'm Jurek/Call me Jurek.* (Jurek is an informal version of Jerzy, George.)

You can also reverse the order and say: **Jurek jestem**. Word order is more flexible in Polish than it is in English.

🛈 Greeting people: Dzień dobry

Polish does not distinguish between *hello*, *good day*, *good morning*, and *good afternoon*. **Dzień dobry** is used for all of these. In the evening you greet people with **Dobry wieczór** (*good evening*). **Dobranoc** (*goodnight*) is not a greeting but a goodbye. You may add *to you*:

Dzień dobry pani.	*Good morning* (to a woman).
Dobranoc panu.	*Goodnight* (to a man).

🛈 A multi-purpose word: Proszę

Proszę is another common and versatile expression. It can mean:

- please

Proszę uważać.	*Please take care/notice.*
Proszę mówić wolniej.	*Please speak more slowly.*
Proszę podnieść słuchawkę.	*Please lift the receiver.*

- please may I have

Paszport proszę./Proszę o paszport./Poproszę o paszport.
(**Poproszę** is extra polite.)

- don't mention it

Dziękuję bardzo za życzenia.	*Thank you for your good* *wishes.*
Proszę.	*You're welcome.*

- here you are (as you hand someone something)

Mój paszport. Proszę.	*This is my passport. Here* *you are.*

- come in (when someone is knocking at the door)

Proszę.   *Come in!*

As a question, **Proszę?** can mean *Pardon?* or *What can I do for you?*

Language patterns

1 Endings

Notice words ending in -ę, meaning *I . . .*: **mogę** (*I can*), **życzę** (*I wish*), **proszę** (*I ask*), **dziękuję** (*I thank*). Some words meaning *I . . .* end in -**m**: **jestem** (*I'm here*), **słucham** (*I'm listening*), **mam** (*I have*) and **mam na imię** (*my name is . . .* lit. I have for name . . .).

Polish words often change their endings according to how they fit into what is being said. You will look closely at endings as the book progresses. Pronounce all endings clearly (see p. ix). To help you, the vocabulary boxes generally also give the form of a word that you would expect to find as a dictionary headword if it's different from the form that occurs in the dialogue.

2 Gender

You will also see that 'gender' is important. For now, just a couple of examples:

a   Pani Barbara Jakubowska proszona jest do Informacji.
b   Pan Marek Jakubowski proszony jest do Informacji.
    (**Marek** is a man's name.)

a   Czy mogłaby pani   *Could you help?* (to a woman)
    pomóc?
b   Czy mógłby pan pomóc?   *Could you help?* (to a man)

3 Articles

Finally, you will have noticed the lack of Polish words for *the* and *a(n)*. For example, **dziewczyna** means *the girl* or *a girl*, depending on the circumstances it's used in.

Małgosia to miła dziewczyna.   *Małgosia is **a** nice girl.*
Dziewczyna z Informacji jest   ***The** girl at the Information*
  bardzo miła.   *Desk is very nice.*

Practice

1   Unscramble the following letters to form words:

   a   pałajzyrócik
   b   mocop
   c   mhacusł
   d   marpszezrap

▶ 2   Read the questions and write your answers.

   Jak pan/pani się nazywa?
   Jak pan/pani ma na imię?
   Pan/pani jest w Polsce?
   Pan/pani jest z Anglii?

3   Match the responses on the right with the items on the left.

   a   Pani z Polski?   1   Dobrze.
   b   Proszę.   2   Nie, jestem z Anglii.
   c   Wszystko w porządku.   3   Nie ma za co.
   d   Dziękuję.   4   Dziękuję.

4   Put the short words **na, w**, etc. into the appropriate gaps.

   nie   na   na   w   w   jako   mi   się

   a   Jak nazywa _____ ta pani?
   b   Czy może _____ pan pomóc?
   c   Jestem _____ Anglii _____ turysta.
   d   _____ jak długo (*how long*) pan przyjechał (*have come*) do Ameryki?
   e   _____ jestem Adam. Jestem Jurek.
   f   Pani _____ Polsce _____ wakacjach?

5   What is the difference in meaning between these two sentences?

   Nie, mogę pomóc.
   Nie mogę pomóc.

▶ 6   Respond to the following:

   a   Bardzo pana przepraszam.
   b   Paszport proszę.
   c   Dobranoc państwu.
   d   Dziękuję bardzo za pomoc.

How to . . .

Here are some reminders of things you can already do in Polish, along with a few extras.

- greet someone

  Dzień dobry (pani/panu/państwu).
  Dobry wieczór (pani/panu/państwu).

- say *please* and *thank you*

  Proszę.
  Dziękuję (pani/panu/państwu).

- ask someone's surname and give your own

  Jak się pan/pani nazywa?
  Pana/pani/państwa nazwisko?
  Nazywam się Herbert.

- give your first name

  Mam na imię Angela.
  Angela jestem.

- request something and say *here it is*

  (Po)proszę (o) paszport.
  Proszę.

- ask for help

Potrzebuję pomocy.	*I need help.*
Czy mógłby mi pan pomóc?	*Could you help me?* (to a man)
Czy mogłaby mi pani pomóc?	*Could you help me?* (to a woman)
Czy mogliby mi państwo pomóc?	*Could you (people) help me?*

- thank someone very much for their help

  Dziękuję panu/pani/państwu bardzo za pomoc.

- acknowledge thanks

  Proszę (bardzo).
  Nie ma za co.
  Drobiazg.

- wish someone a pleasant stay

Życzę (panu/pani/państwu) miłego pobytu w Polsce/w Anglii/w Ameryce.	*I wish you a pleasant stay in Poland/in England/in America.*

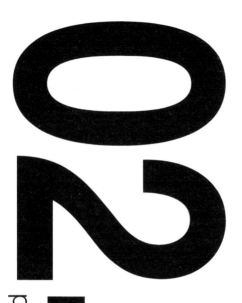

02

bardzo mi miło

pleased to meet you

In this unit you will learn
- how to give further information about yourself
- how to request information from others
- how to talk about nationality
- how to spell out loud

Dialogues

▶ Both Sally and James are welcomed by groups of friends. Basia's family is at the airport to greet Sally. Basia introduces them to Sally.

Basia Sally, to jest moja rodzina. Mój mąż, Tomek.
Tomek Dzień dobry. Bardzo mi miło.
Basia Moja córka Ania i syn Jacek.
Sally Miło mi państwa poznać.

to jest *this is, it is*	**syn** *son*
mój, moja (mój) *my*	**córka** *daughter*
moja rodzina *my family*	**bardzo mi miło** (pana/panią/
mój mąż *my husband*	państwa poznać) *pleased to*
miło *(it is) nice, pleasant, kind,*	*meet you*
welcome	**poznać** *meet, get to know*

▶ Meanwhile, James is met by a group of students from the Summer School of Polish where he is going to spend a couple of months learning the language. His friend Maciek introduces them to James.

Maciek James, chciałbym ci przedstawić troje przyjaciół: Mark, Grzegorz i Marina. Mark i Marina są cudzoziemcami i uczą się języka polskiego w Letniej Szkole Języka Polskiego.
James Cześć. Jestem James. Jestem Anglikiem.

Mark	Witaj. Ja jestem z Kanady. To jest Marina z Włoch.
James	Bardzo mi miło.
Maciek	A to jest Grzegorz, nasz lektor języka polskiego.
James	Jak się pisze Grzegorz?
Maciek	G jak Genowefa, R jak Roman, Z jak Zenon, E jak Ewa, G jak Genowefa, O jak Olga, R jak Roman, Z jak Zenon.
James	To bardzo trudne słowo.

chciałbym (chcieć) *I should like* (said by a man)
ci (ty) *to you*
przedstawić *present, introduce*
troje *three* (used of a mixed group of people)
troje przyjaciół (przyjaciel) *three friends*
są (być) *they (are)*
cudzoziemcami (cudzoziemiec) *foreigners*
uczą się (uczyć się) *they are studying/learning*
język *language*
języka polskiego (język polski) *Polish, of Polish*

Letnia Szkoła (letni, szkoła) *Summer School*
cześć *hello, hi*
witaj *welcome, hi*
witać *greet*
ja *I*
z Kanady (Kanada) *from Canada*
Anglikiem (Anglik) *English(man)*
z Włoch (Włochy) *from Italy*
a *and, but*
lektor *tutor, teacher, lecturer*
jak się pisze ...? *how do you spell ...?*
jak *how, like, as in*
trudne (trudny) *difficult, hard*
słowo *word*

ℹ️ Nationalities

country	kraj	obywatel/ mieszkaniec (male citizen/ inhabitant)	obywatelka/ mieszkanka (female citizen/ inhabitant)
America	Ameryka	Amerykanin	Amerykanka
Australia	Australia	Australijczyk	Australijka
Canada	Kanada	Kanadyjczyk	Kanadyjka
England	Anglia	Anglik	Angielka
France	Francja	Francuz	Francuzka
Germany	Niemcy	Niemiec	Niemka
Great Britain	Wielka Brytania	Brytyjczyk	Brytyjka
Ireland	Irlandia	Irlandczyk	Irlandka
Italy	Włochy	Włoch	Włoszka
Scotland	Szkocja	Szkot	Szkotka
Spain	Hiszpania	Hiszpan	Hiszpanka
Switzerland	Szwajcaria	Szwajcar	Szwajcarka
The United States	Stany Zjednoczone	Amerykanim	Amerykanka
Wales	Walia	Walijczyk	Walijka

▶️ ℹ️ Spelling out loud – Literowanie

In Polish, Christian names are traditionally used for spelling out loud (A for Adam, etc.). Below you will find typical names used for spelling out loud. The pronunciation of the letter name (to be read as Polish) is given in square brackets after each letter. That is how square brackets are used throughout this course.

▶

A [a]	jak Adam
B [be]	jak Barbara
C [ce]	jak Celina (**c** is pronounced [ts] except before **i**, **h** and **z**)
D [de]	jak Dorota (Danuta)
E [e]	jak Ewa (Elżbieta)
F [ef]	jak Franciszek (Franek, Feliks)
G [gie]	jak Genowefa (Grażyna)
H [cha]	jak Halina ('ch' single sound as in 'loch')
I [i]	jak Irena
J [jot]	jak Jan
K [ka]	jak Karol
L [el]	jak Leon (Lucyna)
Ł [eł]	jak Łukasz (Łucja) (**ł** like an English *w*)
M [em]	jak Maria
N [en]	jak Natalia (Nikodem)
O [o]	jak Olga
P [pe]	jak Piotr (no puff of air after **p**!)
R [er]	jak Robert (Roman)
S [es]	jak Stefan
T [te]	jak Tadeusz (Tomasz)
U [u]	jak Urszula
W [wu]	jak Wanda (w like an English *v*)
X [iks]	jak Xantypa (x is not really a Polish letter, but is found in words like fax)
Y [igrek]	jak Ypsylon
Z [zet]	jak Zbigniew
Ż [Żet]	jak Żaneta

This leaves out most of the letters with extra squiggles. The letters **ą** and **ę** are called **a/e z ogonkiem** (*with a little tail*). The final letters of the Polish alphabet are: **ź** (ziet) or **zet z kreską** (*zed with an accent*); and **ż** (żet) or **z z kropką** (*zed with a dot*). The acute ´ is known as **kreska** in Polish, so **ć** can be described as **c z kreską** (*with an accent*). Alternatively, you could find short words with them in:

ć [cie] jak ćma	*c with an accent, as in (the word for) moth*
ń [eń] jak koń	*n with an accent, as in horse*
ó [u] jak ósemka	*o with an accent, as in number eight*
ś [eś] jak śmiech	*s with an accent, as in laughter*
ź [ziet] jak źródło	*z with an accent, as in stream or spring*

It is particularly useful to learn to spell your name out loud using this method. Poles will be impressed, and they'll spell your name right. If you have a **q** or a **v** in your name, call the letters [ku] and [fał]. Mathematicians call **v** [we], so be particularly careful to call **w** [wu].

🛈 Imiona Christian names

Most Polish Christian names have shortened or pet forms, for example, **Adam** becomes **Adaś**, and **Jan** becomes **Janek** or **Jaś** (cf. John, Johnnie, Johnno, Jack in English).

We have already heard of **Basia**. **Basia** is a familiar form of **Barbara**. **Ania** is a familiar form of **Anna**. **Joanna** becomes **Joasia** or **Asia**.

There are several ways of addressing or calling people, depending on what level of formality we would like to maintain:

Mr Jan Kowalski can be referred to as:

Pan Jan Kowalski
Pan Kowalski
Pan Jan
Pan Janek
Jan
Janek
Jaś

The first two are very formal indeed, the next two less formal (often used among colleagues at work), and the last three will be used by family and close friends.

Language patterns

1 być *to be*

In Polish, as in many other languages, *to be* has a slightly unusual set of forms. See p. 32 for why it is unusual.

jestem	*I am*
jesteś	*you are* (familiar, to one person)
pan/pani jest	*you are* (polite/formal)
jest	*he/she/it is*
jesteśmy	*we are*
jesteście	*you are* (familiar, to more than one person)
państwo są	*you are* (polite/formal, to a mixed group of people)
są	*they are*

The different forms of verbs are traditionally listed as follows:

	singular		plural	
first person	jestem	I am	jesteśmy	we are
second person	jesteś	you are	jesteście	you are
third person	jest	he/she/it is	są	they are

You will see that Poles, when addressing people with whom they aren't on familiar terms, use **pan, pani** with third person as if they were talking about you rather than to you.

Similarly, when talking to a group of men and women, use **państwo** with third person plural.

You have not yet learnt how to address (politely) a group of women or a group of men. Not surprisingly, you use **panie** (*ladies*) or **panowie** (*gentlemen*). You will see examples of these later in the book. The principle is carried even further. For example, a priest is addressed as **ksiądz** (*clergyman*) and a nun or a female nurse is addressed as **siostra** (*sister*).

2 Gender

Nationalities illustrate the importance of gender in Polish, e.g. **Polak** (*male Pole*) and **Polka** (*female Pole*), **Anglik** (*Englishman*) and **Angielka** (*Englishwoman*). Look at the list of female nationals in the Nationalities section on p. 13. You will see that they all end in -**ka**. In fact, -**a** is the most typical ending of feminine nouns in Polish.

Then look at the list of male nationals. They all end in a consonant (a sound other than **a, e, i, y, o** or **u/ó**). Most Polish masculine nouns end in a consonant.

Some words ending in -**a** refer to male persons and are masculine, e.g. **francuski turysta** (*male French tourist*). Compare: **francuska turystka** (*female French tourist*).

Gender affects the form of adjectives like **dobry, miły, polski**, which have to match the gender of (agree with) the noun they accompany:

masculine
język polski   *(the) Polish (language)*

feminine
szkoła letnia   *summer school*

polski samochód	*a Polish car*	polska pogoda	*Polish weather*
szkocki student	*a (male) Scots student*	szkocka studentka	*a female Scots student*
mój przyjaciel	*my (male) friend*	moja przyjaciółka	*my (female) friend*
mój brat	*my brother*	moja siostra	*my sister*

There is also a neuter gender in Polish. You have met the following neuter nouns so far: **słowo, imię, nazwisko**. Neuter nouns most typically end in -o, but some end in -e, -ę or -um.

masculine	feminine	neuter
trudny język	trudna sprawa	trudne słowo
(a difficult language)	*(a difficult matter)*	*(a difficult word)*

3 Cases

You will have noticed that several words have occurred in conversations in different forms from the dictionary forms. Polish nouns (words like **język, matka, słowo**) have different forms for different purposes. These forms are traditionally known as cases. Apart from the dictionary forms (traditionally called nominative), you have seen examples mostly of the genitive case (e.g. **języka polskiego**) and the instrumental (e.g. **studentem**). For example:

język polski (nominative)	*Polish*
letnia szkoła **języka polskiego**	*summer school of Polish*

The form **języka polskiego** is a genitive form.

Masculine nouns usually form their genitive by taking -a or -u as an ending. For example:

język	*language*	genitive: **języka**
samochód	*car*	genitive: **samochodu**

Nouns with a dictionary form ending in -a change this to -y in the genitive. As **y** isn't allowed to follow **g, k** or **j** in Polish spelling, nouns in **-ga** and **-ka** have genitive forms ending in **-gi** and **-ki**.

turysta	*tourist*	genitive: **turysty**
turystka	*tourist* (fem.)	genitive: **turystki**

Countries ending in **-ia** or **-ja** similarly have genitive forms in **-ii** or **-ji**.

Anglia	*England*	genitive: **Anglii**
Francja	*France*	genitive: **Francji**

Genitive forms are used after the prepositions **do** (*to*) and **z** (*from*):

Kanada	*Canada*	Jestem z Kanady.	*I'm from Canada.*
Anglia	*England*	Wracam z Anglii.	*I'm coming back from England.*
Francja	*France*	Lecę do Francji.	*I'm flying to France.*

Here are some more examples of genitive forms in use:

świat	*world*	to nie jest koniec świata	*it's not the end of the world*
		Miss Świata	*Miss World*
Polska	*Poland*	Miss Polski	*Miss Poland*
czas	*time*	Szkoda czasu.	*Let's not waste time.*
		strata czasu	*a waste of time*
poeta	*poet*	dom poety	*the poet's house*
Walijka	*Welshwoman*	zdanie Walijki	*the Welshwoman's opinion*
mój brat	*my brother*	dom mojego brata	*my brother's house*

Instrumental forms (so called because one of their uses is for referring to the tool, instrument or means by which an action is carried out) of nouns are used after **jestem**.

Jestem katolikiem.	*I'm a Catholic.*

Instrumental forms of masculine (and neuter) nouns normally end in **-em**; instrumental forms of feminine nouns end in **-ą**.

Walijczyk	*Welshman*	Mój ojciec jest Walijczykiem.	*My father is a Welsh(man).*
Niemka	*German girl*	Angela jest Niemką.	*Angela is (a) German.*
autobus	*bus*	Jedzie autobusem.	*S/he's coming/ going by bus.*
samochód	*car*	Jestem samochodem.	*I'm in the car.* (e.g. refusing alcohol.)
ołówek	*pencil*	Pisze ołówkiem.	*S/he's writing in pencil.*

Instrumental plural forms end in **-ami.**

| cudzoziemiec | *foreigner* | Wszyscy są | *They are all* |
| | | cudzoziemcami. | *foreign(ers).* |

---

wszyscy *everybody*

---

4 Capital and small letters

In Polish, as in English, names of countries and their nationals are written with a capital letter:

Czech (*Czech person*)	Rosja (*Russia*)
Polak (*Polish person*)	Australia
Włoch (*Italian person*)	Ameryka

However, in contrast to English, adjectives of nationality are written with a small letter, unless they begin a sentence or form part of a title.

język polski	*Polish language*
niemiecki samochód	*a German car*
amerykańskie nazwisko	*an American surname*

but:

| Wyspy Brytyjskie | *The British Isles* |

▶ 5 Abbreviations

When you read abbreviations like PKP, stress the last letter. Try these:

PKP [pekapE] PWM [pewuEm] UE [u-E] itp [itepE]

Practice

1 Put the expressions listed into the appropriate gaps:

języka polskiego   **Hiszpankami**   **Język polski**
Polakiem   **Polski**

a Irena jest z _____ .
b Wszyscy uczą się _____ .
c Carmen i Victoria są _____ .

d Marek Grzebieniowski jest _____ .

e _____ jest trudny.

2 Match the responses to the items on the left.

a Czy pani jest Szkotką? **1** Wu jak Witold, A jak Adam ...

b Jak to się pisze? **2** To są moi rodzice.

c Kto to jest na fotografii? **3** Owszem, jestem z Edynburga.

3 Fill in the blank spaces with correct forms of the nouns from the list on the right. If you're stuck, look for help in the dialogues in the first two units, rather than in the language patterns section:

a Hans i James są _____ . cudzoziemiec

b Bardzo mi miło _____ poznać. pan (see opposite)

c Grzegorz jest lektorem _____ _____ . język polski

d James, chciałbym ci przedstawić troje przyjaciel
_____ . trudny

e To bardzo _____ słowo. chwileczka

f Proszę _____ zaczekać

4 Match the words to the clues.

a He lives in the USA. **1** Włochy

b a word **2** pomoc

c a wife **3** trudny

d difficult **4** Angielka

e help **5** szkoła

f family **6** rodzina

g an Englishwoman **7** Amerykanin

h a school **8** słowo

i Bardzo mi ... **9** Jestem

j country shaped like a boot **10** miło

k Here I am **11** żona

▶ **5** Respond appropriately to the following conversational turns.

a To jest moja żona, Krystyna.
Tell her you are pleased to meet her.

b Nazywam się Protasiewicz. P jak Piotr, R jak Robert, O jak Olga, T jak Tadeusz, A jak Adam, S jak Stefan, I jak

Irena, E jak Elżbieta, W jak Witold, I jak Irena, C jak Celina, Z jak Zenon.

Say it's a very difficult surname.

c   Czy jest pan(i) Kowalski (-ska)?

Say, yes, you're here.

d   Czy są państwo Kowalscy?

Say, yes, you're all here.

6   What do the following sentences mean?

a   Mój ojciec jest Czechem.

b   Wszyscy poeci uczą się języka polskiego.

c   Wracam z Walii.

d   Miss Świata to (here: *is*) strata czasu.

e   Lecę do Rosji.

▶ 7   In Poland you'll need to say your non-Polish surname slowly and clearly, and even then be prepared to spell it, as in Unit 2. No such problem with Polish names! You probably haven't heard of all these people but you can pronounce their names straight away. Do so.

Marek Brzeziński   Jarosław Charkiewicz   Lech Wałęsa
Karol Wojtyła

Now practise pronouncing the names (in surname alphabetical order) of some of the many Poles whose help in preparing successive editions of this book we most gratefully acknowledge:

Elwira Grossman   Agnieszka Halicka
Renata Jakubowska   Wiesław Lubaszewski
Elżbieta Marciniak   Władysław Miodunka
Grażyna Orzęcka   Zbigniew Pawlak   Zofia Szamatulska
Elżbieta Świderska   Bronisława i Jadwiga Woryna

How to ...

• introduce your family

To jest moja rodzina.	*This is my family.*
To jest moja siostra/	*This is my sister/brother/*
mój brat/moja matka/	*mother/father.*
mój ojciec.	

- respond to an introduction

Bardzo mi miło.
Miło mi pana/panią/państwa poznać.

- describe your nationality, or say what you are

Jestem Szkotem/Szkotką.
Jestem studentem/studentką.
Jestem turystą/turystką.

- say what country you are from

Jestem z Anglii/z Wielkiej Brytanii, z Polski

- say that someone or something is here

Jestem.	*Here I am.*
Samochód jest.	*There is a car/The car is here.*
O, państwo są. Dobrze.	*You are here. Good.*

- spell things out loud

— Jak to się pisze?
— E jak Ewa, L jak Leon, V [fał], I jak Irena, S jak Stefan.

- ask people to speak more slowly or loudly

Proszę mówić (jeszcze) wolniej.	*Please speak (even) more slowly.*
Proszę mówić (jeszcze) głośniej.	*Please speak (even) louder.*
Proszę mówić wyraźniej.	*Please speak more clearly.*

03

mój numer jest . . .

my number is . . .

In this unit you will learn

- how to count from 1 to 199
- how to ask for and give information
- how to use the telephone
- how to make more use of genitive forms

Barbara Jakubowska

ul. Dworcowa 41 m 15
00-315 WARSZAWA

Tel: (82) 774 428 (dom)
(82) 431 898 (praca)
0785 65 96 98 (kom.)

Dialogues

▶ Sally is trying to contact Basia by phone. The first time she tries she seems to have the wrong number.

Głos Halo.

Sally Dzień dobry. Czy mogę mówić z panią Barbarą Jakubowską?

Głos Niestety to chyba pomyłka.

Sally Bardzo przepraszam, czy to 77–44–28 [siedemdziesiąt siedem, czterdzieści cztery, dwadzieścia osiem]?

Głos Nie, przykro mi.

Sally Najmocniej przepraszam. Do widzenia.

---

głos *voice*
halo *hallo (on the phone)*
mogę *(móc) I can*
mówić z panią Barbarą Jakubowską *(pani) speak to (with) Ms Barbara Jakubowska*
niestety *unfortunately*
to *this, it (is)*
chyba *I think, I suppose*

pomyłka *wrong number, mistake*
przepraszam *(przepraszać) I'm sorry, I apologize*
czy *introduces a yes-no question*
przykro mi *(przykry, ja) I'm sorry, I regret*
najmocniej przepraszam *I'm awfully sorry*
do widzenia *goodbye*

▶ Sally has another try.

Głos Uniwersytet Warszawski, słucham.

Sally Dzień dobry, poproszę wewnętrzny 841 [osiemset czterdzieści jeden].

Głos Łączę.

Basia Słucham.

Sally Dzień dobry, czy mogę mówić z panią Barbarą Jakubowską?

Basia Przy telefonie.

Sally Mówi Sally.

Basia Sally! Co za niespodzianka! Wszystko w porządku?

Sally Tak, chociaż niełatwo się do ciebie dodzwonić. Czy masz ochotę na wspólny obiad?

Basia Tak, z przyjemnością. Gdzie i kiedy?

Sally U mnie w domu, o szóstej.

Basia Dobrze, do zobaczenia.

---

uniwersytet (stress: uniwersytet) university

warszawski adjective from **Warszawa** (Warsaw)

słucham (słuchać) can I help you? (I'm listening)

poproszę (poprosić) please (more polite than **proszę**)

łączę (łączyc) trying to connect you (I'm connecting)

przy telefonie (telefon) speaking (at/by the phone)

mówi Sally (mówić) it's Sally speaking

co za what a . . ., what sort of

niespodzianka surprise

wszystko everything

chociaż although

niełatwo it isn't easy

dodzwonić się do get through to

do ciebie (ty) to you

masz ochotę na? (mieć, ochota) do you feel like, do you fancy?

wspólny joint

obiad dinner (typically 3 p.m.)

wspólny obiad lunch/dinner together

tak yes

z przyjemnością (przyjemność) with pleasure, that would be lovely

gdzie where

i and

kiedy when

u mnie at my place

w domu at home

o szóstej (szósty) (sixth) at 6 o'clock (cf. **sześć**)

do zobaczenia (zobaczyć) see you then, see you soon

🛈 ulica, plac, aleja street, square, avenue

Streets, squares and avenues in Poland take their names from three main sources: names or surnames, historical events, and adjectives. See page 26.

WZÓR PRAWIDŁOWEGO ADRESOWANIA

Pani Janina Nowak
ul. Cicha 132 m 16

62–200 **GNIEZNO**

- name or surname

ulica Mickiewicza	*Mickiewicz St*
aleja Sienkiewicza	*Sienkiewicz Avenue*
plac Piłsudskiego	*Piłsudski Square*
ulica Skłodowskiej	*Skłodowska St*
aleja Solidarności	*Solidarność Avenue*
ulica, więtej Anny	*St Ann's St*

- historical events

ulica Rewolucji	*Revolution St*
plac Zwycięstwa	*Victory Square*
ulica Pierwszego Maja	*1st of May St*
plac Konstytucji	*Constitution Square*

- adjectives

plac Zamkowy	*Castle Square*
ulica Długa	*Long Street*
Aleje Jerozolimskie	*Jerusalem Avenue(s)* (note capital for Aleje)

Most Polish addresses will have the name of the street first, then the number of the house or block, then finally the number of the flat. If an address has only one number, it is usually an indication that the addressee lives in a house rather than a block of flats.

In Poland you can use an ordinary **telefon** (*telephone*), or an **automat telefoniczny** (*payphone*). The **telefon komórkowy** (*mobile phone*), often simply called **komórka** (*mobile*), very quickly entered Polish everyday life and was inevitably followed by the increasing popularity of **wysyłanie SMS-ów** or **esemesowanie** (*texting*). New technology available in Poland naturally includes **telefon bezprzewodowy** (*cordless phone*) as well as **telefon cyfrowy** (*digital phone*). If you call someone at work, you will probably get through to the **centrala** (*switchboard*) and have to ask for their **numer wewnętrzny** (*extension/internal number*). An area code is called **numer kierunkowy** and a landline a **telefon stacjonarny**.

Language patterns

▶ 1 Numbers

In terms of practical usefulness, and surviving in Poland, it's never too early to learn to count in Polish.

1	jeden	15	piętnaście
2	dwa	16	szesnaście
3	trzy	17	siedemnaście
4	cztery	18	osiemnaście
5	pięć	19	dziewiętnaście
6	sześć	20	dwadzieścia
7	siedem	30	trzydzieści
8	osiem	40	czterdzieści
9	dziewięć	50	pięćdziesiąt
10	dziesięć	60	sześćdziesiąt
11	jedenaście	70	siedemdziesiąt
12	dwanaście	80	osiemdziesiąt
13	trzynaście	90	dziewięćdziesiąt
14	czternaście	100	sto

You can see how the basic numbers up to ten, the 'teen numbers, and the tens are related to each other. These words can be combined to describe other numbers (in between and over 100), as you would expect:

24	dwadzieścia cztery	93	dziewięćdziesiąt trzy
35	trzydzieści pięć	103	sto trzy
78	siedemdziesiąt osiem	117	sto siedemnaście
89	osiemdziesiąt dziewięć	155	sto pięćdziesiąt pięć
46	czterdzieści sześć	197	sto dziewięćdziesiąt
82	osiemdziesiąt dwa		siedem

2 A useful word for 'self': się

Się (*myself, yourself*, etc.) is a very mobile word, as you can see. But it never appears as the first word in a sentence, and it does its best to avoid being the last. For example, **dodzwonić się** (*get through on the phone*):

Nie mogę się do pani
Basi dodzwonić.   *I can't get through to Basia.*

Practice

1 Fill in the gaps in the conversations.

   a Halo.
   b _____ . Czy mogę _____ z Basią?
   c Niestety to _____ .
   d Dzień dobry. Poproszę _____ 45 (czterdzieści pięć).
   e Łączę.

▶ 2 Write the following numbers in words:

a	21	e	56	i	182
b	33	f	79	j	110
c	68	g	143		
d	14	h	117		

3 Translate into Polish:

   a It is difficult to get through to you.
   b Good morning. Can I speak to Tomek (here: z Tomkiem), please?
   c It's Jurek speaking.
   d I'm sorry. It's a wrong number.

▶ Dialogue

Meanwhile, elsewhere, Magda is giving Elka, her guest from America, some basic information: emergency telephone numbers, her address, her telephone number and directions to her flat.

Magda   Mam nadzieję, że będzie ci tu wygodnie. Dam ci na wszelki wypadek mój numer telefonu. Zapisz sobie. 35–06–98 [trzydzieści pięć, zero sześć, dziewięćdziesiąt osiem]. Zadzwoń, jak tylko będziesz czegoś potrzebowała.

Elka   Już notuję. Trzy pięć, zero . . . . Powtórz, proszę.

Magda   Trzydzieści pięć, zero sześć, dziewięćdziesiąt osiem.

Elka   Dobrze. Sześć, dziewięć, osiem.

Magda   A teraz przy okazji możesz zanotować mój adres. Zaraz ci powiem, jak do nas dojechać.

Elka   Świetnie. Tylko, bardzo cię proszę, mów wolniej, bo nie zrozumiem wszystkiego.

Magda	Oto mój adres. Dębnicka szesnaście przez siedem.
Elka	Nie rozumiem. Jak to szesnaście przez siedem?
Magda	Przepraszam. Ulica Dębnicka. Pisze się ul, kropka. U jak Urszula, L jak Leon, kropka. Dom szesnasty. Pisze się albo D jak Dorota, kropka, szesnaście, M jak Maria, kropka, siedem, albo prościej 16/7 szesnaście przez siedem.
Elka	Już zrozumiałam.
Magda	Do nas jest bardzo łatwo trafić. Jedź autobusem numer sto dwanaście do ulicy Jarskiej.

---

mam (mieć) *have*
nadzieję (nadzieja) *hope*
mam nadzieję, że *I hope*
będzie (być) *he/she/it will be*
wygodnie (wygodny) *comfortable/convenient*
ci (ty) *for you, to you* (familiar)
będzie ci wygodnie *you will be comfortable/find it convenient*
tu/tutaj *here*
dam (dać) *I will give*
na wszelki wypadek *just in case*
zapisz (zapisać) *write it down*
sobie *for yourself*
zadzwoń (zadzwonić) *give me a ring*
jak tylko *as soon as, if ever*
będziesz czegoś potrzebowała *you will need anything*
potrzebować *to need*
notuję (notować) *I am making a note of it*
powtórz (powtórzyć) *repeat*
przy okazji (okazja) *while you're at it*
możesz *you can*
zaraz *now, straightaway*
powiem (powiedzieć) *I'll tell you*
do nas (my) *to us, our place*
dojechać *get (by transport)*
świetnie (świetny) *fine, great, excellent*
adres *address*

tylko *only*
proszę cię (prosić, ty) *I ask you*
bardzo cię proszę *please, please, please*
mów (mówić) *speak*
wolniej (wolny) *more slowly*
bo *here: or else*
oto *here is*
przez *usually: through, by, via*
nie rozumiem (rozumieć) *I don't understand*
nie zrozumiem (zrozumieć) *I won't understand/catch*
jak to . . . *what do you mean . . .*
ulica *street*
pisze się (pisać) *you write, it is written*
albo *or*
albo . . . albo . . . *either . . . or . . .*
kropka *dot, full stop*
prościej (prosty) *more simply*
już *already, now*
zrozumiałam (zrozumieć) *I've got it, I see*
dom *house, home*
mieszkanie *flat, accommodation*
łatwo (łatwy) *eas(il)y*
trafić *find the way*
jedź autobusem . . . *take the . . . bus*
jedź (jechać) *travel, go*
autobusem (autobus) *by bus*
teraz *now*

ℹ️ Mam nadzieję, że *I hope*

In English, you say *'I hope (that) you'll be comfortable'*. In Polish, the word **że** should NOT be left out. Notice that it is preceded by a comma; this is traditional in Polish writing, and does not represent a pause in speech.

ℹ️ przez *across, by*

In speaking addresses out loud it is usual to say **przez** for the '/' symbol ('stroke' in British English, 'slash' in American). You might think of block 2, flat 16 as being 2 by 16. Remember that **przez** normally means *across, through, by* or *via*.

ℹ️ sobie *to/for myself etc.*

Sobie is a so-called dative form, like **mi** and **ci**. It means *to/for myself/yourself/themselves*, etc. Polish often uses **sobie** when talking about doing something which will be useful to you, or doing something because you feel like it or are simply entitled to.

Weź sobie.	*Go on, help yourself.*
Zrób sobie herbaty.	*Make yourself some tea.*
Niech pan(i) sobie zapisze.	*Write it down.*

ℹ️ autobusem *by bus*

Autobusem is the instrumental form of **autobus** and it means *by bus*. Compare the forms in the box below:

dictionary form		instrumental
helikopter	*helicopter*	**helikopterem**
pociąg	*train*	**pociągiem** (**i** added after **g**)
prom	*ferry*	**promem**
samochód	*car*	**samochodem**
samolot	*plane*	**samolotem**
taksówka	*taxi*	**taksówką** (**taksówka** is feminine, so its instrumental form ends in **-ą**)
tramwaj	*tram*	**tramwajem**
trolejbus	*trolleybus*	**trolejbusem**

You have already seen that instrumental forms are also used with **jestem**, for example:

Robert jest Szkotem.   *Robert is a Scot.*
Jestem studentem.   *I'm a student.*

You may hear a Pole refusing alcohol at a party as follows:

Dziękuję. Jestem samochodem.

Dziękuję in this sort of context means *No, thank you.* **Jestem samochodem** doesn't mean the person has delusions of being a car and would prefer to drink petrol; the instrumental form **samochodem** is used here in the 'means of travel' sense – *I'm in the car.* So **Dziękuję. Jestem samochodem** here is the equivalent of saying, *Not for me, thanks, I'm driving.*

Language patterns

3 Some informal (familiar) imperative forms

You will have noticed a few 'imperative' forms in the additional dialogue on p. 28. Magda and her American visitor Elka are good friends, so they use familiar forms to each other.

imperative	*verb*	
jedź	jechać	*travel, go*
mów	mówić	*speak*
powtórz	powtórzyć	*repeat*
skręć	skręcić	*turn*
zapisz	zapisać	*write (it) down*
zadzwoń	zadzwonić	*give (me) a ring*

4 Present tense of two common verbs

móc *be able*			
singular		plural	
1 mogę	*I can, may*	możemy	*we can/may*
2 możesz	*you can, may*	możecie	*you can/may*
3 może	*(s)he/it can, may*	mogą	*they can/may*

mieć *have*			
1 mam	*I have*	mamy	*we have*
2 masz	*you have*	macie	*you have*
3 ma	*(s)he/it has*	mają	*they have*

5 Two types of present tense, and the Present Tense Rule (PTR)

In terms of their present tense forms, verbs in Polish come in two broad kinds, with more similarities than differences between the kinds. If you know the first and third person singular forms, then you can predict the rest.

With the first type of verb, the first person singular ends in -m. The third person plural will be the same, except -ją replaces -m.

With the second type of verb, the first person singular ends in -ę. The third person plural will be the same, except -ą replaces -ę.

With both types of verb the remaining forms are predictable from the third person singular: for second person singular, add -sz; for first person plural, add -my; for second person plural, add -cie. (Dictionaries traditionally give first and second persons singular, rather than first and third, wasting space on hundreds of redundant repetitions of -sz!) So this is how the present tense works:

1 sing.   słucham   mogę

Forms below in this box mutually predictable		
2 sing.	słuchasz	możesz
3 sing.	**słucha**	**może**
1 pl.	słuchamy	możemy
2 pl.	słuchacie	możecie

Predicted by 1 sing:

3 pl.   słuchają   mogą

6 Present and future tenses of być *(to be)*

1	jestem	*I am*	jesteśmy	*we are*
2	jesteś	*you are*	jesteście	*you are*
3	jest	*s/he/it is*	są	*they are*
1	będę	*I'll be*	będziemy	*we'll be*
2	będziesz	*you'll be*	będziecie	*you'll be*
3	będzie	*s/he/it'll be*	będą	*they'll be*

Looking at the PTR, you can see how the present tense of **być** is unusual, and how the future actually obeys the PTR perfectly.

7 Some more on forms and uses of the genitive

Nie mogę znaleźć mojego przyjaciela/mojej przyjaciółki.	*I can't find my friend.*
Nie ma męża.	*My husband isn't here./* *She hasn't got a husband.*
Nie ma żony.	*My wife isn't here./* *He hasn't got a wife.*

In Unit 2 you met the forms known as the genitive case. These forms indicate possession (understood very broadly), among other things.

dom mojego brata	*my brother's house*
numer telefonu	*telephone number* (number of telephone)

The genitive is an important case in Polish. Don't try to absorb all the following information at once; keep coming back to it. As you meet more examples, the patterns will gradually emerge and make sense. Genitive forms are so common that you will get a lot of practice in using them in context. If you are pronouncing endings particularly clearly as you speak, the sound and feel of genitive forms will stick, whether you can quote the rules or not.

Masculine nouns

Masculine nouns ending in a consonant add **-a** or **-u**. It is not usually possible to predict whether the ending will be **-a** or **-u,** so you should learn the genitive form when you learn the dictionary form of a masculine noun.

dictionary form (nominative)	*genitive*	
adres	adres**u**	
album	album**u**	
Berlin	Berlin**a**	
brat (brother)	brat**a**	
dom (house)	dom**u**	
Kraków	Krakow**a**	(-ó- in dictionary form of this word, but -o- when endings are added)

Londyn	Londynu	
mąż	męża	(-ą- in dictionary form, -ę- when endings are added)
numer	numeru	
ojciec (*father*)	ojca	(-cie- disappears when endings are added to this word)
pokój (*room*; *peace*)	pokoju	(-ó- in dictionary form of this word, but -o- when endings are added)
Poznań	Poznania	(ń = ni before a vowel)
samochód	samochodu	(-ó-/-o- again)
syn	syna	
telefon	telefonu	
telewizor (*TV set*)	telewizora	

Some masculine nouns have a 'hidden i', which is absent from the dictionary form, but appears as soon as an ending is added:

gołąb (*pigeon*)	gołębia
Radom	Radomia
Wrocław	Wrocławia

Remember that i before another vowel letter (a, ą, e, ę, o, ó or u) does not represent a separate syllable.

Neuter nouns

Neuter nouns ending in -o or -e swap these letters for -a in the genitive:

morze (*sea*)	morza	lotnisko (*airport*)	lotniska
okno	okna	Okęcie	Okęcia
radio	radia	zero	zera

Neuter nouns ending in -um (that is all nouns in -um except album) keep -um the same in all their singular forms.

Neuter nouns in -ę also have a genitive ending in -a, preceded by a modified stem. (The stem is the part of the word to which endings are added, or to look at it the other way around, the stem is what is left of a word when endings are removed.) The main neuter noun ending in -ę that you meet in this book is imię (first name):

imię	imienia

Feminine nouns

Feminine nouns (and masculine nouns ending in -a, like **turysta**) change the -a to -y:

Barbara	Barbary	Warszawa	Warszawy
Dorota	Doroty	Kanada	Kanady
szkoła	szkoły		

There are spelling rules that disallow **y** after **k** or **g**, so nouns in -**ka** and -**ga** have genitive forms in -**ki** and -**gi**:

wódka	wódki
Polka	Polki
księga	księgi

Some feminine nouns ending in -**ia** have genitive forms in -**i**, others in -**ii**:

Anglia	Anglii	
kuchnia (*kitchen*)	kuchni	(the **ń** sound is written as a plain **n** before the vowel **i**)

Note also:

   telewizja (*TV*, i.e. *the institution*)   telewizji

Some feminine nouns end in consonants in the dictionary form. You will see more of those later. They also add -**y** or -**i** to their stem:

twarz (*face*)	twarzy	
sól (*salt*)	soli	(-ó-/-o- alternation again)
Łódź	Łodzi	(-ó-/-o- alternation again)

Adjectives

Adjectives agreeing with masculine and neuter nouns in the genitive singular end in -**ego**. If they agree with a feminine noun in the genitive singular, they end in -**ej**.

Telewizja Polska	Telewizji Polskiej
język polski	języka polskiego

8 The genitive in use

Genitive forms are used:

- with certain prepositions, particularly **do** (*to, to see*), **z** (*from, off*), **od** (*from*), **według** (*according to*), **bez** (*without*)
- with expressions like **nie ma** (*there isn't any* or *isn't (t)here*)
- after verbs like **szukać** (*look for*) and **słuchać** (*listen to*), **zapominać** (*forget*)
- after negated verbs that take the accusative form (see p. 61) when they aren't negated:

Nie mogę znaleźć **mojej przyjaciółki.**	*I can't find my friend.*
Nie mam **własnego domu.**	*I haven't got my own house.*

- with quantity words like **dużo** (*a lot (of)*)

Here are some phrases and sentences illustrating the use of genitive forms.

Czy jest trudno trafić do mieszkania Wandy?	*Is Wanda's flat difficult to find?*
Nie ma tu wódki.	*There's no vodka here.*
Idę do szkoły.	*I'm on my way to school.*
Historia Polski.	*The history of Poland.*
Szukam sponsora.	*I'm looking for a sponsor.*
Jestem z Łodzi.	*I'm from Łódź.*
A ja jestem z Wrocławia.	*And I'm from Wrocław.*
Słucham Polskiego Radia.	*I listen to Polish Radio.*
Ta pani nie ma męża.	*This woman has no husband.*
Przepraszam, męża nie ma.	*I'm sorry, my husband isn't here.*
Nie rozumiem mojego przyjaciela.	*I don't understand my (male) friend.*
Nie mogę znaleźć mojej przyjaciółki.	*I can't find my (female) friend.*
Szukam Letniej Szkoły Języka Polskiego.	*I'm looking for the Summer School of Polish.*
To nie ma sensu.	*That has no point/ doesn't make sense.*
— Jest Jacek?	*Is Jacek here?*

— Nie, Jacka już nie ma.   *No, Jacek isn't here any more.*
— Mamy czas?   *Have we got time?*
— Nie, nie mamy czasu.   *No, we haven't.*

Practice

4   Put the words into the appropriate gaps:

Jurka Basi Warszawy domu męża radia telewizji

a   Jurek jest u _____ .
b   Magda nie może się dodzwonić do _____ .
c   Czy jest daleko (*is it far*) do _____ ?
d   Ta pani szuka _____ .
e   Nie oglądam _____ .
f   Słucham _____ .
g   Łatwo trafić do mojego _____ .

oglądać	*to watch*

▶ 5 Respond to the following as suggested.

Jest Jacek? (*Say yes, Jacek's here.*)
A Jurek jest? (*Say no, Jurek isn't here.*)
Jedź do Krakowa. (*Say there's no point.*)
Jedź do Kanady. (*Say you haven't got time.*)

How to . . .

• ask to speak to someone

Czy mogę mówić z Jurkiem/z Magdą?

• say it is a wrong number

Niestety to pomyłka.

• say that it is you speaking

Przy telefonie.
Tak, słucham.
Przy aparacie.

- identify yourself on the phone

  Mówi _____ .

Mówi Joanna z Anglii.	*It's Joanna speaking from England.*
Mówi Marek z Warszawy.	*It's Marek from Warsaw speaking.*
Mówi Jurek z Londynu.	*It's Jurek from London.*

- ask for an extension number when you get the switchboard

  Poproszę wewnętrzny _____ .

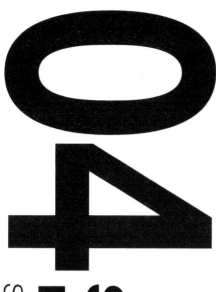

04

Sally zwiedza miasto

Sally goes sightseeing

In this unit you will learn
- how to talk about firm plans
- how to ask and give permission
- how to talk about visiting places
- how to attract and hold attention
- how to offer and accept apologies

▶ Dialogue

Sally has decided to go sightseeing. She wants to visit famous and interesting places in Warsaw: the Old Town, the Royal Palace, the Market. She plans to lunch in the Bazyliszek Restaurant, then go for a walk along Krakowskie Przedmieście and Aleje Ujazdowskie to Łazienki Park. She phones Basia to tell her her plans. The telephone rings in Basia's flat, and Basia lifts the receiver:

W mieszkaniu Basi dzwoni telefon. Basia podnosi słuchawkę.

Basia	Słucham.
Sally	Dzień dobry. Mówi Sally.
Basia	Cześć. Jak się masz? Co robisz dzisiaj?
Sally	Zwiedzam Warszawę. Wybieram się na Stare Miasto. Chcę zobaczyć Zamek Królewski i Rynek. Zjem obiad w „Bazyliszku", a potem przejdę się Krakowskim Przedmieściem, Nowym Światem i Alejami Ujazdowskimi do Łazienek.
Basia	Wygląda na to, że będziesz zajęta cały dzień.
Sally	Chyba tak.

w mieszkaniu (mieszkanie) *in the flat*
dzwoni telefon (dzwonić) *the telephone rings*
podnosi (podnosić/podnieść) *lifts, raises*
słuchawkę (słuchawka) *receiver*
halo *hallo (*usually only on the phone*)*
mówi (mówić) *is speaking*
Jak się masz? (mieć się) *How are you?*
co *what*
robisz (robić) *you are doing (*here: are you doing*)*
dzisiaj, dziś *today*
zwiedzam (zwiedzać/zwiedzić) *I'm visiting, having a look at*
wybieram się (wybierać się/wybrać się) *I'm going, planning to go*
na (+ acc.) *to, onto, for (a period)*
Stare Miasto (stary, miasto) *the Old Town*
zobaczyć *see, catch sight of, have a look at*
Zamek Królewski *the Royal Palace*

Rynek *the Market Square*
zjem (jeść/zjeść) *I will eat/have*
obiad *dinner/lunch*
w „Bazyliszku" *in/at the 'Bazyliszek'*
a potem *and then*
przejdę się (przejść się) *I'll have a walk*
wyglądać *look out, look (like/as if)*
wygląda na to, że *it looks as if*
będziesz (być) *you will*
zajęta (zajęty, zająć) *busy, engaged, occupied*
cały *whole*
cały dzień *all day*
do Łazienek *to Łazienki Park*
Nowym Światem *along New World/Nowy Świat (street in Warsaw)*
Krakowskim Przedmieściem *along Kraków Suburb/Krakowskie Przedmieście (road in Warsaw)*
Alejami Ujazdowskimi *along Ujazdowski Avenues/Aleje Ujazdowskie (road in Warsaw)*

i A Warsaw street: Krakowskie Przedmieście

This street in Warsaw is difficult to talk about in English. Either you put a Polish tongue-twister in the middle of an English sentence, or you translate it into English as 'Kraków Suburb', which sounds bizarre. Given that we talk about the Arc de Triomphe and the Champs Elysées rather than the Triumph Arch or the Elysian Fields, we suggest you go for **Krakowskie Przedmieście**. Like most things in Polish, it will come with practice.

Language patterns

1 The multi-purpose word for 'self': *się*

The word **się**, never stressed, is used with several verbs in this dialogue:

wybieram się	*I'm planning to go*
Jak się masz?	*How are you?*
przejdę się	*I'll have a walk*

The main meaning of **się** is *my-/your-/him-/her-/itself, our-/your-/themselves* or *each other*:

kochają się	*they love each other*
goli się	*he's shaving* (i.e. himself, not someone else)
nazywam się	*my name is* (i.e. I call myself)
uczą się języka polskiego	*they're learning Polish* (**uczyć** on its own is *teach*)
interesuję się Polską	*I'm interested in Poland* (I interest myself by Poland)
skontaktować się	*get in touch (contact each other)*

The word **się** is also commonly used where speakers of English would not think of *-self* or *each other*. The word **się** just forms part of the vocabulary item from the outset:

Chcę się przejść.	*I want to go for a walk.*
Jak się ma twoja siostra?	*How is your sister?*
Wybierasz się znowu do Polski?	*Are you off to Poland again?*

It may seem odd that Polish uses **się** in these cases, but languages have their own way of going about things. Why do we say in English that we pride '*ourselves*' on something? It is not possible to pride somebody else. English just happens to word it that way.

There is another use of **się** for what people in general do, especially if the person speaking is one of them:

Jak się to pisze?	*How do you write/spell that?*
Tu się nie pali.	*We don't smoke here.*
Ma się piękne plany.	*One has beautiful plans.*

piękny	*beautiful, fine, lovely*

This use of **się** is very common, and does not have the stylistic awkwardness of the English *one*. Remember that **się** never begins a sentence, and tries to avoid ending it. It never carries emphasis.

2 na *for, on, at*

In Unit 1, you met **na** in the sense of *for*:

— Na jak długo?	*How long (have you come) for?*
— Na miesiąc.	*For a month.*

We have also seen it meaning *on*:

Jestem na wakacjach.	*I'm on holiday.*

There is no single word for *to* or for *at* in Polish. Instead the choice is between **do/w** (*into/in*) and **na** (*onto/on*). **Na** is used with streets and parts of town. It is also used with **poczta** (*post office*), **uniwersytet** [uniwErsytet] (*university*) and **dworzec** (*station*).

— Gdzie/Dokąd idziesz?	*Where are you going?*
— Na Stare Miasto/Pragę/na pocztę/na ulicę Dębnicką/na uniwersytet.	*To the Old Town/to Praga (part of Warsaw)/to the post office/to Dębnicka Street/to the university.*

iść	*go, be on the way on foot*

3 The future, in a word

Several things Sally and Basia say use a single word to talk about what will happen:

Co robisz dzisiaj?	*What are you doing today?*
Zwiedzam Warszawę.	*I'm having a look at Warsaw.*
Wybieram się na Stare Miasto.	*I'm going to the Old Town.*

The forms used here, **robisz**, **zwiedzam**, **wybieram się** are all simple forms that could equally be used to talk about the present moment. As in English, you can talk about firm plans as if they were being carried out at the moment you speak.

Some other forms used in the dialogue, **przejdę się**, **zjem**, and **będziesz**, are specifically future. We have already seen the future and present tenses of **być** (*be*) in Unit 3.

Przejść się and **zjeść** belong to a type of verb traditionally called perfective in Polish. Perfective verbs are used when you see an action or situation as 'perfected', or summed up, rounded off, taken as a whole. These verbs are used typically of an action with a known beginning, end and result, which means they are *not* used of actions, situations (or habits) going on at the moment you are talking about. Their future form looks like the present of non-perfective verbs:

First, look at some examples of **zjeść** (*eat, eat up, have a meal*), which is perfective. Its non-perfective counterpart is the verb **jeść**, which has the same endings.

future of perfective verb	present of non-perfective verb
A potem zjem obiad. *And then I'll have lunch.*	Jem. *I'm eating.*
Zjesz obiad? *Are you going to have lunch?*	Co jesz? *What do you eat?*
On nic nie zje. *He won't eat anything.*	Ona nic nie je. *She doesn't eat anything.*

Now look at examples with **przejść się** and its non-perfective counterpart **przechadzać się**.

Przejść has similar endings to **iść** (compare also **będę**, **będziesz**, etc.), while its non-perfective partner **przechadzać się** has similar endings to **szukać** and **słuchać**.

| Przejdziemy się? | *Shall we have a stroll?* |
| Przechadzamy się codziennie. | *We have a walk every day.* |

Zrobić and **robić** (*do, make*) form a similar perfective and non-perfective partnership, as do **zwiedzić** and **zwiedzać** (*visit*). Look at the following two exchanges with the differences spelt out.

| Co zrobisz dzisiaj? | *What are you going to do today?* |
| Zwiedzę Warszawę. | *I'm going to have a look at Warsaw.* |

Here the questioner sees the thing or things to be done as summed-up actions, as if asking 'What are you going to get done/chalk up/add to your list of things done?'. The response is much the same as the English 'I'm going to do Warsaw.'

| Co robisz dzisiaj? | *What are you doing today?* |
| Zwiedzam Warszawę. | *I'm looking round Warsaw.* |

Here the questioner is picturing the person doing things already. Ditto the reply: this is what I imagine myself doing at this moment.

Because perfective verbs like **przejść się**, **zwiedzić**, **zrobić** and **zjeść** on the one hand, and non-perfective verbs (imperfectives) like **przechadzać się**, **odwiedzać** (*visit a person*), **zwiedzać** (*visit a place*), **robić** and **jeść** seem to take a different view of actions, the difference between the types of verbs is traditionally called a difference of aspect. **Zjeść** is a verb of perfective aspect, while **jeść** is a verb of imperfective aspect. A good dictionary will tell you which aspect a verb belongs to, and should preferably give you cross-references to corresponding verbs belonging to the opposite aspect.

When from now on vocabulary boxes give you a pair of verbs, e.g. **przepraszać/przeprosić** (*apologize*), the first one will be imperfective and the second perfective.

4 Chyba / suppose that . . .

The word **chyba** is common and useful in Polish. Use it! It saves you constructing more complicated ways of saying *I suppose that . . .* or *I think that . . .*

Chyba tak.	*I think so/I suppose so.*
Chyba nie.	*I don't think so.*
To chyba ona.	*I think it's her/I expect that'll be her.*

Chyba będzie na wakacjach.   *I suppose s/he'll be on holiday.*

5 Zamki królewskie i aparaty fotograficzne
Castles and cameras

Names and terms consisting of a noun and an adjective
normally have them in that order, noun first, then adjective:

Wyspy Brytyjskie	*The British Isles*
Unia Europejska	*The European Union*
Rzeczpospolita	*The Polish Republic*
[rzeczpospOlita] Polska	(stress second **o**)
Republika [repUblika]	*The Czech Republic*
Czeska	
Kościół Katolicki	*The Catholic Church*
aparat fotograficzny	*camera* (photographic device)
kompakt cyfrowy	*digital compact*
aparat słuchowy	*hearing aid*
telefon stacjonarny	*landline*
stacja benzynowa	*petrol station* (**benzynowy** is an adjective formed from **benzyna,** *petrol*)
dworzec autobusowy	*bus station* (**autobusowy,** from **autobus,** *bus*)
zamek królewski	a royal palace (**królewski,** from **król,** *king*)

This strong tendency is overruled by tradition in some names.
Look at **Stare Miasto, Krakowskie Przedmieście** and **Nowy
Świat. Stany Zjednoczone** (*The United States*) fits the pattern,
while **Zjednoczone Królestwo** (*The United Kingdom*) goes
against it, perhaps because **Wielkiej Brytania i Irlandii
Pólnocnej** may follow.

Zamek is usually translated as *castle*. Polish also has a word
pałac, more appropriate to a grand house or to the Polish
equivalent of an English stately home.

6 W „Bazyliszku" *At the Bazyliszek*

Note the Polish low and high 99 quotation marks:
„cudzysłów", with low 99 at the beginning.

Bazyliszek illustrates a common pattern in Polish, of nouns ending in -ek which lose the -e- as soon as an ending is added, for example:

Idziemy do „Bazyliszka".	*We're going to the Bazyliszek.*
Idziemy do Marka.	*We're going to see Marek.*

The -u in **w „Bazylisku"** is a locative ending: see the next note.

7 Locative forms of some masculine and neuter nouns

The group of forms known traditionally as the locative case takes its name from the fact that these forms are most typically used in expressions of place (location), especially with **w** (*in*) and **na** (*on*):

Mieszkamy w hotelu.	*We're living in a hotel.*

The following kinds of masculine nouns take the ending -**u** in the locative case:

- masculine nouns ending in 'soft consonants' written with ´ or **i**
- masculine nouns ending in 'hidden **i**' (see previous unit, p. 34)
- masculine nouns ending in hardened 'pseudosofts' -**sz, -cz, -ż, -rz, -j, -l,** or masculine nouns ending in 'velar consonants' -**ch, -g** or -**k**

Co jest do zwiedzania w Bytomiu?	*What is there to visit in Bytom?*
Co robisz w Terespolu Pomorskim?	*What are you doing in Terespol Pomorski?*
Ma brata w Paryżu.	*S/he's got a brother in Paris.*
Są gazety, o tam w kiosku.	*There are newspapers, over there at the kiosk.*

o tam	*there, look*

Locative forms are also used with **o** (*about*).

Co mi powiesz o Tadku?	*What can you tell me (What will you tell me) about Tadek?*

Neuter nouns with stems ending in softs, pseudosofts and velars also have **-u** in the locative. The dictionary form (nominative) already has an ending, **-o** or **-e**, so this has to be removed first:

morze	*sea*	na morz**u**	*on the sea*
biurko	*desk*	na biurk**u**	*on the desk*

Adjectives accompanying these masculine and neuter locatives end in **-ym** or **-im**, e.g. na **Krakowskim Przedmieściu**. There's more about locatives on p. 91–2.

Dialogues

▶ Outside her flat, Sally asks a passer-by, an elderly lady, how to get to the Royal Palace.

Sally	Przepraszam, jak dostać się do Zamku Królewskiego?
Starsza pani	Proszę iść prosto do skrzyżowania, a potem skręcić w lewo, dalej prosto aż do końca ulicy. Zamek jest po prawej stronie.
Sally	Dziękuję pani bardzo.
Starsza pani	Proszę bardzo.

---

przepraszam (przepraszać/ przeprosić) *excuse me*
dostać się (dostawać/dostać się) *get (somewhere)*
do (+ genitive) *to, as far as*
iść *go (on foot), be on the way*
prosto (prosty) *straight*
skrzyżowania (skrzyżowanie) *crossroads*
skręcić (skręcać/skręcić) *turn*

aż do (+genitive) *right up to, as far as*
do końca ulicy (koniec, ulica) *to the end of the road*
w lewo/w prawo *to the left/right*
dalej (daleko) *further*
po prawej/lewej stronie (prawy, lewy, strona) *on the right/left*
strona *side, direction, page*

▶ Sally goes into the Palace. In a big hall a crowd of people are waiting for a guide. Sally notices a man smoking a cigarette. Just then the voice of a female attendant rings out:

Szatniarka	Przepraszam, ale tu nie wolno palić . . . Proszę pana! . . . Proszę pana! .... Proszę pana! Bardzo pana przepraszam, ale palenie jest surowo wzbronione.

Sally	Proszę pani, on chyba nie mówi po polsku. Albo może nie słyszy, że się do niego mówi. (*Zwraca się do mężczyzny, po angielsku.*) Excuse me, no smoking in here.
Mężczyzna	Przepraszam, nie mówię po niemiecku.
Szatniarka	Proszę pana. Proszę natychmiast zgasić papierosa. Tu obowiązuje zakaz palenia.
Mężczyzna	Oj, przepraszam najmocniej. Już gaszę. Gdzie jest popielniczka?
Sally	Popielniczki chyba nie ma. Ma pan problem.

Sally goes up to the cloakroom and addresses the (male) attendant. (*Sally podchodzi do szatni. Zwraca się do szatniarza.*)

Sally	Przepraszam, czy wolno robić zdjęcia w Zamku?
Szatniarz	Niestety nie wolno. Musi pani zostawić aparat fotograficzny w szatni.
Sally	Dobrze.

---

szatniarka *female cloakroom attendant*
proszę pana/pani *excuse me*
bardzo pana przepraszam *I'm very sorry*
palenie *smoking*
surowo (surowy) *strictly*
wzbronione (wzbraniać/wzbronić) *forbidden*
mówi po polsku (mówić) *speaks Polish*
po polsku *Polish, the Polish way*
zwraca się do (zwracać/zwrócić się) *she addresses, speaks to*
do mężczyzny (mężczyzna) *to the man*
nie wolno *it's forbidden to, you can't*
wolno *it's allowed, you can*
palić *smoke*
po angielsku *English, the English way*
po niemiecku *German, the German way*
natychmiast *immediately*
zgasić (gasić/zgasić) *put out, extinguish, turn off*

obowiązuje (obowiązywać) *applies, is in force*
zakaz (+ genitive) *ban on*
oj! *Oh! Oh dear!*
przepraszam najmocniej *I'm terribly sorry*
gaszę (gasić/zgasić) *I'm stubbing (my cigarette) out*
już *now, already*
popielniczka *ashtray*
podchodzić (podchodzić/podejść) *go up*
szatniarz *male cloakroom attendant*
robić zdjęcia (zdjęcie) *take photographs*
niestety *unfortunately*
pani musi (musieć) *you have to, you must* (polite, to a woman)
aparat (fotograficzny) *camera*
zostawić (zostawiać/zostawić) *leave*
w szatni (szatnia) *in the cloakroom*

Language patterns

▶ 8 Attracting attention

Proszę + the genitive form of a **pan**-word is the normal way of calling someone to attract their attention.

Proszę pana!	*(to a man)*
Proszę pani!	*(to a woman)*
Proszę państwa!	*(to a group of both sexes)*
Proszę księdza!	*(to a clergyman)*
Proszę siostry!	*(to a nurse or a nun)*

If you are on familiar terms with someone, you will use their name, often a special pet 'vocative' (calling) form ending in -**u**:

Basiu! Tadku! Jurku! Marysiu! Marku!

Similarly, to mum and dad:

Mamusiu!   Tatusiu!

First names can be combined with pan(i) to address someone less familiarly. For calling, **pan** has the vocative form **panie**:

Pani Marysiu!   Panie Tadku!

Nouns and names ending in -**a** have vocative forms in -**o** (unless they are pet forms in -**u**):

Pani Mario!   Pani Barbaro!

Many masculine names and nouns have vocative forms ending in -**e** (with a modification to the stem). We will not give detailed rules for these now, but you should watch and listen for examples:

Piotr	(Panie) Piotrze!
Wiesław	(Panie) Wiesławie!
Józef	(Panie) Józefie!

Some Poles pepper their conversation with expressions like **proszę pana,** and even **proszę ciebie** when speaking to someone they are on familiar terms with. **Proszę państwa** is a bit like saying 'ladies and gentlemen', but is used far more widely. It is a way of retaining a listener's attention while giving yourself a moment to think, and sounds politer and more articulate than saying *er*.

— Co to jest?
— To jest, proszę pani, supernowoczesna łyżka do butów.

— *What's this?*
— *It's erm, an ultramodern shoe-horn, madam.*

---

nowoczesny *modern*
łyżka *spoon*

buty *shoes*

---

9 dalej *further*

Dalej means *further*, **daleko** is *(far)*. It is useful when asking someone to continue doing something:

Mów dalej.   *Carry on (talking).*

10 Saying 'sorry'

The most common politely apologetic way of attracting attention (apologizing for disturbing someone), is to say **przepraszam**. You may add **pana/panią/państwa** (accusative forms) if you wish.

Przepraszam państwa.   *Excuse me/I'm sorry, ladies and gentlemen.*

If you are very sorry, add **bardzo**, or say **bardzo mi przykro**:

Bardzo pana/panią przepraszam, ale . . .
Bardzo mi przykro, ale . . .

---

ale   *but*

If you are terribly or most awfully sorry, you can say **Najmocniej przepraszam!**, which literally means *I apologize most strongly*.

11 Accepting apologies

There is no need to feel or cause embarrassment when you receive an apology. You can say:

Nie ma za co.   *It's all right* (there is nothing to apologize for: *Nie ma za co przepraszać*).

Nic się nie stało.	*It's all right* (lit. nothing has happened).
Nie szkodzi.	*It's all right.* (lit. it does no harm).
Nie ma sprawy.	*No problem.*

---

stać się *happen*　　　　　**szkodzić** *damage*

---

12 Unacceptable behaviour

You will see notices in Poland telling you what isn't allowed. These will often include the words **wzbronione, zabronione, zakaz,** or **nie.** So, with **parkować** (*park*), **parkowanie** (*parking*), **palić** (*smoke*) and **palenie** (*smoking*) you get signs like these:

NIE PARKOWAĆ　　　　ZAKAZ PARKOWANIA
　　　PARKOWANIE ZABRONIONE
PARKOWANIE WZBRONIONE
　　　　　　　TU NIE WOLNO PARKOWAĆ
　　　PROSZĘ NIE PARKOWAĆ
NIE PALIĆ　　　PALENIE SUROWO WZBRONIONE
　　　TU PALIĆ NIE WOLNO

Some of these are gentler or more polite. **Proszę** (or sometimes **prosimy,** *we request*), adds a polite 'please'. **Nie wolno** means *is not allowed*, but is less official. You may hear parents telling their children **Nie wolno!** when they look as if they might be about to do something naughty.

Do you remember the way **się** is used for what people in general do (p. 41)? Here (**tu**) or at our place (**u nas**) we don't smoke (one doesn't smoke), hence the notice:

TU SIĘ NIE PALI　　　　U NAS SIĘ NIE PALI

Here are some more notices with **ZAKAZ** + genitive:

ZAKAZ FOTOGRAFOWANIA
ZAKAZ WJAZDU
ZAKAZ WSTĘPU

---

fotografowanie *taking*　　**wjazd** *entry* (in a vehicle)
photographs　　　　　**wstęp** *entry, admittance* (on foot)

What would be the most natural English equivalents of these notices?

13 Już gaszę *I'm putting it out*

The conversation in this lesson includes another important use of the common little word **już**. It is used to emphasize that you are doing something now, getting on with it, not keeping people waiting any longer. Often it corresponds to using an *-ing* form in English:

Już idę.	*I'm coming.*
Już gaszę.	*I'm putting it out.*
Już wiem.	*I know!* (When you've just thought of something after racking your brains.)

With **nie** (*not*), **już** often means *any more*.

Już nie palę.	*I don't smoke any more.*
Nie ma go już.	*He's not here any more.*

Practice

1 Distribute the words appropriately in the gaps, using one twice.

we   że   w   na   już   do   nie   z   o

a Musi pani zostawić aparat fotograficzny _____ szatni.
b Wybieram się _____ pocztę.
c Mój ojciec nic _____ je dzisiaj.
d Wygląda na to, _____ Wandy tu nie ma.
e Maria _____ zwiedza miasto.
f Zwracam się _____ pana.
g Jestem _____ Wrocławia.
h Jest _____ Wrocławiu.
i Sklep jest _____ tam, na rogu. **na rogu,** *on the corner*
j Ojca nie ma _____ mieszkaniu.

2 Match the turns and replies:

a	Najmocniej przepraszam.	**1**	Bardzo mi miło.
b	Będziesz bardzo zajęty.	**2**	Niestety, nie wolno.
c	Mogę tu fotografować?	**3**	Na dworcu autobusowym.
d	Gdzie kupię bilety?	**4**	Nic się nie stało.
e	Mateusz jestem.	**5**	Chyba tak.

3   Unjumble the words:

mezak lókewrisk   zarstinaz   op wejrap niestor
kazza rakopaniwa

4   Choose which form to put in the gaps:

Nowy Świat/Nowym Światem	Przechadzam się _____ .
mieszkania/mieszkaniu	Tu w _____ się nie pali.
mówi/mówić	W hotelu się _____ po polsku.
zakaz/zakazu	Tu obowiązuje _____ palenia.
mąż/męża	Gdzie jest twój _____ ? (**twój**, *your*)
żona/żony	Nie znam jego _____ . (**jego**, *his*)
rozumieć/rozumiem	Już _____ .

5   Unjumbling tangled sentences. This tough exercise is good because it makes you think about which word goes with which in a Polish sentence. Word order in Polish serves emphasis rather than grammar. So the object of the exercise isn't to put the words of one sentence into the right order (**Polsku po mówię → Mówię po polsku**), but more to decide which words belong in which sentence. You will need to think (*a*) which words go together in meaning, as well as (*b*) which words fit each other grammatically by having appropriate endings.

i   Wygląda albo Amerykanką hotelu będzie.
ii Obiad w deszcz to, na albo.
iii Celina że zjem jest Kanadyjką.

---

deszcz *rain*

The first sentence begins with **Wygląda**. **Wygląda dobrze** (*looks good*)? No, there's no **dobrze**. **Wygląda na to, że**? Yes! And so on. **Obiad** (*dinner*). Dinner is . . .? Could be. Dinner is what? Dinner will be? Also possible. Anything to do with eating or cooking? Yes, **zjem** (*I'll eat*). And so on. **Celina**. Woman's name. Verb to go with her? **Jest** (*is*). **Będzie** (*will be*)? **Kanadyjką** and **Amerykanką** are both instrumental forms that could go with **jest** or **będzie**. **Albo** (*or*). **Albo . . . albo** is *either . . . or*. Is there another **albo** anywhere? Yes. And so on.

So ...

i Wygląda na to, że będzie deszcz.
ii Obiad zjem w hotelu.
iii Celina jest albo Kanadyjką albo Amerykanką (albo Amerykanką albo Kanadyjką).

Now try these:

i Cały nie najmocniej słucham.
ii Nic polskiego stało.
iii Przepraszam dzień radia się.

6 Describe in Polish what these signs mean:

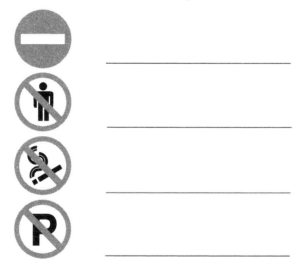

How to . . .

• ask someone what they are doing today

Co robisz dzisiaj?
Co pan/pani robi dzisiaj?
Co państwo robią dzisiaj?

- ask the way

    Przepraszam, jak dostać się do/na ... ?

- ask if something is allowed

    Przepraszam, czy tu wolno palić/robić zdjęcia/parkować?

- say that something is forbidden here

    Niestety tu nie wolno palić/fotografować/parkować.

05

kupujemy żywność
we buy some food

In this unit you will learn
- how to shop for food
- how to buy other things like bus and cinema tickets
- how to talk about prices
- some accusative forms

Dialogues

▶ W delikatesach *In the delicatessen*

Sally needs to do some shopping. She goes to a nearby delicatessen.

Ekspedientka	Słucham panią.
Sally	Poproszę chleb i kostkę masła.
Ekspedientka	Coś jeszcze?
Sally	Tak, tuzin jajek i ćwierć kilo sera.
Ekspedientka	To wszystko?
Sally	Tak, dziękuję.

---

ekspedientka (female) *shop assistant*
słucham panią (słuchać, pani) *Yes, madam?* (I am listening to you)
poproszę (prosić/poprosić) *Please* (I will ask)
chleb *bread*
kostka *packet, piece, lump*
masła (masło) *of butter*

coś *something, anything*
jeszcze *still, yet, . . . more*
coś jeszcze *something/anything else*
tuzin *a dozen*
jajek (jajko) *(of) eggs*
ćwierć (fem.) *quarter*
sera (ser) *cheese*
wszystko *all, everything*

▶ Sally would also like to buy some fruit and something to drink. On the way, she passes the meat counter and overhears a woman doing her shopping.

Kobieta	Poproszę 25 (dwadzieścia pięć) deka szynki i kilogram kiełbasy „Żywieckiej".
Ekspedientka	„Żywieckiej" niestety nie ma. Jest tylko „Myśliwska".
Kobieta	Jak to nie ma? Przecież widzę.

---

dwadzieścia *twenty*
pięć *five*
szynki (szynka) *of ham*
kiełbasy (kiełbasa) *sausage* (the kind you slice)
„Żywieckiej" („Żywiecka") *(of) Żywiecka sausage*

jest (być) *there is*
tylko *only*
nie ma (+ gen) (mieć) *there isn't/aren't any, isn't/aren't here*
jak to? *what do you mean?*
przecież *but, after all, loo*
widzę (widzieć) *I can see*

▶ Sally leaves them to argue it out. When she gets to the fruit counter, she asks for a kilogram of big red apples.

Sally	Poproszę kilogram tych czerwonych dużych jabłek.
Ekspedientka	Proszę.
Sally	Czy są banany?
Ekspedientka	Niestety nie ma w tej chwili bananów. To wszystko?
Sally	Nie. Poproszę jeszcze butelkę soku pomarańczowego. To wszystko. Dziękuję.

---

czerwonych (czerwony)
  of red
dużych (duży) *of big*
jabłek (jabłko) *of apples*
proszę (prosić) *certainly, madam,
  here you are*
czy są? (być) *are there any?*
niestety *unfortunately*

w tej chwili (ten, chwila) *at the
  moment*
butelkę (butelka) *bottle*
soku (sok) *juice*
pomarańczowego
  (pomarańczowy) *orange* (adj.
  from **pomarańcza**)

ℹ Weights, measures, shopping and other tips

- Poles usually use decagrams rather than grams in recipes, etc.
- **Kilogram** and **kilo** are interchangeable. **Kilo** has the advantage to foreigners that its ending doesn't change.
- You will notice that the form **cytryny** can be either genitive singular, as in **plasterek cytryny** (*slice of lemon*), or nominative plural, as in **Są cytryny?** (*Are there/Have you got any lemons?*).
- Poles have traditionally drunk tea and coffee from glasses rather than cups or mugs. To prevent burnt fingers when holding glasses with hot drinks in, a glass is usually put into a basket or holder made of cane or silver.
- Many Polish shops still have a traditional layout with shelves behind a counter. However, there are more and more self-service shops. They include not only grocery shops but also bookshops. A word of warning: **don't** enter the shopping area without a basket. Even if you only want to browse and don't think you're going to buy anything it's still best to use a basket.

- Polish sausages (remember, sliceable) are often named after places where they are traditionally made:

Żywiecka comes from Żywiec; **Krakowska** comes from Kraków; **Sopocka** comes from Sopot.

Myśliwska's name comes from **myśliwy** (*hunter*). (The noun **myśliwy** takes the endings of an adjective, not a noun.)

Żywiecka, Krakowska, Sopocka and **Myśliwska** are all feminine forms of adjectives (the corresponding masculines end in **-ski**), to agree with the word **kiełbasa**, which is feminine. The forms in **-iej**, as in **„Żywieckiej" nie ma**, are genitive singular feminine (see below).

Language patterns

1 Plural of nouns

After Czy jest . . . ? (*is there . . . ?*) a noun appears in the normal dictionary form, the nominative singular. After Czy są . . . ? (*are there . . . ?*) it appears in the nominative plural. Briefly, (nominative) plurals are formed as follows.

-ka and **-ga**	of the dictionary form change to	**-ki** and **-gi**
-ia	of the dictionary form changes to	**-ie**
-a	after soft and pseudosoft consonants changes to	**-e**
otherwise,		
-a	of the dictionary form changes to	**-y**

Masculine nouns add **-y**, or **-i** after **g** or **k**, or **-e** after soft and pseudosoft consonants.

Neuter nouns replace **-o, -um** or **-e** by **-a**.

banan	banany	paszport	paszporty
jabłko	jabłka	morze (*sea*)	morza
kuchnia (*kitchen*)	kuchnie	twarz (*face*)	twarze
hotel	hotele	ekspedientka	ekspedientki

The plurals of masculine nouns referring to people follow slightly different rules involving soundswaps (see pp. 130–3 and the examples on p. 271).

2 Nie ma . . . *There's no . . .*

If the answer to **Czy jest/są . . .?** is negative, **nie ma** is used, with a noun in the genitive:

Nie ma kawy.	Nie ma bananów.
Nie ma masła.	Nie ma jabłek.
Nie ma chleba.	Nie ma wódki.

After words like:

kilo	*kilogram*	szklanka	*glass*
litr	*litre*	filiżanka	*cup*
butelka	*bottle*	tuzin	*dozen*
kostka	*lump, cube*	bochenek	*loaf*
plasterek	*slice*	kromka	*slice*
paczka	*pack(et)*	kiść	*bunch*

use a noun in the genitive, for example:

litr mleka	(mleko)	*a litre of milk*
kilo cukru	(cukier)	*a kilogram of sugar*
plasterek cytryny	(cytryna)	*a slice of lemon*
paczka herbaty	(herbata)	*a packet of tea*
szklanka herbaty		*a glass of tea*
filiżanka herbaty		*a cup of tea*
ćwierć kilo szynki	(szynka)	*a quarter kilo of ham*
plasterek szynki		*a slice of ham*
pół kilo masła	(masło)	*half a kilo of butter*
kostka masła		*packet* (lump) *of butter*
25 deka sera	(ser)	*a quarter kilo of cheese*
bochenek chleba	(chleb)	*a loaf of bread*
butelka soku	(sok,	*a bottle of orange juice*
pomarańczowego	pomarańczowy)	

Where there are quantities of countables (apples, marbles, biscuits, etc.), as opposed to non-countables like butter and sugar, quantity words are followed by genitive plural forms. We shall look at these in a little more detail later.

kilo bananów	(banan)	*a kilogram of bananas*
kiść bananów		*a bunch of bananas*
kilo jabłek	(jabłko)	*a kilogram of apples*
tuzin jajek	(jajko)	*a dozen eggs*

3 Accusative (objective) forms

Prosić/poprosić means *request, ask for*, so when **(po)proszę** is used or implied, the thing asked for will normally be in the accusative case. 'Accusative' is the traditional term, though we might equally call it the objective case, since one of its main functions is to express the direct object of verbs – typically the thing on which an action is performed. Many accusative forms don't in fact differ from dictionary forms:

nominative   *accusative*

Czy jest masło?*Is there any butter?* Jem masło.   *I eat butter.*
Czy jest ser?   *Is there any cheese?* Zjem ser.   *I'll eat the cheese.*

Nouns ending in -a change -a into -ę in the accusative (object) case:

Jest herbata? *Is there any tea?* Piję herbatę. *I drink tea.*
Jest kawa?   *Is there coffee?* Kupię kawę. *I'll buy the coffee.*

Adjectives change their feminine -a to -ą for the accusative form.

Jest „Myśliwska", ale ja wolę   *There is Myśliwska, but I*
„Krakowską".   *prefer Krakowska.*

The accusative is used with **na** (*on, to, for*), which you saw in Unit 1:

na miesiąc   *for a month (to spend a month)*

Compare:

Idę na pocztę.   *I'm going to the post office.*
Idę na uniwersytet.   *I'm going to the university.*
Jadę na Pragę.   *I'm going* (transport this time)
                             to Praga (a suburb of Warsaw).

4 Other food and drink you can buy in Poland

MIĘSO	MEAT	NAPOJE	DRINKS
wieprzowina	*pork*	mleko	*milk*
wołowina	*beef*	woda mineralna	*mineral water*
cielęcina	*veal*	wino	*wine*
baranina	*mutton*	piwo	*beer*
		wódka	*vodka*
		sok	*juice*
		kompot	*compote**
		koktail mleczny	*milk shake*
		* made by boiling fruit	

WARZYWA/ JARZYNY	VEGETABLES	OWOCE	FRUIT
marchew(ka)	carrot	jabłko	apple
kapusta	cabbage	gruszka	pear
kiszona kapusta	sauerkraut	śliwka	plum
ziemniak/kartofel	potato	porzeczka	currant
burak	beetroot	czereśnia	cherry
fasola	beans	arbuz	watermelon
groszek	peas	winogrono	grape
grzyb	mushroom	malina	raspberry
pomidor	tomato	truskawka	strawberry
sałata	lettuce	owoc	a fruit
ogórek	cucumber	dynia	pumpkin
warzywo	a vegetable	melon	melon
jarzyna	a vegetable		

SKLEPY	SHOPS
STOISKA W DELIKATESACH	DELICATESSEN COUNTERS
mięso/wędliny	fresh meat/cooked/smoked meat
artykuły spożywcze	groceries
mrożonki	frozen products
owoce/warzywa	fruit/vegetable
pieczywo	bakery
nabiał	dairy produce
napoje	beverages
alkohole	off licence (alcohols)
ciasta/cukierki	cakes/sweets

Dialogues

▶ Przy kiosku *At the kiosk*

In the evening James is going to the cinema with some other students from the Summer School. The cinema is quite a way from their hostel and they have to take a bus. But first James needs to buy some bus tickets from a stall.

James Poproszę dziesięć biletów autobusowych.

Kobieta Dla pana normalne czy ulgowe?

James Normalne poproszę.

Kobieta Bardzo proszę.

James Ile płacę?

Kobieta Pięć złotych.*

James Proszę.

dziesięć biletów (bilet) *ten tickets*
biletów autobusowych (bilet
   autobusowy) *(of) bus tickets*
dla pana *for you (do you want)*
normalne (normalny) *ordinary
   ones*
	ulgowe (ulgowy) *concessionary
	   (ones)*
	ile *how much (how many)*
	płacę (płacić/zapłacić) *I pay*
	Ile płacę? *What does that come
	   to?*

* On Polish currency, see p. 93.

▶ W kinie *At the cinema*

When he gets to the cinema James buys tickets for the whole group.

James	Poproszę pięć biletów na „Szczęki".
Kasjerka	Na dzisiaj?
James	Tak.
Kasjerka	Na którą godzinę?
James	Na siódmą piętnaście.
Kasjerka	Pierwsze czy drugie miejsca?
James	Pierwsze.
Kasjerka	Proszę.

Note: Seats (**miejsca**) in cinemas are described as 'first' or 'second', according to how close they are to the screen, 'first' being further from the screen and the less desirable 'second' being closer to it. The numbering of the rows (**rzędy**) is a different matter; the front row is Row 1 (**rząd pierwszy**).

pięć biletów *five tickets*
szczęki (szczęka) *jaws*
na którą godzinę? (który,
   godzina) *for what time?*
na (godzinę) **siódmą** *for seven
   (the seventh hour)*
	piętnaście *fifteen*
	pierwsze (pierwszy) *first*
	czy *or*
	drugie (drugi) *second*
	miejsca (miejsce) *seat, place*

Practice

1 Give the English for the following, taking care to note whether one or more is being talked about, i.e. whether singular or plural forms are used.

  a jabłka
  b winogrona
  c ziemniaki

d bilety ulgowe
e Nie ma ekspedientki.
f melony
g owoce
h herbata
i chleb
j alkohol
k alkohole
l — Jest wódka?
   — Wódki nie ma.
   — Przecież widzę butelki.
   — To nie jest wódka, proszę pana. To jest woda mineralna.

2 Put the nouns in the nominative on the left with the appropriate nouns in the genitive on the right:

a kilo   1   chleba
b kostka   2   cytryny
c butelka   3   cukru
d tuzin   4   kawy
e paczka   5   papierosów
f plasterek   6   jajek
g kiść   7   wody mineralnej
h bochenek   8   bananów
i filiżanka   9   szynki
j szklanka   10 soku pomarańczowego

3 Match the replies with the questions or phrases on the left:

a Co dla pana?   1   Na szóstą dwadzieścia.
b Na którą?   2   Proszę.
c Ile płacę?   3   Starych czy nowych?
d Na jak długo?   4   Sześć złotych.
e Mam milion złotych.   5   Poproszę siedem biletów
f Poproszę pół kilo masła.   ulgowych.
g Proszę.   6   Dziękuję.
                         7   Na miesiąc.

4 Rearrange the letters to form words

   wocpiezy   dawo lineraman   katekepsiden   rwawyza

▶ 5 In Polish

    a Ask whether there is any lettuce.

    b Ask whether there is any beer.

    c Ask whether there is any veal.

    d Say there is no Krakowska (sausage).

    e Say there is no sugar.

    f Say there are no bananas.

6 What would be the English for the following?

    a James wybiera się do kina.

    b Sally prosi o truskawki.

    c Ekspedientka nie słyszy.

    d Tu nie ma artykułów spożywczych.

▶ How to . . .

- ask for half a kilo of bananas

  Poproszę pół kilo bananów.

- ask whether there is any sugar

  Czy jest cukier?

- ask for an ordinary bus ticket

  Poproszę normalny bilet autobusowy.

- ask how much something costs

  Ile to kosztuje?
  Ile płacę?

---

kosztować   *cost*

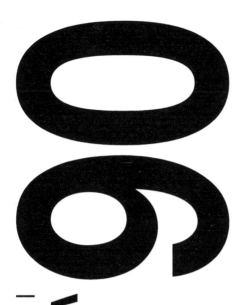

06

wolę pływać
I prefer to swim

In this unit you will learn
- how to express preferences
- how to ask about preferences
- how to express likes and dislikes
- how to accept and decline, graciously and ungraciously

▶ Dislikes

Nie lubię grać w tenisa.   *I don't like playing tennis.*
Nie mam ochoty na kawę.   *I don't fancy a coffee.*

▶ Preferences

Wolę pływać.   *I prefer to swim.*
Wolę sok pomarańczowy.   *I prefer orange juice.*

Dialogues

▶ Basia and Sally discuss their plans for tonight.

Basia   Co robisz dziś wieczorem?
Sally   Nic szczególnego.
Basia   Czy masz ochotę pójść do kina?
Sally   Tak, z przyjemnością. Co grają?
Basia   Horror, kryminał i komedię.
Sally   Nie lubię horrorów. Wolę kryminał.
Basia   A ja wolę komedię.
Sally   Zgoda, chodźmy na komedię.

---

robisz (robić/zrobić) *you are doing*
dziś (dzisiaj) *today*
wieczorem (wieczór) *in the evening*
dziś wieczorem *tonight*
nic szczególnego (szczególny)
   nothing special, nothing in
   particular
masz ochotę (mieć, ochota) *you*
   feel like, fancy
pójść (iść/pójść) *go (on foot)*
do kina (kino) *to the cinema*
przyjemność *pleasure, enjoyment*

z przyjemnością (przyjemność)
   with pleasure
Co grają? (grać) *What's on?*
   (*What are they playing?*)
kryminał *crime film, crime story*
komedię (komedia) *comedy*
nie lubię horrorów (lubić, horror)
   I don't like horror films
wolę (woleć) *I prefer*
zgoda *agreement, I agree*
chodźmy (chodzić) *let's go*
chodzić *walk around*

▶ When they leave the cinema Sally and Basia decide to have something to drink in a nearby coffee shop.

Basia Czy masz ochotę na kawę?
Sally Wolałabym herbatę.
Basia A może chciałabyś lody?
Sally Nie, dziękuję, wolę ciastko.

---

wolałabym (woleć) *I'd prefer*   **lody** (lód) *ice-cream*
może *perhaps*   **ciastko** *cake*
chciałabyś (chcieć) *you'd like*

▶ Basia and Sally both have tea. While they are drinking it they talk about the film they have just seen.

Sally Film ci się podobał?
Basia Tak, całkiem dobra komedia. A tobie?
Sally Tak, chociaż widziałam lepsze filmy.
Basia Jakie filmy lubisz oglądać?
Sally Bardzo lubię filmy kryminalne. Od czasu do czasu lubię obejrzeć dobrą komedię. Ale nie znoszę horrorów. A ty?
Basia Ja raczej wolę czytać książki niż oglądać filmy.

---

podobał ci się
  (podobać/spodobać się) *you liked*
podobać się *please*
film *film*
całkiem dobra (dobry) *quite (a) good*
tobie (ty) *(to/for) you*
chociaż *although*
widziałam (widzieć) *I've seen*
lepsze (lepszy) *better*
ale *but*
nie znoszę (znosić/znieść) *I can't stand/bear*

a ty? *and what about you?*
ja *I*
raczej *rather*
wolę (woleć) *I prefer*
czytać *read*
książki (książka) *books*
niż *than*
wolę . . . niż . . . *I prefer . . . to . . .*
oglądać (oglądać/obejrzeć) *look at, watch*
oglądać film *watch, see a film*
od czasu do czasu (czas) *from time to time*

▶ While Sally and Basia are drinking their tea, a young man with a clipboard in his hand approaches them.

Młody mężczyzna Najmocniej panie przepraszam. Nasza kawiarnia prowadzi badanie opinii publicznej. Czy mogłbym zadać paniom kilka pytań?
Basia Tak, proszę.

Młody mężczyzna	Dziękuję. Panie są w naszej kawiarni po raz pierwszy?
Basia	Ja przychodzę tu regularnie, ale moja znajoma jest tu pierwszy raz.
Młody mężczyzna	Czy jest tu paniom wygodnie? Czy stoliki i krzesła są dostatecznie wygodne?
Sally	Ja wolę foteliki raczej niż krzesła.
Basia	Zgadzam się.
Młody mężczyzna	Czy panie piją czerwone wino?
Basia	Ja wolę raczej białe.
Sally	A ja często prowadzę samochód więc raczej nie piję alkoholu.
Młody mężczyzna	Czy piją panie zazwyczaj kawę, czy herbatę?
Sally	Wolę raczej herbatę.
Basia	Częściej piję kawę.
Młody mężczyzna	To wszystko. Ogromnie paniom dziękuję za pomoc i jeszcze raz przepraszam, że panie niepokoiłem.
Basia	Drobiazg. Nie ma sprawy.

najmocniej panie przepraszam *terribly sorry, ladies*
nasza kawiarnia *this (our) coffee shop*
prowadzi (prowadzić) *is conducting*
badanie *a survey*
opinii publicznej (opinia, publiczny) *of public opinion*
czy mogłabym? *could I?* (said by a woman)
zadać kilka pytań (pytanie) *ask a few questions*
po raz pierwszy *for the first time*
przychodzę (przychodzić/przyjść) *I come*
tu *here*
regularnie (regularny) *regularly*
moja znajoma (mój, znajomy) *my (female) friend*
pierwszy raz *for the first time*
wygodnie paniom (wygodny, pani) *comfortable, convenient for you*
stoliki (stolik) *(restaurant) tables*

krzesła (krzesło) *chairs*
dostatecznie (dostateczny) *enough, sufficiently*
foteliki (fotel(ik)) *armchairs*
zgadzam się (zgadzać się/zgodzić się) *I agree*
panie piją (pani, pić) *you drink*
czerwone wino (czerwony, wino) *red wine*
białe wino (biały, wino) *white wine*
często (częsty) *frequently, often*
prowadzę (prowadzić) *I drive*
nie piję alkoholu (pić, alkohol) *I don't drink alcohol*
zazwyczaj *usually*
częściej (często) *more often*
ogromnie (ogromny) *enormously, hugely*
jeszcze raz *once again*
że panie niepokoiłam (niepokoić) *for disturbing you*
drobiazg *don't mention it*
nie ma sprawy (sprawa) *no problem/trouble*

Language patterns

1 Może *Maybe*

Może, a form of **móc** (*be able*), as well as meaning *s/he/it can*, is frequently used as a word in its own right:

| Może to nie jest to. | *Maybe that's not it.* |
| Może dzwoni z komórki. | *Perhaps s/he's ringing on his/her mobile.* |

2 Lubisz . . . ? *Do you like . . . ?*

After **lubić** (*like*), **mieć ochotę na** (*fancy/feel like*) and **woleć** (*prefer*) the accusative form of *what you like* is used. But, following the pattern we have already seen, if **lubić** or **woleć** is negated, the accusative is replaced by the genitive:

| Lubię horrory. | Nie lubię horrorów. | *I don't like horror films.* |
| Wolę kawę. | Nie wolę kawy. | *I don't prefer coffee.* |

Note that this replacement of accusative by genitive with a negated verb only happens when the noun is directly connected to the verb. If there is a preposition like **na** or **w** in between, the preposition decides what form the noun will take. So, for example, **na** in this context requires accusative forms to follow it, and that is the way it stays, even when the verb is negated:

| Patrzę na zegarek. | Nie patrzę na zegarek. | *I'm (not) looking at my watch.* |
| Mam ochotę na kawę. | Nie mam ochoty na kawę. | *I (don't) feel like a coffee.* |

Ochota (*desire, inclination*) is the direct object of the verb **mieć** (*have*) here, and it swaps its accusative form **ochotę** for its genitive form **ochoty** when the verb is negated.

Note similar changes to **czas** (*time*), **zamiar** (*intention*) and **nastrój** (*mood/inclination*) when the verb is preceded by **nie**:

Mamy czas.	*We have time.*
Nie mamy czasu.	*We don't have time.*
Ma zamiar.	*S/he intends to.*
Nie ma zamiaru.	*S/he doesn't intend to.*
Mam nastrój.	*I'm in the mood.*
Nie mam nastroju.	*I'm not in the mood.*

Lubić (*like*), woleć (*prefer*) and mieć ochotę (*feel like*) can also be used with infinitives (dictionary forms) of verbs:

Wolę o tym nie myśleć.	*I prefer not to think about it.*
Wolę pływać niż chodzić.	*I prefer swimming to walking around.*
Lubię chodzić.	*I like walking.*
Lubię latać.	*I like flying.*

You will see that **na** isn't used with **mieć ochotę** when what you feel like is doing something, expressed by the dictionary form of a verb:

Mam ochotę śpiewać.	*I feel like singing.*
Nie mam ochoty mówić po francusku.	*I don't feel like speaking French.*
Mam ochotę na pomarańczę.	*I fancy an orange.*
Nie mam ochoty na nic.	*I don't fancy anything. (I don't have any inclination for nothing – Polish piles up negative words!)*

Woleć (*prefer*) may be followed by preferences joined by **niż**, or by **od**:

Wolę śpiewać niż mówić.	*I prefer singing to talking.*
Wolę porzeczki niż czereśnie.	*I prefer currants to cherries.*
Wolimy wino niż piwo.	*We prefer wine to beer.*
Wolimy wino od piwa.	*We prefer wine to beer.*

Notice that **niż** is followed by the same case as that which precedes it, but **od** requires a genitive.

Wolą Warszawę niż Moskwę.	*They prefer Warsaw to Moscow.*
Wolą Warszawę od Moskwy.	*They prefer Warsaw to Moscow.*

3 A little of what you fancy – a quick look at some dative forms and their use

Only the accusative is replaced by the genitive. For example, if a verb requires a dative form, then it sticks with the dative when negated. This applies to verbs like **pomagać/pomóc** (*help*), **szkodzić/zaszkodzić** (*harm*), **przeszkadzać/przeszkodzić** (*hinder*), or **podobać/ spodobać się** (*please*).

Podobasz się mojej matce.	*My mother likes you.*
Nie podobam się twojej matce.	*Your mother doesn't like me.*

Another verb that uses a dative form to express the 'experiencer' (the person experiencing the liking, pleasure, etc.) is **smakować** (*to taste good*).

Smakuje panu zupa?	*Do you like the soup?*
Smakowało ci?	*How did you like it (the food)?*

The verb **podobać się** means *please, appeal to* or *make a good impression on,* and it requires the person who experiences the pleasure to be expressed by a dative form:

To mi się podoba.	*I like it.*
Nie podoba mi się twoje poczucie humoru.	*I don't like your sense of humour.*
Podoba się panu w naszym hotelu?	*Do you like it in this hotel?* (in our hotel)
Podoba im się w Polsce.	*They like it in Poland.*
Podoba nam się Polska.	*We like Poland.*
On jej się podoba.	*She likes/fancies him.*

You have not looked at the dative case in detail yet (p. 228). But you have seen unemphatic dative pronouns several times:

mi	ci	mu	jej	nam	wam	im
panu	**pani**	**państwu**		**paniom**	**panom**	
sobie						

Dzień dobry panu.	*Good morning (to you, sir).*
Dzień dobry pani.	*Good morning (to you, madam).*
Dobry wieczór państwu.	*Good evening, ladies and gentlemen.*
Dobranoc paniom.	*Goodnight (to you, ladies).*
Dobranoc panom.	*Goodnight (to you, gentlemen).*

The words **mi,** **ci** and **mu** have corresponding strong forms **mnie, tobie** and **jemu,** which can be emphasized, and don't need a stronger word to attach themselves to:

Podobał ci się film?	*Did you like the film?*
Bardzo, a tobie?	*Very much. What about you?*
Podobasz się jemu. Mnie się wcale nie podobasz.	*It's **him** that fancies you. I don't fancy you at all.*

The dative form **sobie** (*-self, -selves, each other*) can be either stressed or unstressed:

Zrób sobie herbatę.	*Make yourself a (glass of) tea.*
Mówią sobie dobranoc.	*They are saying goodnight to each other.*
Nawet sobie przeszkadzają.	*They even get in their own/each other's way* (hinder themselves).

You will sometimes hear people pronouncing **sobie** as [se] when it is not stressed, but **se** is not officially recognized as grammatical. (**Kup se samochód.** *Buy yerself a car.*) You should stick to **sobie.**

4 How was it for you?

Polish likes short follow-up questions for comparing notes. You have to choose your few words carefully to match what they follow up:

(Ja) lubię oglądać telewizję. A ty?	*I like watching television. Do you?*

Here the following phrase is implied: **Czy ty lubisz oglądać telewizję?**; ja and ty are both nominative.

Podobają mi się takie filmy. A tobie?	*I like films like that. Do you?*

Mi and **tobie** are both dative. **Tobie** rather than **ci** here, because it is emphasized (pp. 243, 269).

5 Stronger attachments

If you like to gush, try the word **uwielbiam** (*I adore, I just love*):

Uwielbiam jeździć samochodem.	*I love travelling by car.*
Uwielbiam chodzić do kina.	*I love going to the cinema.*
Uwielbiam polskie zupy.	*I adore Polish soups.*
Uwielbiam jeździć ciężarówką.	*I love driving around in a lorry.*
Uwielbiam robić zdjęcia cyfrówką.	*I love using a digital camera.*

jeździć *drive around*	**ciężarówka** *lorry*

The ordinary verb for *love* is **kochać**:

Bardzo kocha swoją mamę.	*He loves his mother very much.*
Kocham wszystko, co polskie.	*I love everything [that's] Polish.*

The noun for *love* is **miłość** (related to **miły**, *kind, welcome*):

jej miłość do wszystkiego, co polskie	*her love of everything Polish*

6 Strong dislike

Nie znoszę (*I can't stand*) is followed by the genitive form for what you can't stand or don't like, because the verb is negated. **Nienawidzić** (*hate*), perhaps because it contains **nie** within itself, needs a genitive form of a noun with it, regardless of whether it has a separate **nie**.

Nie znoszę Paryża.	*I can't bear Paris.*
Nienawidzę tej kobiety.	*I hate that woman.*
Ale nie nienawidzę jej męża.	*But I don't hate her husband.*

7 I sometimes think that I should like . . .

chciałabym	*I'd like* (said by a woman) [chciAłabym]
chciałbym	*I'd like* (said by a man)
wolałabym	*I'd prefer* (said by a woman) [wolAłabym]
wolałbym	*I'd prefer* (said by a man)

Podobał ci się film?	*Did you like the film?*
Podobała ci się Warszawa?	*Did you like Warsaw?*
Podobało ci się muzeum?	*Did you like the museum?*
Podobały ci się Katowice?	*Did you like Katowice?*
Co Basia robiła wczoraj?	*What was Basia doing yesterday?*
Co James robił wczoraj?	*What was James doing yesterday?*
Co dziecko robiło wczoraj?	*What was the child doing yesterday?*

Forms for talking about past events (past tense forms), and forms for talking about what would happen (if . . . . . ., so 'conditional forms') alter according to the gender of their subject – which often just means the sex of the person you are talking about. These two types of form are in fact quite closely related. For now, make sure that you choose the appropriate forms for saying things like *I'd like*.

If you are male:	*If you are female:*
Chciałbym być Polakiem.	Chciałabym być Polką.

I'd like to be Polish.

Wolałbym o tym nie mówić.	Wolałabym o tym nie mówić.

I'd rather not talk about it.

Czy mógłbym zadać pytanie?	Czy mogłabym zadać pytanie?

Could I (have) ask(ed) a question?

8 Comparisons

Raczej (*rather, sooner*) is in origin a comparative form meaning *more gladly*. You have seen a number of other comparative forms ending in **-ej**:

Proszę mówić głośniej.	*Please speak louder/ Please speak up.*
Proszę mówić wolniej.	*Please speak more slowly.*
Wyglądasz lepiej.	*You look better.*

For things you like more or less than others, two more words in **-ej** are useful:

Bardziej mi się podobają filmy czeskie.	*I like Czech films more/ better.*

| Restauracje chińskie podobają mi się mniej niż meksykańskie. | *I don't like Chinese restaurants as much as Mexican ones.* (Chinese restaurants please me less than Mexican.) |

To turn comparatives like **lepiej, wolniej,** etc. into superlatives, put **naj-** at the beginning.

| Pan mówi najgłośniej ze wszystkich. | *You're talking loudest (of all).* |
| Najbardziej lubię lody czekoladowe. | *I like chocolate ice-cream best.* |

Jak najbardziej!, incidentally, means *You bet!* or *Not half!*

9 Slightly unexpected plurals

Lód means *ice*. The plural form **lody** (*ices*) is needed if you want to talk about ice-cream.

| Te lody są smaczne/Smakują mi te lody. | *This ice-cream is tasty.* |

You have also met **wakacje** and **delikatesy,** which are plural in the sense of holidays and delicatessen. Some names of towns are always plural, the most obvious examples being Polish towns whose names end in **-ice:**

Katowice są ciekawym miastem.	*Katowice is an interesting town.*
A ja wolę Gliwice.	*But I prefer Gliwice.*
Ateny są piękne.	*Athens is beautiful.*
Podobały mi się Zebrzydowice.	*I liked Zebrzydowice.*

The locative ending for nouns like these is **-ach:**

na wakacjach; w delikatesach; w Katowicach (*in Katowice*); w Tychach (*in Tychy*); w Atenach (*in Athens*); w Gliwicach (*in Gliwice*); w Suwałkach (*in Suwałki*)

i Rodzaje filmów *Types of film*

horror	*horror film*
komedia	*comedy*
kryminał	*crime story*
film przygodowy	*adventure story*

film wojenny	*war film*
film psychologiczny	*psychological drama*
film historyczny	*historical film*
film fabularny	*feature film*
film sensacyjny	*thriller*

You will remember that there is a strong tendency for adjectives to follow nouns in expressions where the two words effectively form a single vocabulary item, e.g. **przystanek autobusowy** (*bus stop*). These names for different kinds of film are a good example of the tendency.

Practice

1   Tell us about your preferences. As is the custom in Polish books, we address you, the reader, intimately as **ty**.

Co wolisz, herbatę czy kawę?
Lubisz chodzić do kina?
Jakie filmy ci się podobają?
Jesteś mężczyzną czy kobietą?

Men answer these questions:	*Women answer these questions:*
Czy wolałbyś być Niemcem?	Czy wolałabyś być Niemką?
Chciałbyś mieszkać w Polsce?	Chciałabyś mieszkać w Polsce?
Chciałbyś być milionerem?	Chciałabyś być milionerką?
Wolałbyś być kobietą?	Wolałabyś być mężczyzną?

▶ 2 We are polite strangers addressing you as **pan** or **pani**. Tell us more about your current or general dislikes.

Lubi pan(i) jeździć samochodem?
Podoba się panu/pani telewizja?
Słucha pan(i) radia?
Jest pan(i) na wakacjach?
Uwielbia pan(i) lody truskawkowe? (**truskawka**, *strawberry*, adj. **truskawkowy**)
Ma pan(i) ochotę na herbatę?
Jest pan przyjacielem psów?/Jest pani przyjaciółką psów?
    Are you a dog lover? (a friend of dogs)

Jest pan przyjacielem kotów?/Jest pani przyjaciółką kotów?
Are you a cat lover?
Jak się pan(i) nazywa?
Jak pan(i) ma na imię?
Wolał(a)by pan(i) o tym nie mówić?
Czy pan ma ochotę śpiewać w tej chwili?

3 We are going to be familiar again and ask you about your preferences.

Wolisz słuchać muzyki czy oglądać filmy?
Który z tych owoców ci najbardziej smakuje?
　　winogrona　　gruszka　　nektaryna　　śliwka
Palisz?
Jeśli tak (*if so*), wolał(a)byś nie palić?

4 Match replies on the right to turns on the left:

a Chodzi pan do kina?　　　　　1 Niestety nie mam czasu.
b Chodźmy do restauracji.　　　2 Wolałbym być studentem.
c Chciałbyś być milionerem?　　3 Dziękuję. Już nie.
d Chciałabyś być w Atenach?　　4 Jeszcze nie.
e Jest pan na wakacjach?　　　　5 Nie mam apetytu.
f Pan pali?　　　　　　　　　　6 Wolałabym być w
　　　　　　　　　　　　　　　　　Warszawie.

5 Distribute the words appropriately among the gaps.

fasoli　baraniny　cielęcinę　sok　kompot　　wieprzowiny

a Nienawidzę _____
b Niestety nie mamy chwilowo _____
c Wolę _____ od _____
d Wolę _____ niż _____

How to ...

• enquire about preferences

Co wolisz?
Co pan(i) woli?
Co państwo wolą?
Czy wolisz . . . czy . . . ? *Do you prefer . . . or . . . ?*

- state preferences

Wolę kawę od herbaty.
Wolę kawę niż herbatę.
Proszę raczej sok pomarańczowy.

- ask about likes and dislikes

(Czy) lubisz orzechy?	*Do you like nuts?*
(Czy) lubi pan(i) nektaryny?	*Do you like nectarines?*
(Czy) lubią państwo/panowie/ panie chodzić do teatru?	*Do you like going to the theatre?*
Co lubisz?	*What do you like?*
Czego nie lubisz?	*What don't you like?* (**czego** – genitive of **co**)
Smakują ci te jabłka?	*Do you like these apples?*
Podobam ci się?	*Do you fancy me? How do you like me? How do I look?*

- state likes and dislikes

(Bardzo) lubię . . .
Nie lubię . . .
Podoba mi się . . .
Nie podoba mi się . . .

- accept enthusiastically

Pójdzie pan(i) z nami na film?	*Will you come to a film with us?*
Z (wielką) przyjemnością.	*With (great) pleasure/I'd (absolutely) love to.*
Bardzo chętnie.	*Very willingly/I'd love to.*

- decline regretfully

Dziś raczej nie. Jestem bardzo zajęty/zajęta.	*I'd better not today. I'm very busy.*
Bardzo bym chciał(a), ale niestety . . .	*I'd really like to, but unfortunately . . .*

- decline sullenly

Dziękuję. Nie mam ochoty.	*No thank you. I don't feel like it.*
Dziękuję. Nie mam nastroju.	*No thank you. I'm not in the mood.*

Dziękuję. Nie mam czasu.　　*No thank you. I haven't got time.*

Dziękuję. Nie mam apetytu.　　*No thank you. I'm not hungry.*

- decline aggressively

Dziękuję. Nie znoszę cebuli.　　*No thank you. I can't bear onion.*

Nienawidzę jabłek.　　*I hate apples.*

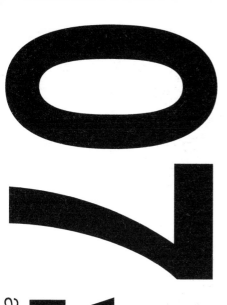

07

w banku i na poczcie
at the bank and the post office

In this unit you will learn
- what to do with your money
- to ask for information about money matters
- to enquire about cost and availability
- to talk about possibility and necessity

Dialogues

▶ James is having a few financial problems. He needs to exchange some more money in order to do his shopping.

James Słuchaj, Maciek, potrzebuję więcej złotówek na zakupy. Gdzie mogę wymienić pieniądze?

Maciek W banku albo w kantorze.

---

słuchaj (słuchać) *listen* (familiar, to one person)
potrzebuję (potrzebować) *I need*
więcej (+ gen.) *more*
złotówek (złotówka) *złotys*
zakupy (plural) *shopping*
mogę (móc) *I can, can I*

wymienić na (wymieniać/wymienić) *exchange for, change into*
pieniądze *money*
w banku (bank) *in a bank*
w kantorze (kantor) *at a bureau de change*

▶ James decides to change his money in a bank.

Urzędniczka Słucham pana.

James Dzień dobry. Chciałbym wymienić funty szterlingi na złotówki.

Urzędniczka Ile funtów?

James Sto funtów.

Urzędniczka Proszę bardzo.

---

urzędniczka *clerk, official* (female)
słucham pana (słuchać, pan) *Yes, sir?*
funty szterlingi (funt szterling) *pounds sterling*

na złotówki (złotówka) (here) *into złotys*
ile funtów? (funt) *how many pounds?*
sto funtów (funt) *a hundred pounds*

▶ Meanwhile, Sally has had time to write letters to her family and friends back in England. She goes to the nearest post office to send them.

Sally Dzień dobry. Poproszę pięć znaczków do Wielkiej Brytanii.

Urzędniczka Znaczki zwykłe, lotnicze czy priorytetowe?

Sally Poproszę priorytet.

Urzędniczka Czy coś jeszcze?

Sally Tak, chciałabym wysłać ten list jako polecony.

Urzędniczka Proszę wypełnić druk: nazwisko i imię adresata.

Sally	Ile razem płacę?
Urzędniczka	90 (dziewięćdziesiąt) groszy.*
Sally	Dziękuję.
Urzędniczka	Proszę bardzo.

znaczków (znaczek) *(of) stamps*
znaczki do Wielkiej Brytanii
(Wielka Brytania) *stamps*
(for letters) to Great Britain
zwykłe (zwykły) *normal*
(here: *surface mail*)
lotnicze (lotniczy) *air* (here: *airmail*)
priorytet *priority*, adj.
priorytetowy
coś jeszcze *something/anything
else*
wysłać (wysyłać/wysłać) *send,
post, send off*
ten list *this letter*
jako *as*
list polecony *a registered letter*

wypełnić (wypełniać/wypełnić)
fill in
druk *form, print*
adresata (adresat) *of the
addressee*
ile (+ gen.) *how much*
razem *together, in total*
płacę (płacić/zapłacić) *pay*
dziewięćdziesiąt *ninety*
90 groszy (grosz) *ninety groszes*
czyli *or, in other words*

▶ Sally also wants to send a small parcel to England. She enquires at the desk about what she has to do.

Sally	Dzień dobry. Chciałabym wysłać paczkę do Wielkiej Brytanii. Jak to można zrobić?
Urzędniczka	Proszę wypełnić formularz. Proszę napisać imiona, nazwiska i adresy nadawcy i adresata . . . i zawartość paczki. Wagi nie trzeba, bo poczta sama waży.
Sally	Dziękuję bardzo za informację.
Urzędniczka	Nie ma za co.

paczkę (paczka) *parcel*
można *can I, it is possible, one
can*
zrobić (robić/zrobić) *do*
formularz *form*
napisać (pisać/napisać) *write,
put down*
imiona (imię) *first names*
nazwiska (nazwisko) *surnames*
nadawcy (nadawca) *sender*
zawartość *contents*
paczki (paczka) *of the parcel*
wagi (waga) *weight*

nie trzeba *there's no need*
wagi nie trzeba (here) *no need to
put down the weight*
bo *because*
poczta *Post* (service, or office)
sama (sam) *itself/herself*
waży (ważyć) *weighs*
dziękuję za (dziękować) *thank
you for*
informację (informacja)
information
nie ma za co *don't mention it*

---

* On Polish currency, see p. 93.

Language patterns

1 Można It's possible

The pattern with **można** + the infinitive (dictionary form) of a verb:

> Pieniądze można zgubić. *Money can be lost/You can lose money.*

This literally means something like 'Money it is possible to lose'.

2 Dać Give – a perfective verb

Dać has similar endings to verbs like **słuchać** and **rozmawiać**, except that *they will give* is **dadzą**. The complete future tense of **dać** is given below. **Jeść** (*eat*), **wiedzieć** (*know (a fact)*), **zarabiać** (*earn*), and **umieć** (*know (how to)*) are alongside for comparison.

'Irregular'			*'Regular'*	
dam	jem	wiem	zarabiam	umiem
dasz	jesz	wiesz	zarabiasz	umiesz
da	je	wie	zarabia	umie
damy	jemy	wiemy	zarabiamy	umiemy
dacie	jecie	wiecie	zarabiacie	umiecie
da**dzą**	je**dzą**	wie**dzą**	zarabiają	umieją

As you see, **dać**, **jeść** and **wiedzieć** share the same departure from the normal pattern. Their 'they' forms all end in **-dzą** rather than the usual **-ją** (p. 32). As irregularities in languages go, that's pretty mild.

Longer verbs (compounds) formed from **dać**, **jeść** and **wiedzieć** follow the same pattern of endings:

> Nie zjedzą tej ohydnej zupy. *They won't eat that revolting soup.*
>
> Oddam ci pieniądze w piątek. *I'll give you back the money on Friday.*
>
> Powiedzą panu w banku. *They'll tell you in a bank.*

ohydny *horrible, revolting*	**mówić/powiedzieć** *say, tell*

You will often see FOR SALE notices headed **SPRZEDAM** (*I will sell*). WANTED notices similarly begin with **KUPIĘ** (*I'll buy*). Lonely hearts columns say **POZNAM** (*I will meet*). Job advertisements in shop windows say **ZATRUDNIĘ** (*I will take on*). Poles normally use straight futures of perfective verbs to express a willingness, possibility.

3 Verbs with an 'I' form in -ę

robić	**życzyć**	**tracić**	**musieć**
do, make	*wish*	*lose*	*have to*
robię	życzę	tracę	muszę
robisz	życzysz	tracisz	musisz
robi	życzy	traci	musi
robimy	życzymy	tracimy	musimy
robicie	życzycie	tracicie	musicie
robią	życzą	tracą	muszą

Where do the endings start?

First revise the Present Tense Rule (PTR) on p. 32, then take the following explanation slowly. It will help you see patterns more clearly. Bear the use of the letter **i** in mind when you look at **robić**. It indicates that the consonant represented by the letter before it is 'soft', i.e. pronounced with a built-in [j] sound (as at the beginning of English *yeast*). If the vowel in the syllable is [i], then the letter **i** represents both the [i] sound and the [j] in the consonant before it. If the vowel is [a], [e], [o] or [u] (represented by **u** or **ó**), then the **i** just indicates the built-in [j] of the consonant before. So the division between stem and ending in **robić** could be represented as follows:

'Soft' version		*'Hard' version, for comparison*		
robi-ę	**ę**	**ę**	*as in*	życz-ę
rob-isz	**isz**	**ysz**	*as in*	życz-ysz
rob-i	**i**	**y**	*as in*	życz-y
rob-imy	**imy**	**ymy**	*as in*	życz-ymy
rob-icie	**icie**	**ycie**	*as in*	życz-ycie
robi-ą	**ą**	**ą**	*as in*	życz-ą

Stems that look the same, but don't sound the same

The way Polish spelling uses the letter **i** is the culprit again in verbs like **tracić** (*lose, miss, waste*). Remember that **c** followed by anything other than **h, i** or **z** is pronounced [ts] (as at the end of English *cats*). Before **i** it is pronounced like the letter **ć**. So the endings on verbs like **tracić** and **płacić** are the same as those on **robić** and **gubić**, but in **płacić** and **tracić** there are two versions of the stem (outside and inside the box in terms of p. 32) to which the endings are added:

> *outside*
> płacę, płacą   **c** *pronounced* [c] (= [ts])
> *inside*
> płacisz, płaci, płacimy, płacicie   **c** *pronounced* [ć]

4 Verbs with an 'I' form in -ę, and a 's/he/it' form in -e

pisać *write*	**myć** *wash*	**kupować** *buy*	*ending*
stem: **pisz-**	**myj-**	**kupuj-**	
piszę	myję	kupuję	**ę**
piszesz	myjesz	kupujesz	**esz**
pisze	myje	kupuje	**e**
piszemy	myjemy	kupujemy	**emy**
piszecie	myjecie	kupujecie	**ecie**
piszą	myją	kupują	**ą**

5 Verbs with an infinitive (dictionary form) in *-awać*

Many verbs with an infinitive (dictionary form) in **-awać** (**dawać, wstawać**, etc.) add present tense endings (**-ę, -esz, -e; -emy, -ecie, -ą**) to a stem ending in **-aj**.

O której (godzinie) państwo wstają?

What time do you get up?

Daję panu swój adres na wszelki wypadek.

I'm giving you my address, just in case.

6 Genitive plural forms

Genitive plural forms are used after number expressions ending with a word for a number higher than four, and after other quantity words like **ile** (*how much/many*), **dużo** (*a lot*), **więcej** (*more*), when several entities are in mind.

The most common genitive plural ending for masculine nouns is **-ów**, though softs will end in **-i** and pseudosofts in **-y**. Feminine and neuter nouns most typically form their genitive plural by dropping the final **-a**, **-o** or **-e** of their dictionary form. We will not give you all the rules, but you will see plenty of examples from now on, as the genitive is extremely common in Polish. The most typical adjective ending for the genitive plural (all genders) is **-ych**.

The appearing and disappearing -e-

Notice the -e- that sometimes appears when an ending is removed: **złotówka/więcej złotówek**: This is the converse of the disappearing -e- in words with dictionary forms in **-ek**:

wypadek	*accident*
bez wypadku	*without accident*
Mówię o Jurku.	*I'm talking about Jurek.*

tysiące, miesiące i pieniądze *thousands, months and money*

These three words have similar forms, all displaying **-ę-** instead of **-ą-** in the genitive plural:

nominative (dictionary form):	tysiąc	miesiąc	(pieniądz)
genitive singular:	tysiąca	miesiąca	(pieniądza)
nominative plural:	tysiące	miesiące	pieniądze
genitive plural:	tysięcy	miesięcy	pieniędzy

Money is usually **pieniądze** (plural) in Polish, though you know the saying **Czas to pieniądz** (*Time is money*).

Here are some examples of these words in context:

Nie mam pieniędzy.	*I have no money.*
Tysiące ludzi.	*Thousands of people.*
Dwa tysiące złotych.	*Two thousand złotys.*
Zapłaciliśmy wtedy dwadzieścia pięć tysięcy starych złotych.	*We paid twenty-five thousand old złotys then.*
Przyjeżdża do Polski na cztery miesiące.	*S/he's coming to Poland for four months.*

Jest w Polsce już siedem miesięcy.	*S/he's been in Poland for seven months now.*
Brakuje mi jednego tysiąca.	*I'm a thousand short.*
Pieniądze są potrzebne.	*Money is necessary.*
Potrzebujemy pieniędzy.	*We need money.*

złote i złotówki *gold and złotys*

Złotówka (*złoty*) is a feminine noun. **Złoty** is a masculine noun, but as it is identical to the adjective meaning *golden*, it has the pattern of endings associated with adjectives.

| dwie (2) złotówki | dwa złote |
| pięć (5) złotówek | pięć złotych |

7 A curiosity or two

You will gradually be better and better able to communicate confidently in Polish, and not be terrified of making mistakes. Some things are worth getting absolutely right, though, unless you want to amuse Poles. For example, there's a verb **wiać** (*waft*), whose present tense is **wieję, wieje**, etc. So if you forget that **wiedzieć** has the irregular they form, you may say **wieją** (*they waft*) instead of **wiedzą** (*they know*).

The difference between 'pseudosoft' sounds like **cz** and **sz** (your tongue protecting your teeth from cold ice-cream) (see p. xi) and 'soft' sounds like **ć** and **ś** (as if squashing bubblegum on the roof of your mouth, see p. xi) isn't easy for learners of Polish. If you can't or don't bother to make the distinction, you'll raise a few chuckles. For example:

▶ Proszę? *Pardon?*　　　　Prosię? *Piglet?*

There may be a genuine misunderstanding:

▶ Ci panowie są architektami? *Are these men architects?*
　 Czy panowie są architektami? *Are you architects?*

And you may just get the wrong breakfast if, instead of **boczek** (*bacon*), you ask for **bociek** (*little stork*).

There isn't much difference between **gość** (*guest, visitor*) and **gąszcz** (*thicket, undergrowth*). And so on. So it's worth making the effort.

A tip (not of the tongue)

The essential difference between the sound in **proszę** and the sound in **prosię** is in the position of the tongue. But it helps the sound if you pout when you say the **cz, sz** series of sounds, and smile when you say the 'soft' sounds.

🛈 What to call a call

If you are waiting to receive, or have missed, a telephone call it is a **telefon**. When you have had it, or are waiting to make it, it is a **rozmowa**:

Czekam na telefon.	*I'm waiting for a telephone call (for someone to ring).*
Czekam na rozmowę.	*I'm waiting to make a call.*
Telefon do pana/do pani.	*It's for you.*
To była długa rozmowa.	*That was a long phone call.*

Language patterns

8 Verbs in *-ować* (and *-iwać/-ywać*)

You are now familiar with several verbs whose dictionary form ends in -ować, and whose present tense forms are -uję, etc.

Dziękuję.	*Thank you (I thank).*
Dziękujemy.	*Thank you (We thank – on behalf of several people).*

A useful verb is **brakować** (*be missing, be lacking*), which needs a genitive form of the noun for the thing lacking, and dative form for the person feeling the lack (dative of experiencer again):

Brakuje truskawek.	*There aren't any strawberries.*
Brakuje mi twoich listów.	*I miss your letters.*

Two more are **kosztować** (*cost*) and **potrzebować** (*need*).

Ile to kosztuje?	*How much is it?*
Czego potrzebujesz?	*What do you need?*

The whole present tense of **potrzebować** looks like this:

potrzebuję	*I need*	potrzebujemy	*we need*
potrzebujesz	*you need*	potrzebujecie	*you (lot) need*
potrzebuje	*s/he/it needs*	potrzebują	*they need*

Some verbs in **-ywać** follow the same pattern, like **obowiązywać** (*oblige, apply, be in force*):

> Tu obowiązuje zakaz palenia.　　*There's a smoking ban in force here.*

9 A reminder about 'you'

Remember that second person forms like **potrzebujesz** (singular) and **potrzebujecie** (plural) are only used when you are speaking to someone you are on familiar terms with, which is why 'lot' was added just now to remind you. Coursebooks used to translate **potrzebujesz** as *thou needest*, as you would only address one person at a time as 'thou'. But old forms with thou sound more reverential rather than familiar or singular to most modern ears, so the point tends to be lost.

Polite or formal address involves words like **pan, pani, państwo** and so on, coupled normally with 'third-person' forms like **potrzebuje** and **potrzebują**.

> Czego państwo potrzebują?　　*What do you need?*
> Czego państwu brakuje?　　*What do you lack?*

This is relaxed slightly when familiar address does not imply familiarity to the person(s) you are face to face with:

> Macie w Anglii kantory?　　*Do you have bureaux de change in England?*
> Jak masz psa, to masz kłopot.　　*If you've got a dog (**pies**), you've got trouble.*

In the first, the questioner isn't asking whether the hearer and friends personally own bureaux de change, so there is no 'threat to the hearer's personal space'. In the second, it would have been possible to say: **Jak się ma psa, to się ma kłopot.** In other words, the speaker is using **ty** forms in a generalized sense, and again there is no threat to anyone's personal space.

10 *Można, trzeba, wolno, warto* – Possibilities and necessities

Impersonal expressions are common in Polish. Rather than saying 'You can . . .', as we do in English, Poles tend to say 'It is possible to . . .'.

Można pójść.	*We/You/etc. can go.*
Trzeba pójść.	*You/I/etc. must go.*
Wolno palić.	*You can smoke. Smoking is allowed.*
Warto pójść.	*It's worth going.*

Nie trzeba means, strictly, *there is no need to*, rather than *you mustn't*, but in practice it usually means *don't*. (*There's no need. So why do it?*)

Nie trzeba o tym myśleć.	*Don't think about it.*

11 *W tej chwili, w kinie* and other locative forms

In Unit 4 you met locative forms ending in **-u**. Other common locative endings are **-e**, preceded by a 'sound-swap' (see Unit 9, pp. 131–3), and (with feminine nouns) **-i** after soft consonants or **-y** after hardened (pseudosoft) consonants. Locative plurals end in **-ach**.

Rather than swotting up rules, learn examples as they come along. Locative forms are common. Expressions of location with **na** or **w** will have locative forms in them, and so will expressions using **o** in the sense of *about*.

▶ Here are some examples of phrases with locative forms:

locative forms		*nominative forms*
w tej chwili	*at the moment*	ta chwila
w kinie	*at the cinema*	kino
w klubie	*in/at the club*	klub
w barze	*at a bar*	bar
w biurze	*at the office*	biuro
na ulicy	*in the street*	ulica
w kuchni	*in the kitchen*	kuchnia
na poczcie	*at the post office*	poczta
w restauracji	*at a restaurant*	restauracja
w programie	*in/on the programme*	program
w mojej kieszeni	*in my pocket*	moja kieszeń

w Polsce	*in Poland*	Polska
w Anglii	*in England*	Anglia
we Francji	*in France*	Francja
w Bydgoszczy	*in Bydgoszcz*	Bydgoszcz
w naszym mieście	*in our town*	nasze miasto
o książce	*about the book*	książka
o mojej siostrze	*about my sister*	moja siostra
w reklamówce	*in a plastic bag*	reklamówka
w torbie foliowej	*in a plastic bag*	torba foliowa
w folii aluminiowej	*in aluminium foil*	folia aluminiowa

▶ Locative plurals:

w kinach, w klubach, w barach, w biurach, na ulicach, w kuchniach, w restauracjach, w programach, w moich kieszeniach, w miastach, o książkach, o moich siostrach

12 po *after*

Po + locative usually means *after*:

po roku	*after a year, a year later*
po rewolucji	*after the revolution*
po godzinie	*after an hour*
po czasie	*behind time (late)*

Poles often combine **po** with **jestem** to express something they have just had.

Jestem po obiedzie.	*I've had dinner.*
Jestem po operacji.	*I've had an operation.*
Jestem po studiach.	*I'm a graduate.*
Jestem po rozwodzie.	*I'm divorced.*

| **studia** *undergraduate studies* | **rozwód** *divorce* |

Similarly:

Ten pan jest po wypadku.	*This man has had an accident.*
Jest po wszystkim.	*It's all over* (It's after everything).
Jest po mnie.	*I'm done for* (It's after me).

| **wypadek** *accident* | **wszystko** *everything* |

i Kantor *Bureau de change*

Kantory (*private banks*, *bureaux de change*) have become common in Poland since the end of communism; you will find them everywhere, in post offices, on stations, in travel agencies, in or among shops. They are counters or small shops where you can change money. In a **kantor** you will be given a receipt (**kwit**, **dowód sprzedaży** or **paragon**) if you need it, but you usually have to ask.

i Karty kredytowe *Credit cards*

Poland, like the rest of Europe, is making more and more use of credit cards. There are a growing number of banks where you can withdraw money using your **karta kredytowa**. If you would like to withdraw cash, look out for a **bankomat** (*cash machine*, *ATM*); it may work out cheaper here to use your **karta debetowa** (*cash card*). *Phonecard*, incidentally, is **karta telefoniczna**. A *SIM card* is called a **karta SIM** and a *scratchcard* is called a **zdrapka**.

i Stare i nowe złote *Złotys old and new*

After the collapse of communism, Poland underwent a lot of very painful economic changes that involved coping with inflation, hyperinflation and in 1995 a currency change, when the new złoty was introduced, worth 10,000 old złotys. For a couple of years the old złoty and the new złoty were in use side by side. Prices were marked in both. It came as a shock to give a five-złoty coin for a newspaper and get your 30,000 złotys' change in banknotes.

With Poland in the European Union there will undoubtedly come the headache of the change from złotys to euros (**przejście ze złotego na euro**). No wonder inflation and currency reforms cause havoc for writers of courses! (The word *euro* does not decline in Polish, i.e. **euro** is its only form.)

ℹ️ Pieniądze można . . . *You can . . . money*

Here is a list of useful verbs describing things you can do with money. Remember, the non-perfective verb is given first, then the perfective verb that sums the action up. So, for example, **daję** means *I give*, while **dam** means *I'll give*. The list below gives just the 'I' form (first person singular) and the 'he/she/it' form (third person singular) unless the 'they' form (third person plural) is exceptional. See if you can work out the rest of the present/future forms from the ones given.

Pieniądze można

wydawać/wydać *spend*
   wydaję, wydaje   wydam, wyda . . . wydadzą

dawać/dać *give*
   daję, daje   dam, da . . . dadzą

zarabiać/zarobić *earn*
   zarabiam, zarabia   zarobię, zarobi

pożyczać/pożyczyć *borrow, lend*
   pożyczam, pożycza   pożyczę, pożyczy

tracić/stracić *waste*
   tracę, traci   stracę, straci

oddawać/oddać *give back*
   oddaję, oddaje   oddam, odda . . . oddadzą

gubić/zgubić *lose*
   gubię, gubi   zgubię, zgubi

liczyć/policzyć *count*
   liczę, liczy   policzę, policzy

Practice

1   Match the replies to the questions and phrases on the left.

    a Dlaczego (*why*) nie   1 Tak, brakuje mi owoców.
        chodzisz do teatru?

    b Na jak długo?   2 Nie mam pieniędzy.
    c Ile to kosztuje?   3 Nie warto.
    d Kup sobie samochód.   4 Czterdzieści tysięcy
                                     starych złotych.

    e Robisz dzisiaj zakupy?   5 Na siedem miesięcy.

2 Unjumble the words.

a ciątys hystrac hycłozt
b zerbat dopeniść wacłuhkęs
c zyc ut sejt rankot?
d ratow jópść an net limf
e ot łyba łudag zormowa

3 Translate the exchanges into English:

a – Chciałbym kupić helikopter.
   – Ile masz pieniędzy?

b – Nie trzeba mówić o starych złotych.
   – Dlaczego nie?

c – Na jak długo pani przyjeżdża do Polski?
   – Na osiem miesięcy.

d – Jestem po operacji.
   – Wolę o tym nie mówić.

e – Mamy czas?
   – Niestety jest po wszystkim.

f – Można do ciebie przyjść? (*Can I come and see you?*)
   – Proszę bardzo. Może jutro.

4 Put the words in parentheses in appropriate forms in the gaps.

(złotówka)   Trzy _____.   Osiem _____ .
(tysiąc)   Dwa _____.   Dziewięć _____.
(to)   Lepiej o _____ nie myśleć.
(karta)   Nie mam _____ telefonicznej.
(cudzoziemcy)   Wszyscy są _____.
(być)   Warszawa _____ stolicą Polski.
(być)   Katowice _____ ciekawym miastem.

---
stolica *capital*
---

5 Fill in the blanks with something appropriate:

Czas to _____.
Niestety nie mam _____ na lody.
Chodźmy do parku.
Z _____ !
Proszę _____ formularz.
Proszę _____ imiona i nazwiska adresatów.
Gdzie mogę wymienić pieniądze? _____

How to ...

- enquire what is needed

  Czego pan(i) sobie życzy?   *What would you like?*
                                    (What do you wish yourself?)

  Czego państwo sobie życzą?

- request instructions

  Co trzeba zrobić?
  Jak to trzeba/można zrobić?

- give instructions

  Proszę (+ *dictionary form*)
  Proszę wypełnić formularz.
  Proszę podnieść słuchawkę.
  Trzeba wypełnić druk.
  Wagi nie trzeba podawać.   *No need to give the weight.*

08
mam
zarezerwowany
pokój
I've a room reserved

In this unit you will learn

- how to make a reservation
- how to check into a hotel
- how to order food in a restaurant
- how to ask for a table
- how to address groups of men and groups of women
- how to tell the time
- how to talk about past events
- how to talk about conditions and unreal events

HOTEL WARSZAWA

RECEPCJA

klucze   winda

⬅   ➡

restauracja
kawiarnia ➡
bar

parking ➡
⬅ postój taksówek

Dialogues

▶ Sally is on a business trip to Kraków. She has just arrived at the main railway station (Dworzec Główny) and takes a taxi to her hotel.

Sally	Dzień dobry. Do hotelu Holiday Inn poproszę.
Taksówkarz	Proszę bardzo.
Sally	Czy to daleko?
Taksówkarz	Jakieś piętnaście minut stąd.

recepcja *reception desk*
klucze (klucz) *keys*
winda *lift*
restauracja *restaurant*
kawiarnia *coffee house, café*
postój taksówek (taksówka) *taxi rank*
parking *car park*

daleko (daleki) *far*
jakieś piętnaście minut *about fifteen minutes*
taksówkarz *taxi driver*
jakieś (jakiś) *some, some or other*
minut (minuta) *minutes*
stąd *from here*

▶ Sally is now at the reception desk.

Recepcjonistka	Dzień dobry. Czym mogę służyć?
Sally	Dzień dobry. Nazywam się Sally Johnson. Mam zarezerwowany pokój jednoosobowy na trzy dni.
Recepcjonistka	Proszę o paszport.
Sally	Proszę bardzo.

Recepcjonistka	Dziękuję. Tak, zgadza się. Proszę wypełnić kartę meldunkową.
Sally	Co trzeba podać?
Recepcjonistka	Nazwisko, imię i adres.
Sally	To wszystko?
Recepcjonistka	Tak, dziękuję. Numer pokoju czterysta pięćdziesiąt trzy na czwartym piętrze. Oto klucz. Winda jest tuż na prawo.
Sally	Dziękuję bardzo.

recepcjonist(k)a *(fe)male receptionist*
Czym mogę służyć? *Can I help you? (By what means can I serve?)*
zarezerwowany (rezerwować/ zarezerwować) *reserved*
pokój *room*
jednoosobowy *single (for one person)*
na trzy dni (dzień) *for three days*
zgadza się (zgadzać/zgodzić się) *that's right* (it agrees)

kartę meldunkową (karta, meldunkowy) *registration card*
podać (podawać/podać) *give, serve, hand, pass*
pokoju (pokój) *of the room*
czterysta *four hundred*
pięćdziesiąt *fifty*
trzy *three*
na czwartym piętrze (czwarty, piętro) *on the fourth floor (or fifth floor in American English)*
oto *here is*
tuż *just, just here*

▶ Sally has an old friend, Agnieszka, who is working in Kraków. Sally decides to book a table at a restaurant in the city centre. She rings up.

Głos	Dzień dobry. Restauracja „Wierzynek". Czym mogę służyć?
Sally	Dzień dobry. Chciałabym zarezerwować stolik dla dwóch osób.
Głos	Proszę bardzo. Na kiedy?
Sally	Na jutro wieczór.
Głos	Na którą godzinę?
Sally	Około siódmej.
Głos	Dla palących czy niepalących?
Sally	Dla niepalących poproszę.
Głos	Mamy taki stolik wolny o wpół do ósmej. Czy to pani odpowiada?
Sally	Tak, oczywiście.
Głos	W takim razie poproszę o pani nazwisko.
Sally	Johnson.

Głos	Przepraszam, ale nie zrozumiałam. Czy mogłaby pani powtórzyć i przeliterować swoje nazwisko?
Sally	Johnson. J jak Jerzy, O jak Olga, H jak Halina, N jak Natalia, S jak słup telegraficzny, O jak obserwatorium, N jak nuda.
Głos	(*śmieje się*) Tak, dziękuję. Zanotowałam sobie.
Sally	Dziękuję bardzo. Do widzenia.
Głos	Do widzenia pani.

głos *voice*
stolik *table (in a restaurant)*
dla dwóch osób *for two*
osób (osoba) *persons*
na kiedy? *when for?*
na jutro wieczór *for tomorrow night*
która godzina? *what's the time?*
na którą godzinę? *(for) what time?*
około (+ gen.) *about, around*
około (godziny) **siódmej** *at about seven*
dla (+ gen.) *for*
niepalących (palić) *non-smokers*
taki *a ... like that, one such, such a*
wolny *free*
o wpół do ósmej *at half past seven* (half to the eighth)

odpowiadać (+ dat.)
(odpowiadać/odpowiedzieć)
suit, answer
tak, oczywiście *yes, certainly*
w takim razie (taki, raz) *in that case*
nie zrozumiałam *I didn't catch what you said*
mogłaby pani *could you*
powtórzyć (powtarzać/powtórzyć)
repeat
przeliterować
(literować/przeliterować) *spell*
zanotowałam sobie (notować/
zanotować) *I've got it down, I've made a note of it*
słup telegraficzny *telegraph pole*
obserwatorium *observatory*
nuda *boredom*
śmieje się (śmiać się) *s/he laughs*

Language patterns

1 Mam zarezerwowany pokój *I have a room booked*

Verbs spawn adjectives (traditionally called 'participles') ending in -**ny** or -**ty** for describing things that have had, are having, or can have particular actions carried out on them.

Zajęty (*busy, engaged*), for example, is related to **zająć**, the perfective partner in the pair of verbs **zajmować/zająć** (*occupy*). These adjectives still carry with them the view of the situation implied by the aspect of the spawning verb:

stół składany
folding table (table capable of being folded, table

	which gets folded – **składać** is a non-perfective verb)
rezerwowany pokój	*room being reserved* non-perfective)
zarezerwowany pokój	*room that has been reserved* (perfective)
język mówiony	*spoken language* (language that is spoken)
język pisany	*written language* (language that gets written)

2 Stoły i stoliki *Tables and . . .*

A table is usually **stół** (**do stołu**: *to the table*; **na stole**: *on the table*; **przy stole**: *at table*, etc.) but a table in a restaurant is called a **stolik** (so: **do stolika, na stoliku, przy stoliku**).

3 Palący i niepalący *Smokers and non-smokers*

Imperfective verbs spawn adjectives for describing people or things that are carrying out, or regularly carry out, the actions the verbs refer to. The formation is straightforward. Take the they form ending in -ą, add **c** and an adjective ending. Look carefully at the meanings of the examples:

Palą.	*They smoke, they are smoking.*
Są palący.	*They smoke, they are smokers, there are smokers.*
Chyba wierzę w Stwórcę.	*I suppose I believe in a Creator.*
Ona jest wierząca.	*She is a believer.*
Pani śpi?	*Are you sleeping/asleep?*
Pani jest śpiąca?	*Are you sleepy?*

4 Nie zrozumiałam *I didn't catch that*

The usual meaning of **rozumieć** is *understand*, and its perfective partner **zrozumieć** often amounts to *come to realize*. As you know, perfective verbs are keen on a known result. If you haven't caught what someone said, and therefore no understanding results, say **Nie zrozumiałam** if you are female, and **Nie zrozumiałem** if you are male.

5 Osoba *Person*

The word **osoba** is widely used in Polish.

Ona jest zajęta twoją osobą.	*She is preoccupied with you (she is engaged by your person).*
Brat ćwiczy dżudo na mojej osobie.	*My brother practises judo on me (on my person).*

Osoba, usually either in the nominative plural form **osoby** or in the genitive plural form **osób,** is also common when counting people:

Przyszło sto osób.	*A hundred people came.*

Osoba is grammatically feminine, and seems to function as a true generic: it really is neutral as to the sex of the person it refers to.

6 Odpowiadać *to suit*

Odpowiadać/odpowiedzieć na pytanie means *answer a question.* But **odpowiadać** + dative is a useful way of saying *suit.* Notice the dative of experiencer again. Other ways of talking about what suits someone include:

Czy pana urządza taki pokój?	*Does a room like that suit you?*
Czy taki pokój jest wygodny dla pana?	*Is a room like that convenient for you?*
Wygodnie panu w takim pokoju?	*Is it convenient for you in a room like that?*
Pasuje panu taki pokój?	*Does a room like that suit you?*

urządzać/urządzić *fix up*	**pasować** *fit, suit*

Related to **odpowiadać/odpowiedzieć** are **odpowiedź** (*answer*) and **odpowiedni** (*corresponding, suitable, appropriate*).

Nie było odpowiedzi.	*There was no answer.*
Mamy odpowiedni stolik wolny o wpół do dziewiątej.	*We have a suitable table free at half past eight.*

7 Having a laugh and bursting out laughing

Sometimes an imperfective verb has no single obvious perfective partner. **Śmiać się** (*laugh*) is one such. **Pośmiać się** is like *have a (bit of a) laugh*, while **roześmiać się** is *burst out laughing*.

8 If a woman's voice answers . . .

Did you notice whether the voice on the phone at the Wierzynek Restaurant was a man's or a woman's? Nothing Sally said gave away whether she was speaking to a man or woman, but twice the voice said **Nie zrozumiałam** and once it said **Zanotowałam sobie**. A man would have said **Nie zrozumiałem** and **Zanotowałem sobie**.

9 Talking about the past and about what could happen – introducing past and conditional forms of verbs

Look first at this sentence containing a past form **zrozumiałem** and a conditional form **chciałbym**:

Nie zrozumiałem, ale chciałbym zrozumieć.	*I haven't understood, but I'd like to.*

You have not yet looked at the formation of past tenses in Polish. Note how the following examples can be taken apart:

masculine	*feminine*	*present of* **być** *for comparison*	*personal ending*
zrozumiałem	zrozumiałam	jestem	-(e)m
zrozumiałeś	zrozumiałaś	jesteś	-(e)ś
zrozumiał	zrozumiała	jest	*nothing*

There is also a neuter form **zrozumiało**. The **zrozumie-** of the dictionary form (remove the final -**ć**) changes to **zrozumia-** before the **ł** of the past. The **-ł-** indicates a past (non-present) form, and then -**a** or -**o** will be added if the subject is feminine or neuter. If the form is not third person, -**m** is added to indicate 'I', -**ś** to indicate 'you'. If **m** or **ś** threatens to follow immediately after **ł**, **e** is added to separate them. This breaking down of the forms isn't artificial or theoretical. Personal endings can migrate onto earlier words in a sentence.

Coś zrobił?/Co zrobiłeś?	*What have you done? (to a man)*

| Coś zrobiła?/Co zrobiłaś? | What have you done? (to a woman) |
| Coś ty zrobił? | What have you gone and done now? |

So past forms tell you something about their subjects that present forms don't – their gender. That was how you knew that the voice on the phone in the restaurant was female. Look at the following examples of *Where is/was the . . .?* with **ser** (*cheese*), which is masculine, **herbata** (*tea*), which is feminine, and **masło** (*butter*), which is neuter:

	masculine	*feminine*	*neuter*
Present:	Gdzie jest ser?	Gdzie jest herbata?	Gdzie jest masło?
	Jest w kuchni.	Jest w kuchni.	Jest w kuchni.
Past:	Gdzie był ser?	Gdzie była herbata?	Gdzie było masło?
	Był w kuchni.	Była w kuchni.	Było w kuchni.

Now look again at some conditional forms you have seen several times before:

masculine	*feminine*	*past forms for comparison*
chciałbym *I'd like*	chciałabym	chciałem, chciałam
wolałbyś *you'd prefer*	wolałabyś	wolałeś, wolałaś
zrozumiałby *s/he'd understand*	zrozumiałaby	zrozumiał, zrozumiała

The principle of formation is the same as for past forms, except that the 'particle' **by** is added after the gender slot (**a, o** or nothing) and before the personal ending slot (**m, ś** or nothing). **By** also exists independently of personal endings:

Można by kupić samochód.	It would be possible to buy a car.
Trzeba by sprzedać dom.	It would be necessary to sell the house.
Film warto by obejrzeć.	It would be worth seeing the film.

The personal endings of conditional forms migrate, taking the particle **by** with them:

Gdybym miał czas, pojechałbym do Rosji.	*If I had time, I'd go to Russia.*
Żebyś wiedział(a).	*Just so that you know./ If only you knew.*

You will find that Polish is pretty strict about using **by** for talking about someone or something that doesn't exist:

Nigdy nie znał osoby, która by go rozumiała.	*He had never known a person who understood him. (He never didn't know a person who would have understood him if only they'd existed!)*

▶ **10 Która godzina?** *What's the time?*; **O której?** *At what time?*

2400/0000	Północ	O północy
0100	Pierwsza (Jest godzina pierwsza)	O pierwszej (O godzinie pierwszej)
0200	Druga	O drugiej
0300	Trzecia	O trzeciej
0400	Czwarta	O czwartej
0500	Piąta	O piątej
0600	Szósta	O szóstej
0700	Siódma	O siódmej
0800	Ósma	O ósmej
0900	Dziewiąta	O dziewiątej
1000	Dziesiąta	O dziesiątej
1100	Jedenasta	O jedenastej
1200	Dwunasta	O dwunastej
1300	Trzynasta	O trzynastej
1400	Czternasta	O czternastej
1500	Piętnasta	O piętnastej
1600	Szesnasta	O szesnastej
1700	Siedemnasta	O siedemnastej
1800	Osiemnasta	O osiemnastej
1900	Dziewiętnasta	O dziewiętnastej
2000	Dwudziesta	O dwudziestej
2100	Dwudziesta pierwsza	O dwudziestej pierwszej
2200	Dwudziesta druga	O dwudziestej drugiej
2300	Dwudziesta trzecia	O dwudziestej trzeciej

There are other possibilities, which you will meet later, but the simplest way to give times in between the hours is to add a plain number of minutes.

> Pociąg mam o trzynastej czternaście.   *My train is at 1314.*

If you want to avoid the twenty-four hour clock, subtract twelve hours after noon, and add **przed południem** (*before midday*), or **po południu** (*after midday*) to make it clear which half of the day you mean. *Two in the morning* is **Druga w nocy** in Polish. Poles clearly think that **noc** (*night*) is the most appropriate description, since it's dark and most people are in bed asleep. English, strangely when you think about it, tends to start using 'night' and 'morning' rather early:

> Co robisz wieczorem?   *What are you doing tonight?*
>
> Zadzwonił o trzeciej w nocy.   *He rang at three in the morning.*

Wpół do . . . not 'half past', but 'half to'

Describing the round half-hour, Polish looks forward to the next hour.

> Jest wpół do trzeciej w nocy.   *It's half past two in the morning.*
>
> Przyjdę wieczorem o wpół do szóstej.   *I'll come at half past five tonight.*

Dialogues

▶ Sally and Agnieszka, exhausted by pasts, conditionals and telling the time, are recovering in the restaurant. They have decided what they want, and now a waiter approaches them.

Kelner	Dobry wieczór. Co panie zamawiają?
Sally	Dobry wieczór. Poproszę kotlet cielęcy, ziemniaki i surówkę.
Agnieszka	A dla mnie barszczyk z pasztecikiem, stek, ziemniaki i mizerię.
Kelner	Czy podać coś do picia?
Agnieszka	Poproszę wodę mineralną. Gazowaną.
Sally	A ja poproszę sok pomarańczowy.
Kelner	Niestety, nie ma soku pomarańczowego.

Sally	A czy jest piwo?
Kelner	Tak, jest.
Sally	To poproszę jedno małe.
Kelner	Służę paniom. (*odchodzi*)
Agnieszka	Sympatyczny facet.

---

kelner(ka) *waiter (waitress)*
panie (pani) *you (ladies)*
zamawiają (zamawiać/zamówić)
  are ordering
kotlet cielęcy *veal cutlet*
ziemniaki *potatoes*
surówkę (surówka) *side salad*
barszcz(yk) *beetroot soup*
z pasztecikiem pasztecik
  (pasztet) *with savoury pasty*
stek *steak*
mizeria *cucumber salad*
podać (podawać/podać) *serve*
coś do picia (picie, pić)

  something to drink
wodę mineralną (woda mineralna)
  mineral water
sok pomarańczowy *orange juice*
piwo *beer*
to poproszę *I'll have that, then,*
  please
służę (służyć/posłużyć) *I serve*
  (*Certainly. At your service.*)
odchodzi (odchodzić/odejść) *he*
  goes away (on foot)
sympatyczny facet *a nice chap*
gazowana (gasowany) *sparkling*

▶ When the main course is over . . .

Kelner	Czy chciałyby panie zamówić coś na deser?
Agnieszka	Tak, poproszę lody i kawę.
Sally	A ja poproszę galaretkę z owocami i herbatę.
Kelner	Proszę uprzejmie.
Agnieszka	To się nazywa obsługa.

---

coś *something, anything*
na deser *for dessert*
lody *ice-cream*
kawę (kawa) *coffee*
galaretkę (galaretka) *jelly*
z owocami (owoc) *with fruit*

herbatę (herbata) *tea*
proszę uprzejmie *certainly*
  (*please politely*)
to się nazywa obsługa (nazywać
  się) *there's service for you*

▶ When the meal is over, the women are ready to pay the bill.

Sally	Przepraszam pana. Chciałybyśmy uregulować rachunek.
Kelner	Oczywiście, proszę bardzo. Oto pań rachunek.
Sally	Dziękuję. Proszę zatrzymać resztę.
Kelner	Uprzejmie paniom dziękuję. Do widzenia.

(u)regulować rachunek *pay the bill, settle up*
pań rachunek *your bill, ladies*
zatrzymać (zatrzymywać/zatrzymać) *keep*

resztę (reszta) *the change*
uprzejmie paniom dziękuję *thank you kindly, ladies*

🛈 Przyprawy *Seasonings*

Przyprawy (*seasonings*) are an important part of Polish cooking. Here are the names of some seasonings.

sól (fem., gen.: **soli**) *salt*	**papryka** *paprika*
musztarda *mustard*	**szałwia** *sage*
ocet (gen: **octu**) *vinegar*	**szczypiorek** *chives*
pieprz *pepper*	**koper** *dill*
kminek *caraway seeds*	**koper włoski** *fennel*
majeranek *marjoram*	**chrzan** *horseradish*
macierzanka *thyme*	**pietruszka** *parsley*
cynamon *cinnamon*	**tymianek** *thyme*

🛈 Obsługa w restauracjach *Service in restaurants*

In the majority of restaurants you just take any available table, without making a reservation or waiting for a waiter or waitress to take you to a table. If the restaurant is particularly crowded, you may want to share a table with somebody else. If so, you should enquire:

Przepraszam, czy to miejsce jest wolne?   *Excuse me, is this seat free?*

The reply may be: **Tak** or **Wolne**, in which case sit down; or: **Niestety zajęte**, in which case carry on looking!

These expressions are also used on trains and buses.

Sally and Agnieszka are clearly impressed by the waiter's politeness and solicitude. It is in fact quite common for waiters to be liberal with terms like **Proszę uprzejmie, Bardzo proszę, Już podaję, Służę paniom, Już przyniosę** (*I'm bringing it now*).

🛈 Napiwki *Tips*

There are no rigid rules for giving **napiwek** (*a tip*). Some people give 10 per cent as a matter of course, while others ask the waiter (**kelner**) or waitress (**kelnerka**) to keep the change, as Sally did. Yet another group of people give a tip only if the service is exceptionally good – performance-related tipping, you might say. Nor are there rigid rules for how you give the tip. A word of warning, though – if you simply say **dziękuję** (*thank you*) while handing over the money, it means you don't require change! Instead of **dziękuję** say **proszę** and when a waiter brings your change, you can then decide whether or not to leave a tip.

i Toaleta *WC*

This is a practical course, and we ought to spend a few moments discussing toilets in Poland. First of all you need to find a toilet. If you are a man, look for a triangle on the door; if you are a woman, look for a circle. In buildings where people's rooms are numbered, you sometimes find the (unisex) toilet numbered 00. The following vocabulary will be useful.

toaleta damska	*ladies' toilet*
toaleta męska	*gents' toilet*

WC is self-explanatory. Remember to pronounce the names of the letters [wu ce]. The plural is pronounced [wucety]. **Ubikacja** and **ustęp** also mean *toilet*.

Sedes is what you sit on when you have found your toilet, and gents' toilets usually contain **pisuary** (*urinals*) as well. The **sedes** should be in a **kabina** (*cubicle*).

Here are some more related signs for you to look out for.

za użycie kabiny	*for using a cubicle*
umywalnia	*washroom*
toaleta płatna	*toilet where you have to pay (pay as you go!)*
szalet	*public convenience (subterranean)*

Most public toilets in Poland have an attendant who looks after things and collects the charges. They are tough and mean business. In the past, there were separate charges for **pisuar**, **użycie kabiny**, **mydło** (*soap*), **papier toaletowy** (*toilet paper*), and even **ręcznik** (*a towel*). Mercifully, **suszarki** (*hand-dryers*) were free of charge. It is a good idea to carry some loose change with you at all times since in most public toilets (even in restaurants) you will have to pay.

Language patterns

11 Tea jelly? What holds a Polish sentence together?

Polish sentences are held together by the forms of the words, rather than (as in English) the order the words are in. Polish endings help to prevent ambiguities. Sally asks for **galaretkę z owocami i herbatę**, literally *jelly with fruit and tea*. This wording in English might lead you to expect a novel mixture of flavours in the jelly – fruit and tea. But only **owocami** is an instrumental form appropriate to **z** (*with*). **Herbatę** is an accusative form, suitable as a direct object (like **galaretkę**) to **poproszę**.

12 Panie i panowie *Ladies and gentlemen*

The waiter addresses Sally and Agnieszka as **panie**. This is the normal way to address women you are not on familiar terms with. If James and Jurek were here instead of Agnieszka and Sally, the waiters and waitresses would be using **panowie**. If all four were together, they would use **państwo**.

Co panie zamawiają?	*What are you ordering?* (to women)
Co panowie zamawiają?	*What are you ordering?* (to men)
Co państwo zamawiają?	*What are you ordering?* (to a mixed group)

What follows is a table setting out some forms of **pan**, etc. in the context of six phrases, each requiring a different case. Here are the cases and phrases:

Nominative (subject, dictionary form):	**Co . . . zamawia(ją)**	*What are you ordering?*
Accusative (direct object of verb):	**Znam . . .**	*I know you.*
Genitive (possession)	**Dla . . . ?**	*(What can I get) for you?*
Dative:	**Służę . . .**	*At your service.*
Instrumental (means):	**z . . .**	*With you.*
Locative:	**o . . .**	*About you.*

one person		several people		
male	*female*	*male*	*female*	*mixed*
Co pan zamawia?	Co pani zamawia?	Co panowie zamawiają?	Co panie zamawiają?	Co państwo zamawiają?
Znam pana.	Znam panią.	Znam panów.	Znam panie.	Znam państwa.
Dla pana?	Dla pani?	Dla panów?	Dla pań?	Dla państwa?
Służę panu.	Służę pani.	Służę panom.	Służę paniom.	Służę państwu.
z panem	z panią	z panami	z paniami	z państwem
o panu	o pani	o panach	o paniach	o państwu

13 Accusative forms are the order of the day

When you place your order, you are likely to use the accusative form of the items concerned. Even if no verb is present, there is an implied **Proszę (o)** . . . (*Please could I have* . . .) or **Zamawiam** . . . (*I'd like to order* . . .), which is completed by an accusative.

Proszę zupę ogórkową, bułeczkę z masłem, polędwicę i wodę mineralną. Nie gazowaną.

Practice

1 Give natural English versions of the following:

a Chciałbym zarezerwować stolik na dwie osoby na siódmą piętnaście.

b Jest piwo?

c Przepraszam, ale nie zrozumiałem.

d Możesz kupić samochód, jeżeli (*if*) masz pieniądze.

e Gdybym miał czas, pojechałbym do Wiednia (Wiedeń *Vienna*).

f Poproszę sznycel po wiedeńsku i herbatę po angielsku.

g Przychodzi o czwartej po południu.

h Nigdy nie znał Angielki, która by go rozumiała.

i Podać coś do picia?

j Co dla pań?

k Kelnerka jest bardzo sympatyczna.

l Czy to daleko?

m Co pani robiła wczoraj (*yesterday*) wieczorem?

n Wolałbym zarezerwować stolik w restauracji.

2 Complete the conversation by matching the responses below to the turns in the conversation.

1 Dzień dobry, chciałbym zarezerwować stolik. **2** Michałowski. **3** Na jutro. **4** Na wpół do ósmej wieczorem.

X   Restauracja Pod Basztą, słucham.

You **a** _____

X   Na kiedy?

You **b** _____

X   Na którą godzinę?

You **c** _____

X   Poproszę o pana nazwisko.

You **d** _____

X   Dziękuję, zanotowałem.

3 Unravel the sentences that have got mixed up together again (see Unit 4, Practice).

a Czy nazwisko takim pani pani pani powtórzyć?
b Czy o i razie.
c W to mógłaby poproszę telefon odpowiada?

4 Try this herb and seasoning crossword:

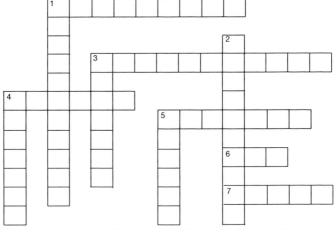

Poziomo *(horizontally)*

1 marjoram
3 chives
4 horseradish
5 paprika
6 salt
7 dill

Pionowo *(vertically)*

1 thyme
2 parsley
3 sage
4 cinnamon
5 pepper

5 Fill in the gaps with the words supplied.

było   razie   sobie   soku   osób   odpowiedzi   odpowiada

a W takim _____ poproszę o pana nazwisko.
b Nie zrozumiałam _____.
c Już zanotowałem _____.
d Czy taki pokój panu _____ ?
e Gdzie _____ masło?
f Niestety nie ma _____ grejpfrutowego.
g Chciałbym zarezerwować stolik dla trzech _____.

▶ **6** Participate in the conversation, as suggested:

X   O której przyjdziesz do mnie?
You *Say you'd like to come at six in the evening.*
X   Możemy gdzieś pójść (*go somewhere*).
You *Say you'd love to.*
X   Może do jakiejś dobrej restauracji?
You *Say you'd prefer to go to the cinema* (do kina).
X   Na jaki film byś chciał(a) pójść?
You *Say you'd rather like to go to a thriller* (dreszczowiec)
     or a historical film.
X   Dobrze, postaram się o (*I'll try to get*) bilety.

7 Put into Polish.

a I prefer Vienna to Moscow.
b I don't like flying.
c I don't feel like tea.
d We have time to go to a good restaurant.
e Do you fancy a coffee?
f What are you doing tonight? Nothing particular.
g I'd like to exchange pounds into złotys.

▶ **8** Answer the question **Która godzina?** (*What's the time?*), using the times shown.

Example: 1524 Piętnasta dwadzieścia cztery.

0700   0100   1100   0230   2200   1520   0830   0900
1030   1035   2400 (północ)   1930

▶ **9** Answer the question **O której (godzinie)?** (*At what time?*), using the times shown.

Example: 2318 O dwudziestej trzeciej osiemnaście.

0600   0630   0535   1700   1735   2030   2034   0400
0415   0310   1400

10 Answer these questions about yourself.

Wolisz pomarańcze czy cytryny?
Wolisz kawiarnie czy restauracje?
Wolisz kino czy teatr?
Wolisz koncert czy balet?
Wolisz jeździć pociągiem czy autobusem?
Czy palisz?
Czy jesteś wierzący/wierząca?
Chciał(a)byś pojechać do Polski?

11 Language textbooks contain far more information than some users realize, partly because cross-references are not always included. For example, in this book the highest number covered on p. 27 is 199. What about 200, 201, 300? Clue: the word for 700 is on p. 308. As for 201, 302, 403, etc., follow the pattern of **sto jeden**, so:

a   See if you can track down the other hundreds.
b   What is the Polish for 559?
c   What is the Polish for 893?

How to . . .

• ask whether a destination is far away

Czy to daleko?

• make a reservation

Chciał(a)bym zarezerwować stolik/pokój.

• check into a hotel

Mam zarezerwowany pokój jednoosobowy na trzy dni.

• order food in a restaurant

Poproszę zupę jarzynową, sznycel po wiedeńsku i lody.

• ask for a seat at a table

Czy to miejsce jest wolne?

• address groups of men and groups of women

Proszę panów/pań/państwa.

- tell the time

  Jest godzina szósta.
  Już dwadzieścia dwie minuty po piątej.
  Przyjdę o ósmej wieczorem.

- talk about past events

  Nie zrozumiałem.
  Byłem w Polsce.

- talk about conditions and unreal situations

  Gdybyś była Polką, rozumiałabyś mnie.
  Wolał(a)bym być gdzie indziej. *I'd rather be somewhere else.*

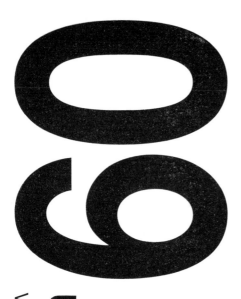

09
umawiamy się
we make a date

In this unit you will learn
- how to talk about things due to happen in the future
- how to ask for and give information about travel
- more about times and dates
- about different kinds of conditions

Dialogues

▶ James and his fellow students are going to spend a week travelling around in southern Poland. They plan to stay on campsites and in hostels. Grzegorz, their Polish tutor, explains the itinerary.

Grzegorz Zaczniemy naszą podróż jutro rano. Najpierw pojedziemy pociągiem z Warszawy do Krakowa. W Krakowie przesiądziemy się na autobus do Zakopanego. W Zakopanem weźmiemy taksówkę, która dowiezie nas do schroniska. Potem będziemy już tylko chodzić piechotą.

James Czy podróżowanie pociągiem po Polsce jest męczące?

Grzegorz Nie. Pociągi ekspresowe są szybkie i dość wygodne. Teraz są nawet tak zwane pociągi hotelowe . . .

James O której będziemy w Krakowie?

Grzegorz Zgodnie z rozkładem jazdy o dwunastej w południe.

James Czy będziemy mieli trochę czasu w Krakowie na zwiedzanie?

Grzegorz W drodze do Zakopanego – nie, ale zorganizujemy osobny wyjazd dwudniowy do Krakowa i okolic. Zwiedzimy między innymi Oświęcim i Wieliczkę.

James Wycieczka zapowiada się ciekawie.

---

zaczniemy (zaczynać/zacząć) *we'll begin*
naszą (nasz) *our*
podróż (fem.) *trip*
jutro *tomorrow*
rano *morning, in the morning*
najpierw *first (of all)*
pojedziemy (jechać/pojechać) *we'll go (on wheels)*
pociągiem (pociąg) *by train*
z . . . do . . . *from . . . to . . .*
przesiądziemy się (przesiadać/ przesiąść (się)) *we'll change*
która (który) *which, that*
dowiezie (dowozić/dowieźć) *will take (on wheels)*
do schroniska (schronisko) *(youth) hostel*
potem *after that, then, later, afterwards*

będziemy chodzić (chodzić) *we will walk (around)*
piechotą/na piechotę/pieszo *on foot*
podróżowanie (podróżować) *travel(ling)*
po Polsce (Polska) *around Poland*
po (+ loc.) *after; around*
pociągi (pociąg) *trains*
ekspresowe (ekspresowy) *express*
tak zwany *so called*
hotelowe (hotelowy) *hotel* (adj.)
szybkie (szybki) *quick*
dość (dosyć) *fairly, quite, . . . enough*
wygodne (wygodny) *comfortable, convenient*
zgodnie (zgodny) *agreeable, in agreement*

zgodnie z (+ instr.) *according to*
rozkładem jazdy (rokład, jazda)
   timetable *('layout of travel')*
w południe *at midday*
będziemy mieli (mieć) *we will have*
trochę czasu (trochę, czas) *a bit of*
   time
czas na zwiedzanie
   (zwiedzać/zwiedzić) *time to look*
   around
w drodze (droga) *on the way*
do Zakopanego *to Zakopane*
w Zakopanem *in Zakopane*
zorganizujemy (organizować/
   zorganizować) *we'll arrange*

osobny wyjazd *a separate trip*
dwudniowy *two-day*
do ... okolic (okolica) *to the*
   surrounding districts
między innymi (inny) *among other*
   things/here: places*
Oświęcim *Oświęcim/Auschwitz*
Wieliczkę (Wieliczka) *Wieliczka*
wycieczka *outing, excursion*
zapowiada się
   (zapowiadać/zapowiedzieć się)
   promises to be
ciekawie (ciekawy) *interesting*

▶ Na dworcu *At the station*

James has decided to buy his ticket to Kraków in advance. Now he is at the booking office at the railway station.

James Dzień dobry. Poproszę bilet z miejscówką na ekspres „Tatry" do Krakowa.

Kasjerka Na kiedy?

James Na czternastego lipca.

Kasjerka Czy chciałby pan bilet w jedną stronę czy powrotny?

James Poproszę powrotny.

Kasjerka Kiedy będzie powrót?

James Dwudziestego pierwszego lipca.

Kasjerka W której klasie?

James W pierwszej.

Kasjerka Dla palących czy niepalących?

James Dla niepalących poproszę.

Kasjerka Proszę bardzo.

James Dziękuję bardzo.

z miejscówką (miejscówka) *with*
   reservation
czternastego lipca (lipiec) *on 14*
   July
bilet w jedną stronę (jeden,
   strona) *one-way ticket, single*
bilet powrotny *return ticket*
powrót *return*

dwudziestego pierwszego
   (dwudziesty pierwszy) *on 21*
   July
w której klasie (który, klasa) *(in)*
   which class
w pierwszej (klasie) *(in the) first*
   class

▶ W informacji *At the information desk*

James	Przepraszam, z którego peronu odchodzi pociąg ekspresowy do Krakowa?
Urzędnik	Z peronu drugiego.
James	Dziękuję bardzo.

▶ Umawiają się *They make plans together*

Meanwhile, Sally and Basia are planning to go out together the following day. They are arranging when and where to meet.

Sally	Basiu, gdzie się spotkamy?
Basia	Może w Ogrodzie Saskim przy fontannie?
Sally	Gdzie jest ta fontanna?
Basia	Tuż za Grobem Nieznanego Żołnierza. Zobaczysz ją z daleka.
Sally	Jakie autobusy jadą w kierunku Ogrodu Saskiego?
Basia	Nie jestem pewna, ale chyba 156 (sto pięćdziesiąt sześć) i 189 (sto osiemdziesiąt dziewięć). Musisz to sprawdzić na planie Warszawy.
Sally	Dobrze, sprawdzę. O której się spotkamy?
Basia	Zależy, o której skończysz pracę.
Sally	Może o czwartej?
Basia	Niech będzie czwarta. Dostosuję się.
Sally	W takim razie do zobaczenia jutro o czwartej.
Basia	No to do jutra. Pa.
Sally	Hej.

spotkamy (spotykać się/spotkać się) *we'll meet, we can meet*
może *perhaps, maybe*
w Ogrodzie Saskim (Ogród Saski) *in the Saxon Garden*
przy fontannie (fontanna) *by the fountain*
tuż za grobem (grób) *just behind the grave, tomb*
Nieznanego Żołnierza (nieznany żołnierz) *of the Unknown Soldier*
w kierunku (kierunek) *in the direction*
zobaczysz (widzieć/zobaczyć) *you'll see, catch sight of*
ją (ona) here: *it*
z daleka *from a long way off*
pewna (pewny/pewien) *sure*

sprawdzić (sprawdzać/sprawdzić) *check (up)*
w takim razie (taki, raz) *in that case*
na planie (plan) *on the map*
(to) zależy (zależeć) *it depends*
skończysz (kończyć/skończyć) *you (will) finish*
pracę (praca) *work*
niech będzie (być) lit. *let it be*
niech będzie czwarta *four o'clock will do*
dostosuję się do (dostosowywać się/dostosować się) *I'll fit in with*
do zobaczenia (zobaczyć) *see you (soon)*
do jutra (jutro) *see you tomorrow*
pa, hej *bye*

Language patterns

1 Środki lokomocji – Czym można podróżować?
Methods of transport – How can you travel?

Jakim/Którym środkiem lokomocji?
By what/which means of transport?

instrumental form	dictionary form	by . . .
autobusem	autobus	*bus*
autokarem	autokar	*coach*
koleją podziemną	kolej podziemna	*underground*
kolejką	kolejka	
linowo-terenową	linowo-terenowa	*funicular railway*
kolejką linową	kolejka linowa	*cable-car*
metrem	metro	*metro*
pociągiem	pociąg	*train*
promem	prom	*ferry*
rowerem	rower	*bicycle*
samochodem	samochód	*car*
statkiem	statek	*ship*
taksówką	taksówka	*taxi*
tramwajem	tramwaj	*tram*
trolejbusem	trolejbus	*trolleybus*

Takie podróżowanie (*that kind of travel*) (podróżowanie pociągiem itp.) jest . . .

neuter form to agree with podróżowanie	dictionary form	meaning
bezpieczne	bezpieczny	*safe*
ciekawe	ciekawy	*interesting*
fascynujące	fascynujący	*fascinating*
interesujące	interesujący	*interesting*
męczące	męczący	*tiring*
niebezpieczne	niebezpieczny	*dangerous*
nudne	nudny	*boring*
popularne	popularny	*popular*
powszechne	powszechny	*universal*

ℹ️ Places to visit: Wieliczka and Oświęcim

Wieliczka, near Kraków, has a famous salt-mine. Another nearby town is **Oświęcim**; the notorious camps there are usually called by their German name(s) Auschwitz-Birkenau.

ℹ️ Rodzaje pociągów *Kinds of train*

Pociągi bywają *Trains are, can be*:

IC [inters-iti]	*Inter-city*
osobowe	*local*
pospieszne	*fast (limited stop)*
ekspresowe	*express*
hotelowe	*luxury*
podmiejskie	*suburban*
międzynarodowe	*international*
z rezerwacją	*with reservable seats*
z miejscami do leżenia	*with couchettes*
z wagonem sypialnym	*with sleeping car*
z wagonem restauracyjnym	*with a dining car*
całkiem/całkowicie	*with reserved seats*
objęte rezerwacją	*only*

In Poland, prices of tickets depend on distance and on the speed and comfort of the journey. Thus the cheapest way of travelling by train, for example, from Radom to Warsaw (about 100km) is by **pociąg osobowy** (*local train*), which covers the distance in about two and a half hours. The express train is quicker, taking about one hour fifteen minutes, and much more comfortable, but the price is double.

Peron, tor *Platform, track*

The layout of Polish railway stations is different from stations in, say, Britain. Each **peron** (*platform*) has two **tory** (*tracks, lines*), and each **tor** has a number. So a typical platform announcement might be:

Pociąg ekspresowy z Warszawy do Krakowa odjeżdża z toru trzeciego przy peronie drugim. Proszę zachować ostrożność i odsunąć się od toru.

The express from Warsaw to Kraków is now departing from Line 3 at Platform 2. Please keep away from the edge of the platform.

Kolejka linowa na Kasprowy Wierch *The cable car to Kasprowy Wierch*

Kolejka linowa na Kasprowy Wierch is one of the chief attractions of Zakopane. If you don't like getting up at the crack of dawn, try to book a ticket in advance, as the cable car is always very crowded. Kasprowy Wierch is a popular place with skiers, walkers, meteorologists (there's a weather station there) and sun-lovers, as it's one of the best places for getting a winter suntan.

Koleje wąskotorowe *Narrow-gauge railways*

If you are a steam or narrow-gauge railway enthusiast, Poland is definitely a place you should visit. Poland's varied history has produced a rich transport heritage.

Jak to bilet powrotny? *What do you mean, 'return ticket'?*

There's a possible ambiguity in Polish, as in English, about **bilet powrotny** (*return ticket*). Does it mean a two-way ticket as opposed to a one-way ticket, or does it mean the ticket for the journey back only? The ambiguity can be resolved in Polish by saying **bilet w obie strony** or **bilet w dwie strony** (*ticket in both/two directions*).

Szczęśliwej podróży!

Przesiadka *Changing buses, trains, etc.*

To change, get on a different bus, train, etc. is **przesiadać/ przesiąść**, which can be used with or without **się**. A change is **przesiadka**:

Jedziemy do Zakopanego z przesiadką w Katowicach.	*We're going to Zakopane, with a change in Katowice.*
Jadę bez przesiadki.	*I don't need to change.*

ℹ️ Have a good trip!

Wish a traveller a good trip by saying **Szczęśliwej podróży!** You normally wish a driver a good trip by saying **Szerokiej drogi!** (*wide road*). Both these expressions are in the genitive form, because **Życzę** (*I wish (you)*) is implied, and **życzyć** takes a genitive form of what is wished.

Życzę paniom miłego pobytu. *I wish you (ladies) a pleasant stay.*

ℹ️ „Fałszywi przyjaciele" *False friends*

False friends are words that look as if they ought to mean the same, but in fact mean different things. Here are some examples.

Polish	*British English*
transport	*consignment, haulage*
komunikacja miejska	*public transport*
łączność	*(posts and tele) communications*
wideotelefon	*video-phone*
wideofon (magnetowid)	*video recorder*
kemping	*campsite*
smoking	*dinner-jacket*
palenie	*smoking*
parking	*car park*
parkowanie	*parking*
fragment	*excerpt, extract, detail*
szczątek	*fragment*
magazyn	*store, warehouse*
czasopismo	*magazine*
relaks	*relaxation*
market	*small supermarket*
sympatyczny	*likeable*
życzliwy (współczujący)	*sympathetic*
ewentualnie	*come to that, in the event*
ostatecznie	*eventually*
aktualnie	*currently*
właściwie	*actually*

Words you recognize may turn out to have unexpected additional meanings:

hotel	*hotel, but also hostel*
turysta	*tourist, but also walker, hiker*
magazyn	*warehouse, store, warehouse, regular TV programme*

Language patterns

2 More about telling the time

First, here are some useful expressions.

kwadrans	*quarter of an hour*
pół godziny (półgodzina)	*half-hour*

za (+ accusative) (*in ..... 's time*):

za kwadrans	*in a quarter of an hour's time*
za kwadrans szósta	*(at/it's) a quarter to six*

po (+ locative):

kwadrans po ósmej	*(it's/at) a quarter past eight*
punkt piąta	*five o'clock on the dot*
po piątej	*after five (up till, say, twenty past?)*
od piątej w dół	*any time after five*
przed ósmą	*before eight (from say, twenty to?)*
najpóźniej o ósmej	*any time up to eight o'clock*

You are now in a position to talk in more detail about times.

Jest pięć po wpół do czwartej.	*It's twenty-five to four (five after half to four)*
Zostało nam tylko dziesięć minut (czasu).	*We've only got ten minutes left.*
Został nam kwadrans (czasu).	*We've got a quarter of an hour left.*
Wracam za pięć minut.	*I'm coming back in five minutes.*
Wrócił po pięciu minutach.	*He came back five minutes later.*
więcej/mniej niż pół godziny	*more/less than half an hour*
Masz chwilę czasu?	*Have you got a moment?*

To nie zajmie dużo czasu.	*It won't take long.*
Nie mam czasu.	*I don't have time.*
Jak ten czas leci!	*How time flies!*
Czas to pieniądz.	*Time is money.*

Announcers, rather than saying what time it is, usually say what time it's about to be, or what time it has just been.

| Dochodzi godzina dwudziesta trzecia. | *11 p.m. is coming up.* |
| Minęła godzina osiemnasta. | *6 p.m. has passed.* |

▶ Dni tygodnia *Days of the week*

	on ... day	*see you on ... day*	
niedziela	w niedzielę	do niedzieli	*SUN*
poniedziałek	w poniedziałek	do poniedziałku	*MON*
wtorek	we wtorek	do wtorku	*TUE*
środa	w środę	do środy	*WED*
czwartek	w czwartek	do czwartku	*THU*
piątek	w piątek	do piątku	*FRI*
sobota	w sobotę	do soboty	*SAT*

These names for the days of the week make sense, and are not pagan in origin like the English ones:

- **Działać** (*act*) gives you the name for Sunday, the Christian day of rest when you don't work – **niedziela**.
- The day after **niedziela** is Monday – **poniedziałek**.
- The second weekday is named after **wtóry**, an old word for *second* (compare **powtórzyć**, *repeat*) – **wtorek**.
- The middle weekday is **środa** (compare **środek**, *middle, inside* and **średni**, *average*).
- Thursday is the fourth weekday – **czwartek** (compare **cztery** and **czwarty**).
- Friday, the fifth weekday – **piątek**.
- Saturday, the seventh day, the Jewish sabbath – **sobota**.

Other familiar and new expressions for talking about days

dziś (dzisiaj)	*today*
w tym tygodniu	*this week*
jutro	*tomorrow*
w przyszłym tygodniu	*next week*

wczoraj	*yesterday*
w zeszłym/ubiegłym tygodniu	*last week*
pojutrze	*in two days' time*
za dwa tygodnie	*in two weeks*
za trzy miesiące	*in three months*
przedwczoraj	*the day before yesterday*
dwa tygodnie temu	*two weeks ago*
codziennie	*every day*
co tydzień	*every week*

The dictionary form of the word **tydzień** lacks -go- which features in its other forms:

| Jestem w Zakopanem od dwóch tygodni. | *I've been in Zakopane for two weeks.* |
| Jedzie do Ciechocinka na trzy tygodnie. | *S/he's going to Ciechocinek for three weeks.* |

A weekly paper or magazine is called a **tygodnik**.

▶ **Nazwy miesięcy** *Names of months*

It is . . .	*in. . .*	*see you in. . .*	
styczeń	w styczniu	do stycznia	*JAN*
luty	w lutym	do lutego	*FEB*
marzec	w marcu	do marca	*MAR*
kwiecień	w kwietniu	do kwietnia	*APR*
maj	w maju	do maja	*MAY*
czerwiec	w czerwcu	do czerwca	*JUN*
lipiec	w lipcu	do lipca	*JUL*
sierpień	w sierpniu	do sierpnia	*AUG*
wrzesień	we wrześniu	do września	*SEP*
październik	w październiku	do października	OCT
listopad	w listopadzie	do listopada	*NOV*
grudzień	w grudniu	do grudnia	*DEC*

A monthly magazine is a **miesięcznik**.

Święta i rocznice obchodzone tradycyjnie w Polsce.
Holidays and anniversaries traditionally celebrated in Poland.

styczeń	1.01 **Nowy Rok** *New Year*
	6.01 **Trzech Króli** *Twelfth Night/Epiphany*
luty/marzec	**popielec/środa popielcowa** *Ash Wednesday*
marzec/kwiecień	**Wielkanoc** *Easter*
maj	1.05 **Święto Pracy** *Labour Day*
	3.05 **Święto Konstytucji 3-ego Maja** *3 May Constitution Day*
maj/czerwiec	**Boże Ciało** *Corpus Christi*
listopad	1.11 **Wszystkich Świętych** *All Saints' Day*
	2.11 **Zaduszki** *All Soul's Day*
	11.11 **Dzień Niepodległości** *Independence Day*
grudzień	6.12 **Świętego Mikołaja** *St Nicholas' Day*
	24.12 **Wigilia** *Christmas Eve*
	25–26.12 **Boże Narodzenie** *Christmas*

Pory roku *Seasons*

dictionary form	*in . . .*	
zima	zimą, w zimie	*winter*
wiosna	wiosną, na wiosnę	*spring*
lato	latem, w lecie	*summer*
jesień	jesienią, na jesieni	*autumn*

You may also come across **przedzimie, przedwiośnie** and **późna jesień** (*beginnings of winter, beginnings of spring, late autumn*).

Złota polska jesień (*the golden Polish autumn*) is an exceptionally beautiful time of year in Poland (September/October) when the days are still warm and the changing colours of the leaves look superb.

Here are some expressions connected with months and years:

o tej porze roku	*at this time of year*
w tym miesiącu/roku	*this month/year*
w przyszłym miesiącu/roku	*next month/year*
w zeszłym miesiącu/roku	*last month/year*
co miesiąc/rok	*every month/year*
za dwa miesiące/lata	*in two months'/years' time*
osiem miesięcy/lat temu	*eight months/years ago*

The plural of **rok** (*year*) is borrowed from the plural of **lato** summer:

jeden rok	*one year*
(dwadzieścia) dwa trzy, cztery lata	*(twenty-) two, three, four years*
kilka, pięć, sześć, sto lat	*several, five, six, a hundred years*
trzydzieści (jeden) lat	*thirty (-one) years*

3 Future of imperfective verbs

As you know, perfective verbs have no present tense. Their future is formed by exactly the same means as the present of imperfective verbs:

Robię sweter na drutach.	*I'm knitting a sweater* (I'm making a sweater on wires).
Zrobię sweter na drutach.	*I'll knit a sweater.*

Imperfective verbs form their future with the help of the future of być – będę, etc. Future forms of być are combined EITHER with the dictionary form of an imperfective verb OR with what looks like the past form without any personal ending.

Będę na ciebie czekać/czekał(a).	*I'll be waiting for you.*
Czy pan(i) będzie miał(a) trochę czasu na zwiedzanie Poznania?	*Will you have a bit of time to look around Poznań?*
Sally i Basia będą jeszcze długo rozmawiały o wszystkim, co się stało.	*Sally and Basia will be talking about everything that's happened for a long time yet.*
Pociąg będzie jechał z szybkością trzystu kilometrów na godzinę.	*The train will be travelling at ('with a speed of') 300 kilometres an hour.*
Potem będziesz chodził na piechotę.	*After that you'll go around on foot.*

Będę, etc. should come before the -ł- forms, while dictionary forms can precede or follow będę, etc. Stick to the -ł- forms if you can. Poles use the -ł- forms more, especially when talking about people. Using the -ł- forms gives you practice with forms you're also going to need for past events and for unreal situations.

Notice, too, that *I'll want to* and *I'll have to* MUST be będę chciał(a) and będę mógł/mogła. Do NOT use the dictionary forms chcieć and móc to form the future of these two verbs.

4 Future conditions

English uses present forms to talk about future conditions. Polish uses future forms:

Kiedy pan(i) będzie w Warszawie, niech pan(i) zadzwoni do mnie.	*When you're in Warsaw, give me a ring.*
Kiedy do was przyjadę, będę strasznie zmęczony.	*When I arrive at your place, I'll be terribly tired.*

You will notice that English-speaking Polish friends carry this over into English, saying things like, 'When I will be in England, I'll come and see you.'

These are potentially real conditions, which may be fulfilled in the future.

Jak będziesz chciał(a), zadzwoń do mnie wieczorem.	*If you want to, ring me tonight.*
Będę chciał(a), ale nie wiem, czy będę mógł/mogła.	*I'll want to, but I don't know whether I'll be able to.*
Jak będę mógł/mogła, to zadzwonię na pewno.	*If I can, I'll ring for sure.*

The conditional form with **by** is used for more hypothetical, remote or unreal conditions. Compare these examples:

Jak będziesz miał ochotę, przyjdź jutro.	*If you feel like it, come tomorrow.*
Gdybyś miał ochotę, mógłbyś przyjść jutro.	*If you felt like it, you could come tomorrow.*
Gdybyś mnie naprawdę kochał, pisałbyś do mnie listy.	*If you really loved me, you'd write me letters.*

5 Niech . . . Let . . .

Niech is like English *let*.

Niech on sam powie.	*Let him tell you himself.*
Niech pomyślę.	*Let me think.*

Because Polish uses third person forms for polite address, **niech** provides a straightforward polite way of asking or telling people what to do.

Niech pan(i) siada.	*Do sit down.*

Niech pan(i) poda imię, nazwisko i adres.	*Give your first name, surname and address.*
Niech państwo się nie śmieją.	*Don't laugh (ladies and gentlemen).*
Niech pan(i) się nie przejmuje.	*Don't worry.*
Niech pani zapyta kierownika.	*Ask the manager.*

---

przejmować/przejąć się (+ instrumental) *worry about*

Saying *Let's* . . . in Polish involves adding **-my** to form the 'imperative', of which you already know a few examples.

Zadzwoń.	*Ring.*
Zadzwońmy.	*Let's ring.*
Jurek, chodź!	*Come on, Jurek!*
Chodźmy.	*Let's go.*
Idź do diabła!	*Go to the devil! Get lost!*

You also add **-cie** to this form when telling a group of people, with whom you are familiar, what to do.

| Chodźcie, dzieci. | *Come on, children.* |

▶ 6 Virile (masculine-personal) forms

Look at these two examples:

| Czy będziemy mie**li** trochę czasu w Krakowie? | *Will we have a little time in Kraków?* |
| Będziemy chodzi**li** na piechotę. | *We'll walk around on foot.* |

A characteristic feature of Polish is that it has special forms for referring to masculine persons, or groups including masculine persons. Compare the following:

Basia i Sally (będą) jad**ły** obiad w restauracji.	*Basia and Sally were (will be) having dinner in a restaurant.*
James i Grzegorz (będą) jed**li** . . .	
Jurek i Maria (będą) jed**li** . . .	

Note that it is grammatically masculine persons, rather than biologically male persons that need virile forms. For example, **dziecko** (*child*) is neuter, so **dzieci** (*children*) doesn't require a virile form even if some or all of the children are male. Similarly osoba (*person*) is feminine (though genuinely generic), and doesn't require a virile form, even if the persons concerned are male.

Pewne osoby się śmiały.	*Certain people were laughing (quite possibly men).*
Niektóre dzieci chorowały.	*Some of the children were ill (quite possibly boys).*

chorować *be ill*	**chory** *ill*

Don't try to absorb all the details now. But be aware of the issue, and get used to noticing which forms are used in the dialogues. Start by looking at some more examples:

Gdyby chłopcy chcieli, mogliby pójść na basen.	*If the boys wanted to, they could go to the swimming pool.*
Gdyby dziewczyny chciały, mogłyby . . .	*If the girls . . .*
Moi rodzice nie będą się przejmowali.	*My parents won't be worrying.*
Nasze matki nie będą się przejmowały.	*Our mothers . . .*
Czy panowie byli we Wrocławiu?	*Have you* (men) *been to Wrocław?*
Czy państwo jechali do Torunia?	*Were you* (mixed) *on your way to Toruń?*
Czy panie zwiedziły Gniezno?	*Did you* (women) *do Gniezno?*

Ludzie (*people*) and wszyscy (*everybod*y) are treated as virile, by default, even if they in fact refer to hundreds of women. See also pp. 255, 271.

7 Sound-swapping

It is common for sounds to swap over between one form of a word and another. For example, **powrót** (*return*) has **powrot-** as its stem in forms that have endings added. Similarly, **Bóg** (*God*), but **Wierzą w Boga** (*They believe in God*). You have seen examples of **a** or **o** swapping with **e**:

lato   w lecie
dwa miesiące   sześć miesięcy

– To jest mój mąż.   – Pani męża już znam.
– Jedziesz do domu dzisiaj?   – Nie, jadę za tydzień.

Here are two examples of verbs in which **o** and **e** alternate:

biorę *I take*   bierze *s/he/it takes*
wiozę *I carry (on wheels)*   wiezie *s/he/it carries*

You have also seen many examples of **e** swapping with nothing, i.e. disappearing:

wypadek   po wypadku   kwiecień   w kwietniu
marzec   w marcu   wtorek   do wtorku

You will also notice consonants that swap in nouns. Here is a table summarizing them. Consonants swap with others in the same row.

t	ć (ci-)			p	pi-
st	ść (ści-)			b	bi-
d	dź (dzi-)			f	fi-
z	ź (zi)			w	wi-
s	ś (si-)			m	mi-
ch	ś (si-)	sz		n	ń (ni-)
k	ki-	cz	c	r	rz [ż]
g	gi-		dz	ł	l

Similar swaps happen in verbs, plus a few more:

c	ć (ci-)
dz	dź (dzi-)
g	ż
ś	sz
ć	cz
sz	ś (si-)
cz	ć

The patterns are widespread, and you should soon develop a feel for them. Nevertheless, things aren't as predictable as they might be. For example, **szczegół** *(detail)*, where you might expect ó to swap with o, in fact keeps ó throughout, as does **podróż** *(journey)*:

Nie mówmy o takich szczegółach. *Let's not talk about details like that.*

So, though you have the tables here to refer to, it is better at this stage to absorb plenty of examples.

You will find similar alternations between related words:

kwiatek	*flower*	kwiecisty	*flowery*	kwiecień *April*
wół	*ox*	wołowina	*beef*	
mąż	*husband*	mężczyzna	*man*	
żona	*wife*	żeński	*feminine, female, ladies'*	

(See also pp. 46, 91–2, 228–9, 255, 270–8.)

Practice

1 Match the replies with the questions and phrases on the left.

a	Były w Zakopanem?	1	Do Wieliczki.
b	Gdzie byliście w lecie?	2	Chyba pana żona.
c	Gdzie będziecie jutro?	3	Dlaczego nie?
d	Gdzie pojedziecie pojutrze?	4	Byliśmy w Chinach. (**Chiny**, *China*)
e	Zadzwonisz do mnie?	5	Niestety nie miały czasu.
f	Kto przyjdzie pierwszy? (**kto** is always masc.)	6	Będziemy w Oświęcimiu.
g	Nie będzie mu się podobało w Polsce.	7	Jak będę miała czas.

2 Distribute the words appropriately among the gaps.

zapowiada   innymi   się   weźmiemy   szybkie której   jedną

a Pogoda _____ się dobrze.

b _____ taksówkę, bo się spóźnimy. (**spóźniać/spóźnić się**, *be late*)

c Pani chciałaby bilet w _____ stronę czy w obie strony?

d Tadeusz powiedział, że _____ przesiądziemy w Krakowie.

e Zwiedziliśmy między _____ Stare Miasto i Zamek Królewski.

f Autokary są _____ i wygodne.

g To jest ta Angielka, o _____ ci mówiłem.

3   The following sentences are grammatical, but each contains one word that doesn't make much sense in context. Find the word, and replace it with something more sensible.

a   Spotkamy się w Ogrodzie Saskim przy pociągu.
b   Muszę to powiesić na planie Krakowa.
c   Proszę bilet na pojutrze, na godzinę dwudziestą siódmą.
d   Napiszemy osobną wycieczkę do Zakopanego.
e   Chciałabym wysłać ten nabiał jako polecony.
f   Poproszę jeszcze samolot soku pomarańczowego.
g   Gdybym miał czas, pojechałbym do stolika.
h   Wszyscy chcieli pojechać miesiącem.

4   Distribute the participants around the gaps. Get the virility right!

Basia i Sally   teatrem i kinem   Tadeusz i Jurek
mąż i żona   pies i kot (*dog and cat*)

a   _____ spały w ogrodzie.
b   _____ zwiedzali muzeum.
c   Grzegorz interesuje się _____ .
d   _____ nigdy nie kupowali sera w delikatesach.
e   _____ mogłyby polecieć do Republiki Czeskiej samolotem, gdyby chciały.

5   Choose which of the forms is appropriate in the sentence.

a   karta telefoniczna/
      karty telefonicznej   Nie mam _____ .
b   barszczyk/barszczyku   Dla mnie _____ z pasztecikiem.
c   metro/metra/metrem   Przyjechał _____ .
d   samochód/samochodu/
      samochodem   Dziękuję. Jestem _____ .
e   zwiedzimy/zwiedziliśmy   Jutro _____ Toruń.
f   palący/palących   Pan jest _____ ?
g   palenie/palenia   Zakaz _____ .
h   kierunek/kierunku   Jedziemy w _____ Pragi.
i   Kraków/Krakowa   Będziemy mieszkali w
                                 okolicach _____ . (**mieszkać**,
                                 live)
j   okolice/okolicach   Mieszka w _____

6 Unravel the sentences that have got tangled up together:

Czy w byliśmy autokarem bezpieczne?
O której ma po Warszawie?
Nie Europie jest pani podróżowanie truskawek?

7 There is a song called 'Gdybym'. What title could you reasonably give it in English?

8 Match the halves of the sentences.

a Gdybym miała ochotę na zwiedzanie muzeum,
b Kiedy babcia (*grandma*) zrobi ten sweter,
c Gdybyś mnie naprawdę kochał,
d Jak będziesz w Warszawie,
e Jeśli pani jest już bardzo zmęczona,

1 proszę go wysłać pocztą do Ameryki.
2 pisałbyś do mnie codziennie.
3 poszłabym albo jutro, albo pojutrze.
4 niech pani o tym nie myśli.
5 zadzwoń do mnie, dobrze?

Language patterns

8 Walking, riding, swimming, flying

You have almost certainly noticed that Polish has a lot of different words for *go*. English likes to know, as a top priority, whether a person is coming or going. (English people often complain about not knowing whether they're coming or going. Polish is much more interested in whether you are on foot, and in whether you are under way at the moment.

chodzić	*walk around, walk generally* (not necessarily at the moment)
iść	*be on your way on foot*

Dziecko już chodzi.	*The child can walk now.*
Dziecko idzie do szkoły.	*The child's on its way to school.*

jeździć	*travel around*
jechać	*be under way (on wheels)*

Po tych korytarzach można by traktorami jeździć.	*You could ride around these corridors on tractors.*
Dokąd państwo jadą?	*Where are you going?*

| latać | fly around, be able to fly |
| lecieć | be on your way by plane |

Ona cały czas lata.   *Her feet never touch the*
  (**cały czas,** *constantly*)   *ground.*
Nad którym krajem lecimy?   *What country are we*
                                                 over now?

| płwać | swim around, be a swimmer, float, sail |
| płynąć | swim in a particular direction, sail |

Nie umiem pływać.   *I can't swim.*
Nie mogę pływać w tym   *I can't swim in this dinner-*
  smokingu.   *jacket.*
Płyniemy na Hel.   *We're going to Hel* (the Hel
                                             Peninsula).

Iść/jechać/lecieć/płynąć and verbs like them are typically used to talk about purposeful motion in a particular direction at a particular time. **Chodzić/jeździć/latać/pływać** are used when the motion isn't like this, but more general.

Looking at your watch, you say to your friend, **Trzeba iść** (*I must go*). Looking ruefully at your waistline, you admit, **Trzeba więcej chodzić** (*I must do more walking*).

9 Ciekaw jestem, czy jesteś pewien *I wonder if you're sure*

A very small number of adjectives in Polish have alternative masculine forms without a final **-y**:

pewien pan   *a certain gentleman*
Jesteś pewien?   *Are you sure?*
Ciekaw jestem, czy przydzie   *I wonder whether s/he'll*
  do nas jutro.   *come and see us tomorrow.*

Ciekawy in the sense of *interesting* doesn't drop **-y** like this, but in the sense of *interested* it does.

Others you may come across are **rad** (*glad*), **gotów** (*ready, willing*), **zdrów** (*healthy*), **winien** (*indebted*), **wesół** (*jolly*), and **pełen** (*full*).

Related to **winien** is **powinien**, used with personal endings like those of the present of **być** or the past of any verb, for saying *should* or *ought to*, using **powinienem, powinnam**.

Powinienem o tym wiedzieć.   *I ought to know that.*
Powinniśmy zobaczyć Oświęcim. *We ought to see Auschwitz.*

The neuter form **powinno** can combine with **się**.

Nie powinno się tak mówić.   *One ought not to talk like that.*

In the past (*ought to have . . .*) the personal endings stick with **powinien**:

Powinienem był zrobić wyjątek.   *I should have made an exception.*

How to . . .

* talk about things due to happen in the future

  Dobrze, spotkamy się przy fontannie.
  Wieczorem będziemy kupowali prezenty.

* ask for and give information about travel

  Czy podróżowanie autokarem jest bezpieczne?
  Jakie autobusy jadą w kierunku Łazienek?

* request and give information about tickets

  Chciał(a)bym bilet w jedną stronę.
  Ile kosztuje bilet na ekspres do Wrocławia?

* talk in more ways about times and dates

  Przyjeżdżam w czwartek dziewiętnastego września.
  Przyjdź wieczorem, o wpół do ósmej najpóźniej.

* talk about different kinds of conditions

  Jak będziesz miał(a) ochotę, przyjdź pojutrze.
  Gdybym był Polakiem, nie chciałbym mieszkać w Poznaniu.

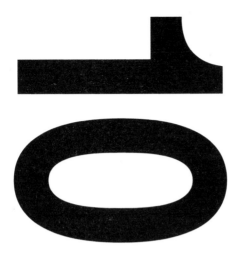

10

rodzina
family

In this unit you will learn
- how to describe people and their routines
- how to express condolences
- how to talk about what is or was going to happen
- how to talk about what is supposed to be the case
- how to talk about helping, favouring, hindering and harming

Dialogues

▶ Sally's next-door neighbour, Mr Wesołowski, is a retired Polish teacher. Sally meets him in the street. He is struggling with some shopping bags, and Sally offers to help.

Pan Wesołowski	Dzień dobry pani.
Sally	Dzień dobry. Czy mogę panu w czymś pomóc?
Pan Wesołowski	To bardzo uprzejme z pani strony. Dziękuję. Byłbym wdzięczny, gdyby pani pomogła mi otworzyć drzwi.
Sally	Bardzo proszę.

czy mogę (móc) *can I*
pomóc panu (pomagać/pomóc) *help you*
w czymś (coś) (here:) *with anything, in any way*
uprzejme (uprzejmy) *kind, polite*

wdzięczny *grateful, rewarding*
otworzyć (otwierać/otworzyć) *open*
drzwi (always plural) *door*
bardzo proszę *certainly*

▶ Sally opens the door, goes in and puts the bags on the kitchen table.

Sally	Czy pan często chodzi po zakupy?
Pan Wesołowski	Tak, staram się codziennie iść do sklepu i na spacer z psem. Odwiedzam czasami mojego dobrego znajomego, który mieszka w pobliżu. Co niedziela chodzę także na cmentarz odwiedzić grób mojej żony.
Sally	Gdyby pan potrzebował kiedykolwiek pomocy, to proszę mi powiedzieć. Chętnie zrobię panu zakupy.
Pan Wesołowski	Bardzo pani dziękuję za pomoc. Będę o tym pamiętał.

często (częsty) *often*
po (+ acc.) *to get*
zakupy *shopping*
staram się (starać/postarać się) *I try*
codziennie (codzienny) *daily*
do sklepu *to the shop*
na spacer *for a walk*
z psem (pies) *with the dog*
odwiedzam

(odwiedzać/odwiedzić) *visit, call in to see*
czasami (czas) *sometimes*
znajomego (znajomy) *friend*
mieszka (mieszkać) *lives, resides*
w pobliżu *nearby*
co niedziela *every Sunday*
także *also, in addition*
na cmentarz *to the cemetery*
grób *grave*

mojej żony (mój, żona) *my wife's*
potrzebowałby (protrzebować +
gen.) *should need*

kiedykolwiek *ever, at any time at all*
pamiętać *remember* (imperfective
verb)

▶ A few days later Mr Wesołowski invites Sally around for tea and shows her his family album.

Pan Wesołowski	To jest zdjęcie mojej nieżyjącej już żony. Była pielęgniarką. A to mój najstarszy syn, który jest lekarzem. Mieszka w Gdańsku. Pracuje w klinice.
Sally	A to pana córka?
Pan Wesołowski	Tak. Agnieszka. Jest architektem. A to jest mój najmłodszy syn, Tomek. Ma trzydzieści lat. Jest prawnikiem w Warszawie. A co robią pani rodzice?
Sally	Mój tato jest na emeryturze, a mama pracuje w dużej firmie; jest sekretarką. Mam brata, który jest dziennikarzem, i siostrę, która jest jeszcze na studiach. Studiuje języki obce w czymś w rodzaju Nauczycielskiego Kolegium Języków Obcych, ale nie chce zostać nauczycielką. W przyszłości chce być pisarką i podróżować jak najwięcej.
Pan Wesołowski	A dlaczego jest studentką kolegium nauczycielskiego, jeżeli nie chce pracować w nauczycielstwie?
Sally	Bo kursy mają być bardzo praktyczne. Interesuje się przede wszystkim praktyką językową.

zdjęcie *photograph*
mojej nieżyjącej już żony *of my late wife*
żyć *live, be alive*
pielęgniarką (pielęgniarka) *nurse*
najstarszy (stary) *eldest*
syn *son*
lekarzem (lekarz) *doctor*
pracuje (pracować) *s/he/it works*
w klinice (klinika) *in a clinic*
córka *daughter*
architektem (architekt) *architect* (male or female)
najmłodszy (młody) *youngest*

prawnikiem (prawnik) *lawyer*
rodzice *parents*
ojciec *(my) father*
mój tato *my dad*
na emeryturze (emerytura) *retired, in retirement, on a pension*
mama *mum*
w dużej firmie (duży, firma) *in a big firm*
sekretarką (sekretarka) *secretary*
brata (brat) *brother*
dziennikarzem (dziennikarz) *journalist*
siostrę (siostra) *sister*

studentką (studentka) *female undergraduate student*
studiuje (studiować) *(s)he/it is studying*
języki obce (język obcy) *foreign languages*
w przyszłości (przyszłość) *in the future*
w czymś w rodzaju Nauczycielskiego Kolegium Języków Obcych (coś, rodzaj) *in something like a Teacher Training College of Foreign Languages*

zostać (zostawać/zostać) *become*
nauczycielką (nauczycielka) *(female) schoolteacher*
w nauczycielstwie (nauczycielstwo) *in teaching*
mają być (mieć) *are said to be, are supposed to be, are apparently*
przede wszystkim *primarily*
praktyka językowa *practical language work*

i Professions

Some names of professions are grammatically masculine nouns, but can be used of men or of women. Here are some examples:

architekt	*architect*
hydraulik	*plumber*
inżynier	*engineer*
kierowca	*driver*
muzyk	*musician*
pilot	*pilot* (also used of remote control)
prawnik	*lawyer*
reżyser	*film director*
żołnierz	*soldier*

Other names of professions offer masculine and feminine forms to choose from:

man		*woman*
aktor	*actor/actress*	aktorka
dentysta	*dentist*	dentystka
dziennikarz	*journalist*	dziennikarka
ekspedient	*sales assistant*	ekspedientka
lekarz	*doctor*	lekarka
listonosz	*postperson*	listonoszka
malarz	*painter*	malarka
nauczyciel	*teacher*	nauczycielka
pielęgniarz	*nurse*	pielęgniarka

pisarz	*writer*	pisarka
poeta	*poet*	poetka (not patronizing, unlike the English *poetess*)
sekretarz	*secretary*	sekretarka
urzędnik	*clerk*	urzędniczka

ℹ Cmentarz *Cemetery*

The cemetery is a place Poles often vist. The custom of visiting the graves of those who have passed away is deeply rooted in Polish tradition, for historical as well as personal reasons. In a country where, over the centuries, so many lives have been lost in wars, uprisings and the struggle for independence, sometimes graves were the only remaining evidence of heroism and willingness to make the supreme sacrifice. Some cemeteries are felt to be particularly symbolic. One such is the Powązki Cemetery in Warsaw, where you will find the graves of those who held positions of power in Poland, some of them popular, some less so, as well as the graves of people who gave their lives in uprisings or were murderered by the communist regime. Two days, 1 and 2 November, are especially important in connection with cemeteries, **Wszystkich Świętych** (*All Saints' Day*) and **Zaduszki** (*All Souls' Day*). Many Poles travel long distances to be at the graves of their relatives and friends on these days. Nothing can compare with the stunning view of the cemeteries at night, when the light of thousands of candles can be seen for miles. The death of an individual is announced publicly in the form of a **klepsydra**, a small poster displayed on a wall or a special noticeboard, usually near a church. (The word **klepsydra** also means *hourglass*.)

ℹ Talking about those no longer with us

Mój mąż już nie żyje.	*My husband has passed away.*
Mój dziadek zmarł w ubiegłym roku.	*My grandfather died last year.*
Pokój jej/jego duszy.	*God rest her/his soul.*
Niech odpoczywa w pokoju.	*May s/he rest in peace.*
śp (świętej pamięci) Jan Kowalski	*the late Jan Kowalski*

ℹ️ *Zmarł* versus *zginął* 'Died' versus 'was killed'

Just like in English, the word **zmarł** (*died*) (it only has a past tense form) indicates death from natural causes. **Zginął** (*was killed*) implies death from unnatural causes. See the example below:

(Mój) ojciec zmarł na zawał serca.	*My father died of a heart attack.*
(Mój) dziadek zginął w czasie wojny.	*My grandfather was killed during the war.*
Kalina zginęła w wypadku samochodowym.	*Kalina was killed in a road accident.*

ℹ️ Do you call this living?: *Żyć* versus *mieszkać*

As you see from the way Mr Wesołowski describes his late wife as **moja nieżyjąca już żona** (*my already not living wife*), the verb **żyć** means *to be alive*, *to make a living*, or *to live in a particular kind of way*. Distinguish **żyć** from **mieszkać**, which means *to live* or *reside*.

| Już nie mieszka. | *S/he doesn't live here any more.* |
| Już nie żyje. | *S/he's dead.* |

Language patterns

1 Going shopping: *Iść na zakupy, iść po zakupy*

Go *shopping* in Polish is **iść na zakupy.**

| Idę na zakupy. Idziesz ze mną? | *I'm going shopping. Are you coming with me?* |

You will also find the preposition **po** (*for, to get*) useful with shopping in general, and with particular items of shopping. It saves you the trouble of using a separate word for *get*. In this sense, use **po** with accusative forms of nouns.

Idę po zakupy.	*I'm going to get the shopping.*
Idą po gazetę.	*They've gone to get a newspaper.*
Skoczę po rozmówki.	*I'll nip and get a phrasebook.*
Po co?	*What for? Why?*

| **skoczyć** *jump* | **Dlaczego?** *Why? For what reason?* |

2 pomagać/pomóc *to help*

When using **pomagać/pomóc** (*help*), remember to use dative forms (see also p. 228) for people (or things) getting the help.

Pomaga matce.	*S/he's helping her/his mother.*
To jej/mu nie pomogło.	*It didn't help her/him.*

The pattern is similar with **sprzyjać** (*to favour*), **towarzyszyć** (*accompany*), **przeszkadzać** (*hinder, get in the way of*) and **szkodzić/zaszkodzić** (*harm*).

To mi chyba nie zaszkodzi.	*I don't suppose it'll do me any harm.*
Nie chciałem nikomu szkodzić.	*I meant no harm to anyone.*
Towarzyszy mu żona.	*His wife's accompanying him.*
Dzieci przeszkadzają im.	*The children are getting in their way.*

To help someone with something is **pomagać komuś w czymś**. Use dative forms for the person getting the help, and **w** plus locative forms for the activity in which the help is given. Similarly:

Przeszkadzają mi w pracy.	*They get in the way of my work.*
Pomagamy jej w pracy.	*We help her work.*

3 Coś w tym rodzaju *Something like that*

The word **rodzaj** is useful when you want to be slightly approximate in what you say.

Studiuje w czymś w rodzaju uniwersytetu.	*She's studying at something like a university.*
To jest pewnego rodzaju ulga.	*It's a sort of relief.*
Coś w tym rodzaju.	*Something of the sort.*

4 Whose relatives?

In Polish you can usually leave your hearer to work out whose relatives you are talking about. You are, after all, much more likely to complain about your own mother-in-law (**teściowa**) than about anyone else's, and more likely to boast about your own children than anybody else's. However, if you use affectionate words like **tato** (*dad*) and **mama** (*mum*) then **mój** and **moja** are included.

Rodzice (*parents*) is virile (see Unit 9). The singular **rodzic** (*parent*) is not normally used, except perhaps in the jargon of schoolteachers and similar professions. If you want to refer to one parent, choose which one, and use **ojciec** (*father*) or **matka** (*mother*).

5 Mieć, chcieć *Supposed to, going to*

Co to ma być?	*What is it supposed to be?*
Kursy mają być bardzo dobre.	*The courses are supposed to be very good.*

This is a neat, versatile and extremely important construction: a form of **mieć** + the dictionary form of another verb.

Mieli tu postawić pomnik.	*They were supposed to put a monument here.*
	They are supposed to have put a monument here.
	Apparently they put a monument here.
	They were going to put a monument here.
Ma być świetną poetką	*They say she's a super poet.*
Co mam przez to rozumieć?	*What am I to understand by that?*

---

mający się odbyć *forthcoming*

(Nie) muszę *I (don't) have to*

Mieć + infinitive does NOT mean *have to*. If you want to say *have to*, use **trzeba** or a form of **musieć**.

Przepraszam, muszę już iść.	*Sorry, I have to go now.*
Trzeba o tym pamiętać.	*You have to remember that.*

Mieć provides an alternative to the future tense for things that are going to happen, especially in the near future.

Ma przyjść po ósmej.	*S/he/it's supposed to be coming soon after eight.*

Mieć and **chcieć** provide another useful facility for talking about things that were going to happen.

Chciałem powiedzieć coś ważnego.	*I was going to say something important.*
Chopin [szopen] opuścił kraj, do którego nigdy nie miał powrócić.	*Chopin left the country* (i.e. Poland) (*to which he was*) *never to return.*
Miała przyjść kwadrans po dziewiątej.	*She was going/supposed to come at a quarter past nine.*

6 Every day, every week, every month, etc.

Codziennie (*every day*), **co tydzień** (*every week*), **co miesiąc** (*every month*), **co rok** (*every year*). Nominatives are normal after **co** used in this way, but you may hear accusatives and even genitives as well.

w każdą niedzielę/co niedziela	*every Sunday*
co dzień/codziennie	*every day*
co rok/co roku	*every year*
co pół godziny	*every half hour*
co dziesięć minut	*every ten minutes*
Co kraj, to obyczaj.	*Other countries, other ways.* (*Autres pays, autres moeurs.*)

Every time is **za każdym razem**. **Coraz** (written as one word) means . . . *er and* . . . *er*:

Twoje dowcipy stają się coraz gorsze.	*Your jokes are getting worse and worse.*

Practice

1 Replace the English expressions in brackets with their Polish equivalents in an appropriate form.

   a Mój tato jest (*retired*), a moja siostra jest (*a doctor*).
   b Czy często chodzisz (*shopping*)?
   c (*Every Saturday*) odwiedzam starą znajomą.
   d Bardzo pani dziękuję (*for your help*).
   e Nikt znajomy nie mieszka (*nearby*).
   f Jej (*oldest*) syn jest jeszcze na studiach w Gdańsku.
   g (*In future*) chciałabym zobaczyć Nową Zelandię.

Nowa Zelandia *New Zealand*

2 Put these sentences into Polish:

a I'll nip and get a bottle of wine.
b I'm afraid my husband died last year.
c Helena Modrzejewska was a famous Polish actress.
d In the Wawel Castle there are the tombs of the greatest Polish poets, Mickiewicz and Słowacki.
e Do you know any female Polish poets? Wisława Szymborska is very good. I like her a lot.

3 Choose the word which best completes each sentence.

i To bardzo _____ z pana strony.
   a celowo b uprzejmie c trudno d brudno e często
ii Pamiętaj, że zawsze mogę ci _____.
   a odejść b pracować c odjechać d pomóc e sprzyjać
iii Kiedy skończy studia, chciałby być _____.
   a nauczycielem b lekarką c tenisistką d kwiaciarką
iv _____ chcielibyście zwiedzić Szwajcarię?
   a Po co b Nie wiem c Dlaczego d Za co e Wódkę
v Mój brat już nie _____ w tym domu.
   a ogląda b życzy c potrzebuje d żyje e mieszka
vi We wtorek _____ Stare Miasto.
   a odwiedzamy b pomożemy c pomagamy
   d przeszkadzamy e zwiedzamy

▶ 4 The following text appeared in a local newsletter. Unfortunately a number of printing errors crept in and went unnoticed. See if you can find them. There are seven.

Gratulacje! Pan Antoni Wesołowski, emerytowany nawczyciel języka polskiego otrzymał (*received*) wczeraj renomowaną nagrodę za lata pracy w nauczycielstwie. Na uroczystosci były dziecy pana Wesołowskiego: curka Agnieszka i dwaj synowie: Piotr, który jest lekażem, i Tomasz, architekt. Niestety, żona pana Wesołowskiego już nie żyle.

5 Distribute the words appropriately around the gaps.

zdjęcia dowcipy Byłabym znajomego ci pamiętała

a Jej _____ stają się coraz lepsze.
b Nie podobają mu się twoje _____?
c Kto _____ w tym będzie przeszkadzał?

d Co sobota chodzę na cmentarz odwiedzić grób mojego angielskiego _____ .

e Ona jest strasznie roztargniona (*terribly absentminded*). Chyba nie będzie o tobie _____ .

f _____ wdzięczna, gdyby pan mi pomógł napisać ten list.

6 Match the responses on the right with the phrases on the left.

a Dokąd idziesz?   i Mieć psa to mieć przyjaciela.

b Moja babcia już nie żyje. ii Odwiedzić grób Mickiewicza.

c Po co?   iii Niestety nie.

d Masz trochę czasu?   iv To nie będę ci przeszkadzał.

e Jestem bardzo zajęta.   v Niech odpoczywa w pokoju.

f Mam nowego psa.   vi Na cmentarz.

7 Put the expressions on the left in the appropriate forms to fit the sentences.

a ona   Mąż _____ towarzyszy.

b ty   Podobają _____ się takie sklepy?

c oni   Dzieci przeszkadzają _____ w pracy.

d on   Wszystko _____ teraz sprzyja.

e gazeta   Skoczę po _____.

f sklep   Idę do _____.

g pies   Jest na spacerze z _____.

▶ 8 Respond to the following questions as suggested.

a Znasz tę poetkę?
Say yes, she lives nearby.

b Czy jej mąż jeszcze żyje?
Say no, unfortunately he died last year.

c Kim on był?
Say he was an architect in Warsaw.

d Kto z nią teraz mieszka?
Say her brother lives with her. He is a lawyer.

e Masz czas na kawę?
Say yes, you have some time.

f To chodźmy na kawę.
Say you'd love to.

9 Put these sentences into Polish.

    a I wouldn't like to work in teaching.

    b He is forty, he's a lawyer and he works for a big firm in Poland.

    c The courses are supposed to be very good.

    d She doesn't want to become an architect. She wants to become a doctor.

    e And this is my youngest daughter. She's a student.

▶ 10 Two shops in the same street are advertising for assistants. The sign in one window says **Ekspedientkę przyjmę do pracy.** The other says **Ekspediętkę zatrudnię w sklepie.**

    a Which shop has spelled the word for female shop assistant correctly?

    b What difference in pronunciation does the misspelling indicate?

How to . . .

• describe people

    Ona jest nauczycielką. On jest prawnikiem. Oni są jeszcze na studiach w Gdańsku.

• and their routines

    Co niedziela chodzi na cmentarz.
    Chodzi na zakupy codziennie.
    Codziennie chodzi po zakupy.
    Co dzień idzie na spacer z psem.
    Już nie pracuje.

• say how often something happens

raz/dwa razy/trzy razy w tygodniu/w miesiącu	*once/twice/three times a week/a month*
nigdy	*never*
rzadko	*rarely, not often*
czasem/czasami	*sometimes*
często	*often, frequently*
zawsze	*always*
Nidgy nie rozumiem, o co mu chodzi.	*I never understand what he's about.*

- express condolences

  Niech odpoczywa w pokoju. Pokój jej/jego duszy.

- talk about what is or was supposed to be the case

  Ona ma być jego siostrą.
  Warunki atmosferyczne (*weather conditions*) mają temu sprzyjać.
  Mieli tu postawić wielki pomnik.

- ask and talk about your age

Ile masz lat?	*How old are you?*
Czternaście (Mam czternaście lat)	*Fourteen (I'm fourteen)*
Ile pan(i) ma lat?	*How old are you?*
W jakim wieku?	*Of what age?*
W jakim pan(i) jest wieku?	*What (sort of) age are you?*
Mam dwadzieścia dwa lata.	*I'm twenty-two.*
Mam czterdzieści jeden lat.	*I'm forty-one.*

- classify people by age group

starsza pani/starszy pan	*elderly lady/gentleman*
Proszę ustąpić miejsca tej starszej pani.	*Please give up your seat to this elderly lady.*
w podeszłym wieku	*getting on a bit*
Mój ojciec jest w podeszłym wieku.	*My father's getting on a bit.*
Pani Jadzia jest kobietą w średnim wieku.	*Jadzia's a middle-aged lady.*
Jej mąż jest jeszcze w sile wieku.	*Her husband's still in his prime.*
dorosły mężczyzna/dorosła kobieta/dorośli (ludzie)	*grown-up man/grown-up woman/adults*
Jest dorosłą kobietą i wie, co robi.	*She's an adult and knows what she's doing.*
Film jest tylko dla dorosłych.	*The film is for adults only.*
Lubi oglądać filmy rysunkowe dla dzieci.	*S/he likes watching children's cartoons.*
nastolatek (m) nastolatka (f)	*teenager*
Jest wiele czasopism dla nastolatków.	*There are a lot of magazines for teenagers.*
w moim/twoim/pani/pana/ naszym wieku	*at my/your/our age*

W moim wieku tego się nie robi. *You don't do that at my age.*
(jak) na swój wiek *for . . .'s age*
Jest bardzo wysoka jak na *She's very tall for her age.*
  swój wiek.

wiele będzie zależało od pogody

a lot will depend on the weather

In this unit you will learn

- how to talk in more detail about future actions and intentions
- how to talk about possibilities that depend on something
- how to ask and talk about the weather
- how to talk about the ways and circumstances in which things are done

Dialogues

▶ Sally has a week off and wants to spend it in Mazury, the Polish lake district. She talks to Basia about her plans.

Sally Wiesz, Basiu, mam tydzień urlopu i bardzo bym chciała go spędzić na Mazurach.

Basia Znakomity pomysł. Mazury są cudne: jeziora, lasy, cisza i świeże powietrze.

Sally I podobno mnóstwo komarów.

Basia Nie zawsze. O tej porze roku nie powinnaś mieć z nimi żadnych problemów. Gdzie się zatrzymasz i co będziesz robiła?

Sally Nie wiem jeszcze dokładnie. Wiele będzie zależało od pogody.

Basia Jestem pewna, że będzie słonecznie.

Sally Żeby tylko nie padał deszcz. Mam zamiar zwiedzić sporo miejsc. Prawdopodobnie zatrzymam się w hotelu w Mikołajkach. Stamtąd będzie mi dość łatwo podróżować po okolicy.

Basia Na pewno będziesz miała udany tydzień. Szkoda, że ja nie mam urlopu. Też bym gdzieś pojechała.

Sally Gdzie na przykład?

Basia Za granicę. Do Hiszpanii albo na południe Francji. Tam, gdzie świeci słońce, jest ciepło, nie pada deszcz ani śnieg. Och! Marzenia, marzenia . . .

---

wiesz (wiedzieć) *you know*
tydzień urlopu (urlop) *a week's leave, holiday*
spędzić (spędzać/spędzić) *spend (time)*
na Mazurach (Mazury) *in Mazury*
znakomity pomysł *splendid idea*
cudne (cudny) *wonderful*
jeziora (jezioro) *lakes*
lasy (las) *forests*
świeże (świeży) *fresh*
cisza (compare: **cichy**) *quiet*
powietrze (compare: **wiatr**) *air*
podobno (podobny do + gen.) *apparently, they say*
mnóstwo (+ gen.) *lots of*
komarów (komar) *mosquitoes*
zawsze *always*

o tej porze roku (ten, pora, rok) *at this time of year*
żadnych (żaden) *no*
zatrzymasz się (zatrzymywać/zatrzymać się) *you will stay*
dokładnie (dokładny) *exactly, precisely*
wiele *a lot*
słonecznie (słoneczny) *sunny*
żeby tylko *just as long as*
nie padał deszcz (padać) *it was not raining*
miejsc (miejsce) *of places*
prawdopodobnie (prawdopodobny) *probably*
stamtąd *from there*
łatwo (łatwy) *easy*

dość (dosyć) *fairly, . . . enough*
podróżować *travel*
po okolicy (okolica) *around the area*
na pewno *I'm sure*
udany (udać się) *successful*
szkoda *it's a pity, shame*
na przykład *for example*
za granicę (granica) *abroad (going)*

świeci (świecić) *shines*
słońce *sun*
ciepło (ciepły) *warm, warmth*
pada(ł) deszcz *it is (was) raining*
pada(ł) śnieg *it is (was) snowing*
Och! *Oh!, Ah!*
marzenia (marzenie, marzyć) *(day) dreams*

▶ Meanwhile, James and Maciek are going to spend a few days in Góry Świętokrzyskie (The Holy Cross Mountains). James has never heard about this part of Poland before, so he has spent some time studying a guide book. What he has read fascinates him.

James   No wiesz, nigdy nie przypuszczałem, że te góry są takie stare i takie ciekawe. Podobno czarownice zbierają się tam na sabat.

Maciek   Tak przynajmniej głosi legenda. Zabawne, że góry, szczyt i wioska mają w nazwie słowo „święty": na przykład Święty Krzyż czy Święta Katarzyna. W obydwu miejscach są stare klasztory.

James   Bardzo chciałbym zobaczyć gołoborza.

Maciek   Niestety będziemy musieli je oglądać tylko z daleka, ponieważ nie wolno po nich chodzić ze względu na niebezpieczeństwo obsunięcia się kamieni. Zresztą nie wiadomo, jaka będzie pogoda. W górach jest często pochmurno i mglisto. Aha, weź ciepły sweter, bo może być chłodno.

James   Czy po drodze w Góry Świętokrzyskie gdzieś się jeszcze zatrzymamy?

Maciek   Tak, chciałbym wpaść na jeden dzień do Radomia.

James   A co jest do zwiedzenia w Radomiu?

Maciek   Kilka interesujących kościołów i fascynujący skansen wsi radomskiej.

James   Trochę mi głupio, że tak mało wiem o Polsce.

Maciek   Nie martw się. Po to robimy wycieczki, żebyś mógł lepiej poznać różne zakątki Polski.

No wiesz *Well, you know*
przypuszczałem
  (przypuszczać/przypuścić)
  I supposed
góry (góra) *mountains*
czarownice (czarownica) *witches*
zbierają się (zbierać/zebrać się)
  gather
na sabat *for a sabbath*
przynajmniej *at least*
głosi legenda (głosić) *legend has it*
zabawne (zabawny) *amusing*
szczyt *peak, summit, height*
wioska *village*
w nazwie (nazwa) *in the name*
święty *holy, saint*
w obydwu miejscach *in both*
  places
klasztory (klasztor) *monasteries,*
  convents
gołoborza (gołoborze) *deforested*
  region, slopes covered in big
  stones
oglądać/obejrzeć *watch, see,*
  look at
z daleka *from a distance*
ponieważ *since, because*
ze względu na *owing to*
obsunięcia się (obsuwać
  się/obsunąć się) *falls*

kamieni (kamień) *of stones*
zresztą *anyway, by the way*
nie wiadomo *you don't know,*
  there's no telling
pochmurno (pochmurny) *cloudy*
mglisto (mglisty) *misty, foggy*
mgła *fog, mist*
po drodze (droga) *on the way*
zatrzymamy się (zatrzymywać/
  zatrzymać się) *we will stop*
wpaść (wpadać/wpaść) *drop in,*
  pop in
do zwiedzenia
  (zwiedzać/zwiedzić) *worth a*
  look
skansen wsi radomskiej *open-air*
  museum of villages typical of
  the Radom area
trochę mi głupio *I feel a bit*
  embarrassed, ashamed
że tak mało wiem (wiedzieć) *that*
  I know so little
po to robimy (robić/zrobić) *that's*
  why we do/make/have
wycieczki (wycieczka) *trips,*
  excursions
różne zakątki (różny, zakątek)
  various parts, corners

🔟 The Mazurian Lakes

The Mazurian Lakes form one of the most attractive regions of Poland, particularly popular for its sailing facilities, forests and the rich and unique habitat the area affords.

Remember, when talking about trips to Mazury, that Polish distinguishes carefully between direction to a place and location at a place:

Jadę na Mazury.   *I'm going to the Lakes.*
Byłem na Mazurach.   *I've been to (at, on) the lakes.*

Gołoborze is characteristic of the Holy Cross Mountains, whose slopes are covered in large rocks and stones. Walking on them is strictly prohibited as, once moved, they can be extremely dangerous.

ℹ️ The Sabbath: *sabat* versus *szabat*

The word **sabat** describes the legendary midnight meeting of witches and devils. Be very careful not to mix it with **szabat**, the Jewish day of rest, or the related word **sobota** (*Saturday*).

ℹ️ Town and country: *Miasto, miasteczko, wieś, wioska*

Poles tend to describe themselves as living either **w mieście** (*in town*) or **na wsi** (*in the country*).

Mój ojciec pochodzi ze wsi.	*My father comes from the country.*

The adjective from **miasto** (*town*) is **miejski**. You may come across people with the words **straż miejska** on their uniforms.

ℹ️ *Straż, strażnik, strażak* ... provide security

After 1990, many Polish cities that had suffered neglect during the years of communism felt a need to organize or return to a municipal guard **straż miejska**, a semi-military force looking after general order in cities. The word **straż** also appears in **straż pożarna** (*fire brigade*). Be careful with similar words: a **strażnik** is a guard, in a prison for example, while a fireman is a **strażak**. A caretaker or watchman is a **stróż**.

ℹ️ Pogoda i klimat *Weather and climate*

Poland's climate is continental, **klimat kontynentalny**, which means that winter (**zima**) is rather long and very cold, with the temperature below zero (**temperatura poniżej zera**). The summer (**lato**) is hot and dry. The weather forecast (**prognoza pogody**) will tell you all about:

zachmurzenie duże	*heavy cloud*
zachmurzenie niewielkie	*slight cloud*
przelotny deszcz	*shower(s)*
ulewny deszcz	*downpour*

Rain (**deszcz**) falls or pours or buckets, much as in English:

pada deszcz, pada śnieg	*it's raining, it's snowing*
leje	*it's pouring*
Deszcz leje jak z cebra.	*The rain's bucketing down.*

Wind (**wiatr**) comes in various forms, too:

silny wiatr	*strong wind*
porywisty wiatr	*gusty wind*
umiarkowany/słaby wiatr	*moderate, slight wind*
wiatr huraganowy	*stormy wind*

In the Tatras you may face the wind called **Halny**, which is like the Sirocco or the Mistral. It is said to have strange effects on people's states of mind. It is followed by several days of heavy rain, so take some good books along with your walking boots.

If you are in Poland in winter, you will need to know about:

ostry/silny mróz	*heavy frost*
lekki mróz/przymrozek	*light frost, groundfrost*
grad	*hail*
śnieg	*snow*
śnieg z deszczem/ deszcz ze śniegiem	*sleet*
zamieć (gen. **zamieci**, so *fem.*)	*snowstorm, blizzard*
zadymka	*snowstorm, blizzard*
śnieżyca	*severe snowstorm, blizzard*
gołoledź	*black ice, glazed frost*

The word **pogoda** sometimes means *good weather* rather than just *weather*.

Jaka dziś pogoda?	*What's the weather like today?*
Mam nadzieję, że będzie pogoda.	*I hope the weather will be nice.*
Nie było pogody.	*The weather was no good.*
Pogoda była okropna.	*The weather was awful.*

Strony świata *Corners of the world*

północ	*north* (also midnight)	na północy Polski	*in the north* *of Poland*
południe	*south* (also midday)	na południu Francji	*in the south* *of France*
wschód	*east*	na wschodzie Szkocji	*in the east* *of Scotland*
zachód	*west*	na zachodzie Europy	*in the west* *of Europe*

Speaking of east:

Bliski Wschód	*Middle East*
Daleki Wschód	*Far East*

Note also the use of capitals in the following:

we wschodniej Anglii	*in eastern England*
we Wschodniej Anglii	*in East Anglia*
w północnej Afryce	*in north Africa*
w Afryce Południowej	*in South Africa*
w południowych Włoszech	*in southern Italy*
w Ameryce Południowej	*in South America*

Language patterns

▶ 1 The formation and use of adverbs

Pan mówi bardzo szybko.	*You're talking very fast.*
Witam serdecznie.	*I greet you cordially.*

Many adverbs in Polish are derived from adjectives, either by substituting -o for an adjective ending, or by modifying the end of the stem slightly and then adding -e. Here are some examples.

adjective	meaning	adverb	meaning
cichy	*quiet*	cicho	*quietly*
ciepły	*warm*	ciepło	*warmly*
dokładny	*precise*	dokładnie	*precisely*
głupi	*stupid*	głupio	*stupidly*
łatwy	*easy*	łatwo	*easily*
piękny	*beautiful*	pięknie	*beautifully*
podobny	*similar*	podobnie	*similarly*
		podobno	*apparently*
prawdopodobny	*probable*	prawdopodobnie	*probably*
serdeczny	*warm, kind*	serdecznie	*cordially*
słoneczny	*sunny*	słonecznie	*sunnily*
spory	*fair sized*	sporo	*a fair amount*
świeży	*fresh*	świeżo	*freshly*

You may have noticed how some of these adverb forms are used to say how things are, in general:

Pogoda jest piękna.	*The weather's beautiful.*

| Jest pięknie. | *It's beautiful.* |
| Jest ciepło/słonecznie. | *It's warm/sunny.* |

▶ Here are some more examples of adverbs in use.

Mam serdecznie dość tego wszystkiego.	*I'm heartily fed up with all this.*
Zimno mi.	*I'm cold.* (Don't say **Jestem zimny/zimna** unless you really do want to claim that you are a cold or frigid person.)
Ciepło nam.	*We're warm.*
Chłodno.	*It's chilly.*
Nie jest ci ciepło w tym swetrze?	*Aren't you warm in that sweater?*
Głupio mu było.	*He felt embarrassed.*
Wygodnie się tu mieszka.	*It's convenient living here.*
ciepło ubrany	*warmly dressed*
Niech pan powie dokładnie, co pan widział.	*Tell me exactly what you saw.*
Trudno powiedzieć.	*It's difficult to say.*

You may hear people saying to each other **Cicho bądź!**, which means *Shut up!* **Bądź cichy** would mean *Be a quiet person.*

Practice

1 Put the expressions in brackets in the correct form:

    a (południe, Francja)   Chciałbym pojechać na ＿＿＿.

    b (wakacje, Mazury)   Chcemy spędzić ＿＿＿ na ＿＿＿.

    c (robić)   Basiu, co będziesz ＿＿＿ jutro wieczorem?

    d (głosić)   Legenda ＿＿＿, że w tym zamku straszy (*there's a ghost*).

    e (wierzyć)   Nie ＿＿＿ w duchy.

2 Put into Polish:

    a I live in eastern England.

    b The best (**najlepsza**) weather is always in the north of Poland.

    c I would like to live in South America. (*Be careful which verb you use here!*)

d It's going to rain in the west.

e It doesn't snow in Africa.

f That's why we're stopping.

g I am a bit embarrassed to know so little about America.

h I'm sure you'll have a successful week.

3 Unjumble these sentences that have got tangled up together.

Chcę urlopu mam różne jeszcze Polski.

Szkoda, ja nie lepiej.

Nie że poznać wiem zakątki dokładnie.

4 Distribute the words appropriately around the gaps.

chłodno   daleka   interesujących   ciepły   gdzieś

a Pojechałbym _____ za granicę.

b Tam jest sporo _____ kościołów i duże muzeum.

c Może być _____.

d Weź _____ sweter, bo może być zimno.

e Oglądamy zamek z _____.

5 Match the halves of sentences.

a Nie martw się,   1 że pada deszcz.

b Nigdy nie przypuszczałam, 2 że będzie pogoda.

c Szkoda,   3 że tu jest skansen.

d Pojedziemy na południe,   4 nic się nie stało.

e Mam nadzieję,   5 jeśli będzie pogoda.

How to . . .

• talk about future actions and intentions

Jakie pan(i) ma plany na przyszłość?

Jakie masz plany na jutro?

Co będziesz robił(a)/Co pan(i) będzie robił(a)?

W przyszłym tygodniu pojadę na Mazury.

W niedzielę będę bardzo zajęta.

W przyszłym roku mam zamiar *Next year I intend to travel*
podróżować po Europie.   *around Europe.*

• talk about possibilities that depend on something

Gdybym miał urlop, pojechałbym *If I had some holiday due,*
na Mazury.   *I'd go to the Lakes.*

Jeżeli będzie pogoda, zrobimy wycieczkę do skansenu.

If the weather's OK, we'll have a trip to the open-air museum.

- ask and talk about the weather

Jaka dziś pogoda?
Jaka będzie jutro/w niedzielę/w przyszłym tygodniu pogoda?
Jest/będzie/było słonecznie/pogodnie (*fine*)/ciepło/zimno/ deszczowo (*rainy*)/pochmurno (pochmurnie) i mokro (*cloudy and wet*).
Pada deszcz/śnieg/grad/śnieg z deszczem.
Wieje wiatr.   *There's a wind blowing.*

- talk about the ways and circumstances in which things are done

Powitał nas serdecznie.	*He greeted us warmly.*
Łatwo to zrozumieć.	*It's easy to understand that.*
Mówi pan bardzo głośno.	*You talk very loud.*
Robisz to podobnie jak moja mama.	*You do that like my mum.*
Jeżeli będę miał czas, wpadnę na jeden dzień do Radomia.	*If I have time, I'll pop over to Radom for one day.*

12

byłaś u lekarza?
have you been to the doctor's?

In this unit you will learn
- how to describe how you feel
- how to ask people how they feel
- how to talk about parts of your body
- how to seek medical help

Dialogues

▶ Sally is back from the Mazurian lakes, suffering from a cold. She phones Basia to tell her what has happened.

Sally   Halo? Basia?

Basia   Sally! Cześć. Kiedy wróciłaś z Mazur?

Sally   Wczoraj wieczorem. Zbyt późno jednak, żeby zadzwonić do ciebie. A poza tym źle się czułam. Dzisiaj leżę w łóżku.

Basia   Co ci jest?

Sally   Mam nadzieję, że to tylko zwykłe zaziębienie, ale czuję się okropnie.

Basia   Czy byłaś u lekarza?

Sally   Jeszcze nie. Chyba nie warto.

Basia   Jak się czujesz? Czy coś cię boli? Masz temperaturę?

Sally   Nie mam temperatury, ale boli mnie gardło i głowa. Mam też okropny katar.

Basia   Czy masz w domu jakieś lekarstwa?

Sally   Wzięłam aspirynę, ale nie mam nic innego.

Basia   Zaraz pójdę do apteki, kupię trochę lekarstw i przyniosę ci je po południu.

---

wróciłaś (wracać/wrócić) *you came back*
zbyt późno *too late*
a poza tym *and besides*
źle (zły) *bad(ly), wrong(ly)*
się czułam (czuć się) *I felt*
leżę (leżeć/poleżeć) *I'm lying*
co ci jest (być, ty) *what's the matter with you*
zaziębienie *cold, chill*
okropnie (okropny) *terribly*
byłaś u lekarza *you have been to the doctor's*
boli (boleć) *aches, hurts*
temperaturę (temperatura) *temperature*

gardło *throat*
głowa *head*
katar *catarrh, runny nose*
lekarstwa (lekarstwo) *medications*
wzięłam (brać/wziąć) *I've taken*
aspirynę (aspiryna) *aspirin*
nic innego (inny) *nothing else*
zaraz *soon, in a minute*
pójdę (iść/pójść) *I'll go (on foot)*
kupię (kupować/kupić) *I'll buy*
przyniosę (przynosić/przynieść) *I'll bring*
je (one) *them*
po południu (południe) *in the afternoon*

▶ In the afternoon Basia visits Sally, who tells her about her break in Mazury.

Sally   Na początku pogoda była wspaniała. Było bardzo ciepło i słonecznie. Potem jednak zrobiło się chłodno i deszczowo. Nie obyło się także bez przygód. Syn właścicieli hotelu, w którym się zatrzymałam, rozchorował się w nocy. Trzeba było wezwać pogotowie i zabrać go do szpitala.

Basia Czy było to coś poważnego?

Sally Wyrostek, jak się okazało. Szybko zoperowano chłopca. Odwiedziłam go w szpitalu przed wyjazdem. Czuł się znacznie lepiej.

Basia A ty jak się teraz czujesz?

Sally Trochę lepiej. Nie boli mnie już głowa, ale mam kaszel.

Basia Powinnaś poleżeć kilka dni w łóżku.

Sally Na to wygląda.

---

na początku (początek) *to start with, at the beginning*
wspaniała (wspaniały) *wonderful*
zrobiło się chłodno (robić się/zrobić się, chłodny) *it got chilly*
nie obyło się bez (+ gen.) (obywać się/obyć się) *and there were/and we were not spared/we did not manage without*
bez przygód (przygoda) *without adventures*
właścicieli hotelu (właściciel, hotel) *the hotel owners'*
rozchorował się (rozchorowywać się/rozchorować się) *fell ill, took to his bed*
trzeba było *we/they had to*
wezwać pogotowie (wzywać/wezwać) *call an ambulance*
zabrać (zabierać/zabrać) *take (away)*

do szpitala (szpital) *to hospital*
coś poważnego (poważny) *something serious*
wyrostek *appendix*
jak się okazało (okazywać się/okazać się) *as it turned out*
zoperowano chłopca (operować/zoperować, chłopiec) *the lad was operated on*
odwiedziłam (odwiedzać/odwiedzić) *I visited*
przed wyjazdem (wyjazd) *before I left*
czuł się (czuć się/poczuć się) *he felt*
znacznie/trochę lepiej *much/a little better*
kaszel *a cough*
powinnaś (powinienem) *you should, you ought to*
na to wygląda (wyglądać) *it looks like it*

ℹ Seeking medical help

In Poland, if you are suddenly taken ill, you must call an ambulance (**wezwać pogotowie**), which means dialling 999.

The ambulance will take you to the nearest hospital with a casualty department (**ostry dyżur**). In Poland, hospitals usually take it in turns to provide emergency care. Some hospitals, normally in big towns, have the status of a teaching hospital, **klinika**. This means that they are medical centres, with specialists as well as student doctors. A **klinika** will usually be found in the same town as a medical academy (**akademia medyczna**).

You can also seek medical help at an out-patient centre or surgery (**przychodnia**). If necessary, the doctor will give you a prescription (**recepta**), in which case your next port of call will be a chemist's shop (**apteka**). The recent economic changes in Poland have had an enormous impact on the health service, and that includes chemists. New private pharmacies have appeared; it doesn't seem to be a problem getting hold of basic medicines anymore, but you may well have to pay record prices.

oddział	**specjalist(k)a**	
(*department*)	(*specialist*)	
chirurgia	chirurg	*surgeon*
interna	internist(k)a	*internal medicine specialist, physician*
ortopedia	(chirurg) ortopeda	*orthopedic surgeon*
laryngologia	laryngolog	*ENT specialist*
okulistyka	okulist(k)a	*eye specialist*
ginekologia	ginekolog	*gynaecologist*
kardiologia	kardiolog	*cardiologist*
pediatria	pediatra	*pediatrician*

Sufferers from chronic illnesses (**przewlekłe choroby**) can spend a few weeks recuperating in a convalescent home (**sanatorium**), probably situated in a spa town (**uzdrowisko**). **Zdrój** at the end of a placename is like the English *Spa*. Perhaps the most famous Polish spa towns are Kudowa Zdrój and Iwonicz Zdrój. **Sanatorium** can also mean simply *spa hotel*.

ℹ️ The contents of a first-aid kit

wata	*cotton wool*
bandaż	*bandage*
jodyna	*iodine*
proszki przeciwbólowe	*analgesic powders*
opatrunek	*dressing*
plaster	*plaster*
gaza	*gauze*

ℹ Parts of the body

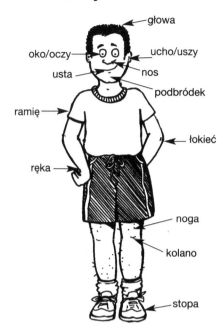

głowa
oko/oczy
ucho/uszy
usta
nos
podbródek
ramię
łokieć
ręka
noga
kolano
stopa

▶ ℹ Co panu (pani) jest?

Boli mnie głowa.	Bolą mnie plecy (*back*).	Mam temperaturę.
ręka.	ręce.	katar.
noga.	nogi.	kaszel.
ucho.	uszy.	dreszcze (*shivers*).
oko.	oczy.	grypę (*flu*).
ząb (*tooth*).	zęby.	gorączkę (*fever*).
gardło.		
kręgosłup (*spine*).		

Language patterns

1 Boleć *to hurt*

The verb **boleć** takes the accusative form of the word referring to the sufferer. Use nominative (dictionary) forms for the part of you that hurts, as in the picture above. If a part you don't know the word for hurts, you can point and say **Tu (mnie) boli** *I've got a pain here.*

If a Polish verb is negated, it replaces any accusative object with a genitive:

Mamy czas. *We have time.* Nie mamy czasu. *We don't have time.*

Kupuję gazety. *I buy newspapers.* Nie kupuję gazet. *I don't buy newspapers.*

Two exceptions to the rule are **boleć**, and **swędzić** *to itch*:

Boli ją głowa. *She has a headache.*
Już nie boli ją/jej głowa. *She no longer has a headache.*
Ręce ją/jej już nie swędzą. *Her hands don't itch now.*

Note: the accusative of **ona** is **ją**, genitive **jej**.

2 Perfective verbs emphasize results

In recounting what happened to the hotel proprietor's son, Sally refers to **hotel, w którym się zatrzymałam** (*the hotel I stayed in*). Staying somewhere is an ongoing process, yet the verb **zatrzymać się** is perfective – its imperfective counterpart is **zatrzymywać się. Zatrzymać się** in fact means *stop*. **Autobus się zatrzymał** (*The bus stopped*). The result of stopping (your journey) at a hotel is that you stay there; perfective verbs often emphasize the result of an action.

Przyszedł już? *Has he arrived? Is he here (as a result of arriving)?*

Rozchorował się. *He was taken ill. He has been taken ill. He is ill.*

3 Zoperowano chłopca *They operated on the boy*

Verbs have forms ending in **-o** which can be used when you don't know or don't want or need to say who performed an action.

Wszczęto śledztwo. *An enquiry has been instituted.*

Mówiono po polsku. *Polish was being spoken.*
Zlikwidowano stołówkę. *The canteen's been closed down.*

4 An important note about English 'would'

By now you're thinking more and more in Polish. There is a little trap you ought to be aware of, as it can catch people who've been learning Polish for some time. Don't automatically use conditional forms in Polish where English would use *would*. Think about what is meant.

Powiedział, że przyjedzie w połowie marca.	*He said he would arrive in the middle of March.*

He probably used the word **przyjadę** (*I will arrive . . .*) and Polish keeps the future tense in reporting. Here English uses *would* as a past version of *will*.

Dziadek się zawsze śmiał, kiedyśmy o tym mówili.	*Grandad would always* (i.e. always used to) *laugh when we talked about it.*

Note the different kinds of *would* in the following:

Chirurg powiedział, że zoperuje córkę.	*The surgeon said he would operate on our daughter.*
Gdyby tak było, to by zoperowali syna.	*If that'd been so, they would have operated on our son.*

To even up the score between the two languages, here are some conditionals in Polish where English speakers wouldn't expect them.

To byłoby wszystko.	*I reckon that's all.*
Przyszedłbyś jutro.	*I'd like you to come tomorrow.*

5 Leżeć w łóżku *Stay in bed*

English is content to say where something or someone *is* or *stays*. Polish prefers to use a verb that suggests a particular posture.

leżeć w szpitalu	*to be/stay in hospital*
Dom stoi na rogu.	*The house is (stands) on the corner.*
Mama siedzi cały czas w domu.	*Mum stays (sits) at home all the time.*

Sometimes the 'posture' tells you more about something's fate than about its real position.

Książki stoją na półkach.	*The books are on the shelves e.g. in a library, ready to be borrowed.*
Książki leżą na półkach.	*The books are hanging around in the shop or warehouse, unsold.*

Practice

1 Read the notice outside the out-patient clinic. Say which room you need to go to if you are suffering from: **a** bad eyesight, **b** toothache, **c** earache, **d** a broken leg, **e** heart problems.

PRZYCHODNIA SPECJALISTYCZNA
LEKARSKO–DENTYSTYCZNA

CZYNNE W GODZINACH

08.00 – 19.00

OKULISTA	POKÓJ 45
STOMATOLOG	POKÓJ 34
KARDIOLOG	POKÓJ 46
GINEKOLOG	POKÓJ 48
LARYNGOLOG	POKÓJ 40
ORTOPEDA	POKÓJ 49
PEDIATRA	POKÓJ 50
INTERNISTA	POKÓJ 37

2 See how many health problems (**dolegliwości zdrowotne**) you can find in the letter overleaf. You will probably need to refer to the vocabulary at the back of the book.

Droga Marysiu!

Przykro mi, że źle się czujesz. U nas panuje grypa. Wszyscy cierpią na ból głowy i wysoką gorączkę. Mały Tomek nie ma wprawdzie grypy, ale za to zaraził się w szkole ospą. W ubiegłym tygodniu odwiedziłam ciocię Zosię. Ogólnie czuje się dość dobrze. Czasami tylko narzeka na reumatyzm.

Pozdrowienia

Ewa

3 Choose the correct form.

a (spędziła, spędzili)   Sally _____ tydzień na Mazurach.
b (czują, czuję)   Niestety, nie mogę przyjść, źle się _____ .
c (Bolą, Boli)   _____ mnie plecy.
d (leży, leżeć)   Muszę _____ w łóżku.

4 Say these sentences in Polish.

a I've got a headache.
b I've got a fever.
c I don't feel well.
d She's got toothache.
e I have to take a painkiller.

5 Unravel the sentences, which have got jumbled up with each other.

Nie kilka boli temperatury, się w kręgosłup.
Powinieneś gardło i mnie poleżeć łóżku.
Mały dni w ale Tomek zaraził szkole mam ospą.

How to . . .

- describe how you feel

  Źle się czuję.
  Dobrze się czuję.
  Czuję się okropnie/fatalnie. (*dreadful*)

- ask people how they feel

  Jak się czujesz? Jak się pan(i) czuje?
  Co ci jest? Co panu/pani jest?
  Co ci/panu/pani dolega? (*What's troubling you?*)

- talk about parts of your body

  Bolą mnie zęby.
  Już nie boli mnie gardło.

- seek medical help

  Trzeba wezwać pogotowie.
  Trzeba iść do lekarza.

- ask for advice

  Co powinienem/powinnam zrobić?
  Co byś zrobił na moim miejscu? *What would you do if you were me?*

- talk about obligation and necessity

  Powinnam/Powinieneś/Pan powinien leżeć w łóżku.
  Powinienem/Powinna pani wziąć leki.
  Muszę/Musisz/Musi pan(i) iść do lekarza.

13

często pan tu bywa?

do you come here often?

In this unit you will learn
- how to describe family and other relationships
- how to talk about how often things happen

Dialogues

▶ Basia has invited Sally to spend Sunday with her and her aunt in Radość, a small town in the suburbs of Warsaw. On the train, they talk about Basia's relatives.

Sally	Czy często odwiedzasz swoją ciocię, Basiu?
Basia	Staram się raz w miesiącu. Czasami częściej. Ciocia jest już w podeszłym wieku, ale jest jeszcze bardzo sprawna fizycznie i stara się dbać o siebie.
Sally	Czy ma jakąś bliższą rodzinę, męża, dzieci?
Basia	Jej mąż, mój wujek, zginął w Powstaniu Warszawskim w 1944 (tysiąc dziewięćset czterdziestym czwartym) roku. Ciocia ma dwóch synów, ale obaj mieszkają daleko, jeden za granicą, w Stanach Zjednoczonych, a drugi w Krakowie. Mój brat cioteczny z Krakowa przyjeżdża dosyć często, ale z tym ze Stanów nie mam prawie żadnego kontaktu.

---

odwiedzasz (odwiedzać/odwiedzić) *you visit*
ciocię (ciocia) *(your) aunt*
staram się (starać/postarać się) *I try*
częściej (częsty, często) *more often*
w podeszłym wieku (podeszły, wiek) *getting on a bit*
sprawna fizycznie (sprawny, fizyczny) *physically fit*
dbać o siebie *look after (her) self*
bliższą rodzinę (bliski, bliższy, rodzina) *immediate family*
mój wujek *my uncle*
zginął (ginąć/zginąć) *was killed*

w Powstaniu Warsawskim (powstanie, warszawski) *in the Warsaw Uprising*
ma dwóch synów (mieć, dwa, syn) *has two sons*
obaj (oba) *both (men)*
mieszkają (mieszkać) *(they) live*
brat cioteczny *cousin*
przyjeżdża (przyjeżdżać/przyjechać) *comes (on transport)*
dosyć (dość) *quite, . . . enough*
z tym (ten) *with the one*
ze Stanów (Stany (Zjednoczone)) *from the (United) States*
nie mam prawie żadnego kontaktu (mieć, żaden, kontakt) *I hardly have any contact*

▶ Suddenly, the woman sitting opposite, who has a little girl with her, butts in.

Współpasażerka	Bardzo panie przepraszam, ale z córeczką jedziemy do Centrum Zdrowia Dziecka i nie bardzo wiem, gdzie powinnyśmy wysiąść.
Basia	W Międzylesiu, to akurat następna stacja. O ile dobrze pamiętam, szpital jest niedaleko stacji.

Współpasażerka   Bardzo paniom dziękuję i przepraszam panie, że przerwałam.

Basia i Sally   (*jednocześnie*) Nie ma za co.

---

współpasażer(ka) *fellow traveller, travelling companion*
przerywam (przerywać/przerwać) *I interrupt*
jedziemy z córeczką (jechać, córeczka) *my little girl and I are on our way*
Centrum Zdrowia Dziecka (zdrowie, dziecko) *Children's Health Centre*
powinnyśmy (powinienem) *we (female) ought to*
wysiąść (wysiadać/wysiąść) *get off*

akurat *as it happens*
następna stacja (następny) *the next station*
o ile dobrze pamiętam (dobry, pamiętać) *if I remember rightly*
niedaleko stacji (stacja) *not far from the station*
przerwałam (przerywać/przerwać) *I interrupted you ladies*
jednocześnie (jednoczesny) *simultaneously*
szpital, -a; -e, -i *hospital*

▶ Basia and Sally carry on talking.

Sally   Masz, Basiu, dość rozległą rodzinę, prawda?

Basia   Bardzo. Rodzice mają liczne rodzeństwo, stąd też mam mnóstwo rozmaitych wujków, cioć, stryjków, braci i sióstr ciotecznych. Są rozsiani po całej Polsce. Część mieszka także za granicą. Chodź, wysiadamy.

---

masz rozległą rodzinę (mieć, rozległy, rodzina) *you have an extended/extensive family*
liczne rodzeństwo (liczny) *numerous siblings*
stąd też *and that's why*
mnóstwo wujków *lots of uncles*
cioć, stryjków, braci i sióstr ciotecznych (ciocia, stryjek,

brat cioteczny, siostra cioteczna) *of aunts, uncles, male and female cousins*
rozsiani (rozsiewać/rozsiać) *scattered*
chodź, wysiadamy (chodzić, wysiadać/wysiąść) *come on, this is our station*
za granicą *abroad (location)*

ℹ Family

Families in Poland, as in many largely Catholic countries, tend to be quite extensive and try to keep together. There are a number of historical, traditional and political reasons for this. Some kinship terms suggest the closeness of the contacts, like the use of **brat** (*brother*) and **siostra** (*sister*) in the terms for *cousin*: **brat cioteczny** (or **stryjeczny**), **siostra cioteczna** (or **stryjeczna**).

Taking sides: *Wujek* and *stryjek*

In Poland it is traditional to use different words for members of the family depending which 'side' they belong to. For example, a person's mother's brother is called **wujek**, while a father's brother is called **stryjek**. Relatives on the mother's side of the family are **po kądzieli** (*on the distaff side*), and those on the father's side are **po mieczu** (*by the sword*). However, these expressions are getting less common, the distinction between the two sides of the family is becoming blurred and, for example, **wujek** is used for any kind of uncle.

kądziel *distaff*   miecz *sword*

Po kądzieli	Po mieczu
ciocia	stryjenka (ciocia)
wuj(ek)	stryj(ek)
brat cioteczny	brat stryjeczny
siostra cioteczna	siostra stryjeczna

ℹ️ Powstanie Warszawskie *The Warsaw Uprising*

It is worth spending a moment on some basic facts about this event, to which Poles attach great significance. The Warsaw Uprising started on the first day of August 1944 and lasted for 63 days. It was the last attempt by the Polish Home Army (**Armia Krajowa**), loyal to the Polish government in exile in London, to liberate Warsaw from the German occupation. Hitler, furious with the Poles, gave orders for Warsaw to be completely destroyed. The city was burned to the ground, and 80 per cent of the buildings were completely destroyed. Yet, like a phoenix from the ashes, and contrary to Hitler's intentions, Warsaw was re-born. Totally rebuilt from old plans, paintings, sketches and photographs, Warsaw became a powerful symbol of new life. Even now, it gets lovelier every time you visit.

ⓘ Centrum Zdrowia Dziecka *The Children's Health Centre*

The CZD is the largest and most modern children's hospital in Poland. Situated in the suburbs of Warsaw, it has been built, equipped and financed entirely from charitable contributions. It is a 'hospital-monument' devoted to the care of sick children, and named after all the children who died in the Second World War.

Language patterns

1 Się

The verb **dbać o** (*to look after*) expects the expression(s) referring to the object of the care to be in the accusative case. With prepositions (**o**, **do**, etc.), and when accentuated, the accusative and genitive form of the reflexive pronoun **się** (*. . . self*, *. . .selves*) is **siebie**.

Krytykuje postępowanie innych, *S/he criticizes the*
ale siebie nie widzi.   *behaviour of others, but can't see him/herself.*

The corresponding instrumental forms are both **sobą**.

Znowu jestem sobą.   *I'm myself again.*
Rozmawiają ze sobą.   *They're talking to each other.*

The dative and locative forms are both **sobie**.

Zrób sobie herbaty.   *Make yourself some tea.*
Każdy sądzi po sobie.   *Every man judges by himself.*

2 The missing person pattern

Z córeczką jedziemy do Centrum *My daughter and I*
Zdrowia Dziecka.   *are on our way to the Children's Health Centre.*

Literally this means *With my daughter we are travelling . . .* This is a very common pattern in Polish.

| Wczoraj byliśmy z bratem w teatrze. | *My brother and I went to the theatre yesterday.* |
| Rozmawialiśmy z Basią o tobie. | *Basia and I were talking about you.* |

You may notice Poles who speak otherwise excellent English carrying this pattern over into English. You're told that 'we' did something with someone else . . . and then a character in the story seems to go missing. That is because 'We . . . with X' should really have been 'X and I'.

3 Przepraszam, że przerywam *Sorry to interrupt*

In English you apologize for something, you're sorry to do something, or you're sorry about something. In Polish you apologize for something, or that something is the case.

Przepraszam za bałagan.	*Sorry about the mess.*
Przepraszam, że nie pisałem.	*Sorry not to have written.*
Przepraszam, że nie ma świeżego mleka.	*I apologize for there not being any fresh milk.*

▶ 4 Nie? *Isn't it?*

| Masz Basiu dość rozległą rodzinę, prawda? | *You have a fairly extensive family, don't you, Basia?* |

English tag-questions like *haven't we?, don't you?, weren't they?* tacked onto the ends of sentences have counterparts in Polish sentences ending in **prawda?, nie?** or **tak?**, with your voice going up at the end. Note that if the English tag serves to indicate that you expect people to agree with what you say, then you would normally use the word **przecież**, with the voice not going up at the end, and no question mark in writing.

| To przecież stolica. | *It's the capital, isn't it?* (. . . so what do you expect?) |

5 Chodź *Come on!*

You may have noticed the slight oddity about the use of the imperative form of **chodzić**. The verb **chodzić** means *walk around* or *go regularly (on foot)*, but the imperative form **Chodź!** means *Come on!* while **Idź** means *Go!*

6 Mnóstwo rozmaitych cudów *Lots of remarkable things*

Notice the string of genitive plural forms used with **mnóstwo.**

> Mnóstwo rozmaitych wujków, cioć, stryjków, braci i sióstr ciotecznych.

Genitive plural forms of masculine nouns most commonly end in **-ów.**

> Telefon do panów.   *There's a telephone call for you, gentlemen.*

Typical feminine nouns ending in **-a** lose the **-a** in the genitive plural, and neuter nouns similarly lose their final **-o.** Some genitive plural forms end in **-y** or **-i.** Look at some more examples.

cena	*price*	podwyżka cen	*price rise*
kino	*cinema*	w programie kin	*in the cinema schedule*
książka	*book*	Nie ma nowych książek.	*There aren't any new books.*
ludzie	*people*	Idę do swoich ludzi.	*I'm going to see my people.*

Practice

In some of the exercises, you might want to refer to the 'How to' section that follows.

1   Put the words on the left in an appropriate form.

     a   brat   Mama ma dwóch _____.

     b   mieszkać, pracować   Starszy, Jerzy, _____ w Warszawie i _____ w klinice.

     c   żyć   Moi dziadkowie (*grandparents*) już nie _____.

     d   jechać   Razem z synem _____ na wakacje do Francji.

2   Sally is back from work. She finds a note from Basia stuck on the door. Unfortunately, Basia must have been in a hurry, and Sally has problems deciphering the text. See if you can help her reconstruct it.

Sally!

Zadzwonił John, twój starszy _____ z Edynburga. Twoi
_____ czują się dobrze, chociaż _____ była trochę
zaziębiona, ale tato nie ma problemów ze zdrowiem.
Podobno _____ w Anglii jest wspaniała. Cały czas jest
_____ i ciepło. John obiecał _____ jeszcze raz w tym
tygodniu, _____ w niedzielę po _____ .

Do zobaczenia

Basia

▶ 3 Fill in your part in the conversation.

X Często pan(i) odwiedza swoich rodziców?
You *Say you try to visit your parents twice a month.*
X Jak się czują?
You *Say your father is physically fit, but mother doesn't look after herself.*
X Szkoda. Ma pan(i) jakieś rodzeństwo?
You *Say you have a brother and a sister. Your sister lives in England and your brother lives in America.*

4 Distribute the words appropriately among the gaps.

stacji całej razy zginął żadnego

a Moi bracia są rozsiani po _____ Polsce.
b Nie mamy _____ kontaktu z nim.
c Muzeum jest niedaleko _____.
d Odwiedzają babcię cztery _____ w miesiącu.
e Jego starszy brat _____ w Powstaniu Warszawskim.

5 Unjumble the sentences tangled up with each other.

O nie ma dobrze Centrum przyjeżdża tu restauracji.
Jej ciocia dosyć stryjek Dziecka.
Moja mieszka niedaleko pamiętam, Zdrowia ile często.

▶ 6 Put into Polish:

a I try to look after myself.
b Mr Wesołowski is physically fit and goes for walks with the dog.
c We have hardly any contact with my cousin in England.
d Nobody was killed.
e Where should we get off?

▶ 7 Pronounce the following Polish placenames. No surprises. Just follow the reading rules (best news of all ..., p. xiv).

Aleksandrów Kujawski   Baby   Częstochowa Aniołów
Katowice Ligota   Kazimierz Dolny   Laskowice Pomorskie
Moszczenica   Nowa Wieś Wielka   Piotrków Trybunalski
Poznań   Rokociny   Siemianowice Śląskie   Tychy
Wałbrzych   Wałcz   Warszawa Włochy   Zgierz

How to . . .

- talk about how often things happen

To . . . się zdarza.	It happens . . .
często *often*	rzadko *rarely*
czasami *sometimes*	zawsze *always*
raz w tygodniu	once a week
dwa razy w tygodniu	twice a week
w miesiącu	. . . a month
w roku	. . . a year
To nigdy się nie zdarza.	It never happens.

- apologize for disturbing or interrupting

Przepraszam, że przeszkadzam.	Sorry to get in the way.
Przepraszam, że się wtrącam.	Sorry to butt in.
Przepraszam, że przerywam.	Sorry to interrupt.

- accept an apology

Nic nie szkodzi.
Nic się nie stało.
Nie ma sprawy. (*No problem.*)
Nie ma za co.

- hedge what you say

O ile (dobrze) pamiętam, . . .	*If I remember rightly,* . . .
O ile się orientuję, . . .	*As far as I can see,* . . .
O ile mnie pamięć nie myli, . . .	*If memory serves/if my memory doesn't deceive me,* . . .

14

jest ci w tym do twarzy
it suits you

In this unit you will learn
- how to talk about clothes, size and colours
- how to talk about people's appearances
- how to make comparisons
- how to talk about what things are made of

Dialogues

▶ It is Basia's nameday next week. She is going to have a party. She and Sally have both decided that they need new outfits. They go shopping in a department store.

Basia　Czy wiesz, co byś chciała kupić?

Sally　Nie, nie bardzo. Prawdopodobnie spódnicę i żakiet. A ty?

Basia　Myślałam o spodniach.

Sally　Zobacz, tam są ładne spódnice. Chodź, może znajdziemy coś odpowiedniego.

---

prawdopodobnie (prawdopodobny) *probably*
(kupię) spódnicę (kupić, spódnica) *(I'll buy) a skirt*
żakiet *jacket*
myślałam (myśleć) *I (female) was thinking*
o spodniach (spodnie) *about trousers*

zobacz (zobaczyć) *look, go and see*
może *maybe*
znajdziemy (znajdować/znaleźć) *we'll (be able to) find*
coś odpowiedniego (odpowiedni) *something suitable*

▶ A sales assistant comes up to them.

Ekspedientka　Czym mogę służyć?

Basia　Szukamy stroju wieczorowego. Ja chciałabym kupić spodnie, a moja przyjaciółka szuka spódnicy i żakietu.

Ekspedientka　Zacznijmy od spodni. W jakim kolorze i jaki rozmiar?

Basia　Czarne, rozmiar czterdziesty drugi.

Ekspedientka　Bardzo mi przykro, są czarne spodnie, ale niestety nie ma pani rozmiaru. Jedyne są w rozmiarze czterdziestym czwartym. Proszę je przymierzyć. Może będą pasowały?

---

czym mogę służyć? (co, móc) *how may I be of service?*
szukamy stroju wieczorowego (szukać, strój wieczorowy) *we're looking for some evening clothes*
zacznijmy (zaczynać/zacząć) *let's start*
jaki rozmiar? *what size?*

w jakim kolorze (jaki kolor) *(in) what colour?*
czarne spodnie (czarny) *black trousers*
przymierzyć je (przymierzać/przymierzyć) *try them on*
może będą pasowały? (pasować) *will they perhaps fit?*
jedyne (jedyny) *the only ones*

▶ While Basia is trying the trousers on, Sally talks to the assistant.

Ekspedientka	Czy wie pani, w jakim kolorze chciałaby pani żakiet?
Sally	Nie jestem pewna. Może granatowy. Będzie mi pasował do wielu rzeczy, które mam. Najczęściej noszę białe bluzki, które dobrze wyglądają z granatem.
Ekspedientka	Wie pani, chyba mamy coś, co będzie w sam raz . . .

---

granatowy *navy blue*
będzie mi pasował do wielu rzeczy (wiele, rzecz) *it'll suit a lot of the things*
najczęściej (często, często) *most often*
noszę białe bluzki (nosić, biały, bluzka) *I wear white blouses*

dobrze wyglądają (wyglądać) *they look good*
z granatem (granat) *with navy blue*
wie pani (wiedzieć) *you know*
będzie w sam raz (być) *will be just right*

▶ Sally tries on the suit but after a while she reappears looking embarrassed.

Ekspedientka	No i co? Pasuje?
Sally	Niestety nie. Żakiet jest za duży. Szczególnie rękawy są za długie. Czy dostanę mniejszy?
Ekspedientka	Nie jestem pewna, ale chyba tak. Zaraz sprawdzę i przyniosę. Proszę chwileczkę zaczekać.

---

no i co? *well?*
za duży *too big*
szczególnie *particularly*
rękawy (rękaw) *sleeves*
za długie (długi) *too long*
czy dostanę mniejszy *is there any chance of my getting a smaller one?*

zaraz sprawdzę (sprawdzać/sprawdzić) *I'll check straight away*
przyniosę (przynosić/przynieść) *I'll bring (it)*

Kolory *Colours*

czerwony *red*
niebieski *blue*
żółty *yellow*
zielony *green*
fioletowy *violet*
pomarańczowy *orange*
różowy *pink*

brązowy *brown*
granatowy *navy blue*
szary *grey*
popielaty *grey*
biały *white*
czarny *black*

DOM TOWAROWY

SEZAM

ZAPRASZAMY

W GODZINACH
10.00 - 18.00 OD PONIEDZIAŁKU DO PIĄTKU

10.00 – 14.00 W SOBOTĘ

PARTER	PIERWSZE PIĘTRO	DRUGIE PIĘTRO
MEBLE	ODZIEŻ MĘSKA / DAMSKA	TKANINY
OŚWIETLENIE	OBUWIE MĘSKIE / DAMSKIE	DYWANY
AGD	ARTYKUŁY DZIECIĘCE	FIRANKI / ZASŁONY
RTV	ZABAWKI	SPRZĘT SPORTOWY
SZKŁO	KOSMETYKI	SPRZĘT ELEKTRONICZNY
PORCELANA	BIELIZNA	
	BIŻUTERIA	

Dla niej	*For her*	**Dla niego**	*For him*
spódnica	*skirt*	**koszula**	*shirt*
bluzka	*blouse*	**garnitur**	*suit*
garsonka	*suit*	**marynarka**	*jacket*
żakiet	*jacket*	**krawat**	*tie*
sukienka	*dress*	**skarpety**	*socks*
rajstopy	*tights*		
pończochy	*stockings*		

Dla obojga	*For them both*		
spodnie	*trousers*	**szalik**	*scarf*
sweter	*jumper*	**czapka**	*cap*
płaszcz	*coat*	**kurtka**	*short coat*
jesionka	*light overcoat*	**rękawiczki**	*gloves*
kamizelka	*waistcoat, sleeveless pullover*	**buty**	*shoes*

🛈 Buying clothes in Poland

When shopping in Poland, you should bear in mind that certain items, such as underwear, can't be exchanged. With items that you can try on, you will be directed to the fitting room (**przymierzalnia**). The Polish for *cut* is **krój**, and *style* in this context is **fason**.

The transition from state ownership to a free market economy proved painful and slow. Both retailers and customers had to learn the rules of the new trading game as they went along. One of the results of this situation has been that consumer rights are a minefield. Consumers are now more conscious of their rights, and pressure on retailers has already caused a change in attitudes. But, as anywhere, it does no harm to be careful.

Don't let these comments put you off Polish shops. For example, if you like good-quality handmade goods, then Polish shops are definitely for you. Look out for amber beautifully set in silver. Unique articles crafted from wood, leather or glass are very good value for money.

▶ materiał	material	przymiotnik (adjective)	zrobiony ... (made of)
metal	metal	metalowy	z metalu
wełna	wool	wełniany	z wełny
plastik	plastic	plastikowy	z plastiku
srebro	silver	srebrny	ze srebra
drewno	wood	drewniany	z drewna
szkło	glass	szklany	ze szkła
skóra	leather	skórzany	ze skóry
żelazo	iron	żelazny	z żelaza
złoto	gold	złoty	ze złota
len	linen	lniany	z lnu

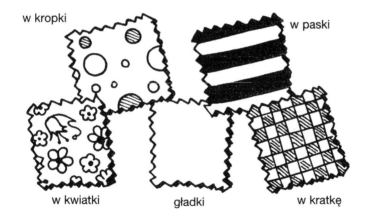

w kropki
w paski
w kwiatki
gładki
w kratkę

Language patterns

1 bardzo *very*

The word **bardzo,** though it translates the English word *very*, is often used in Polish in ways that are not used in English.

Nie bardzo wiem/rozumiem.	*I don't really know/ understand.*
Dziękuję bardzo.	*Thank you very much.*
Przepraszam bardzo.	*I'm so sorry.*
Proszę bardzo.	*You're welcome.*
Bardzo proszę.	*I'd be most grateful.*
Bardzo się kochają; aż za bardzo.	*They love each other a lot; too much, in fact.*
To jest, wiesz, jakoś nie bardzo.	*I'm none too keen on that, frankly.*

2 Jest ci w tym do twarzy *It suits you*

The word **twarz** (*face*) is used in a common way of saying that something suits a person:

Jest ci do twarzy	
w tym kapeluszu.	*This hat suits you.*
w czerwonym swetrze.	*A red jumper . . .*
w jasnoniebieskiej apaszce.	*A pale blue scarf . . .*
w takim ciemnym kolorze.	*That dark colour . . .*
w białej bluzce.	*A white blouse . . .*

The colour or item of clothing that suits a person is in the locative form after the preposition **w**. The person who is suited is in the dative form (see also p. 228).

When you want to talk about things matching or fitting, then you need the verb **pasować**.

Nie pasują do siebie.	*They don't match.*
To pasuje do pana/pani.	*That's just like you.*
Klucz pasuje do zamka.	*The key fits the lock.*
Rękawiczki pasują do płaszcza.	*The gloves go with the coat.*
Garnitur pasuje na pana, nie na mnie [nAmnie].	*The suit fits you, not me.*

3 Mogą być? *Can they be?*

Don't be surprised, if you appear to have chosen what you want in a shop, when the assistant says **Mogą być?** (*Can they be?*). In this context, the expression means *Would you like these, then?/Are you taking these, then?*

4 Word families

You have probably noticed family resemblances between Polish words. For example, **spódnica** (*skirt*) and **spodnie** (*trousers*) are related to **spód** (*bottom, underside*). So are the prepositions **pod** *under* and **spod** *from under*. Here are some expressions involving **spód**, followed by some related words.

od spodu	*from below*	pod spodem	*underneath*
spod spodu	*from underneath*	na spodzie/ u spodu	*at the bottom*
spod lady	*from under the counter*	spodnium spódniczka	*trouser suit skirt, kilt*
spodniarz	*tailor specializing in trousers*	spodek	*saucer*

A flying saucer in Polish is usually **latający talerz** (*a flying plate*), but the building in Katowice that looks like a giant flying saucer is often referred to as **Spodek** (*The Saucer*).

5 Który *Which, that* – or nothing

Sally feels that a navy blue jacket will go well with lots of things she already has:

> Granatowy żakiet będzie mi pasował do wielu rzeczy, które mam.

Forms of **który** (*which, that*) should not be omitted from Polish sentences, even though English often omits *which* or *that*.

To są ci Polacy, których znasz.	*These are the Poles (that) you know.*
Pokążę ci zdjęcia, które zrobiłem w Warszawie.	*I'll show you the pictures (that) I took in Warsaw.*

6 Comparisons and comparatives

Polish has two ways of forming comparatives from adjectives and adverbs. Either the word itself is altered or extended, or **bardziej** (*more*) is used.

Ten sweter jest mały, ale tamten jest mniejszy.	*This jumper is small but that one is smaller.*
Mam lepszy pomysł.	*I've got a better idea.*
Jego żona jest od niego starsza.	*His wife is older than him.*
Ta apaszka jest ładniejsza.	*This scarf is nicer.*

Odszedł na wcześniejszą emeryturę.	*He took early* (in Polish, earli*er*) *retirement.*
Te buty są droższe, a ja wolę te tańsze.	*These shoes are more expensive, and I prefer the cheaper ones.*
Ten film jest ciekawszy/ bardziej interesujący.	*This film is more interesting.*
Wczoraj już było zimno, ale dziś jest jeszcze zimniej.	*It was cold yesterday, but today it's even colder.*
Będzie cieplej w sobotę.	*It'll be warmer on Saturday.*
Widelec jest miłym prezentem, ale pierścionek byłby milszy.	*A fork is a welcome present but a ring would be more welcome.*

Polish superlatives start with **naj-**:

Ten krawat jest najciemniejszy.	*This tie is darkest.*
Najbardziej mi się podoba granatowy.	*I like the navy blue one best.*

Practice

1 Say what the following items are made of:

a Sweter jest _____ .

b Pierścionek jest _____ .

c Karta kredytowa jest _____ .

d Widelec jest _____ .

e Kolczyki są _____ .

f Portmonetka (*coin purse*) jest _____ .

Here is a reminder of some adjective endings. See also pp. 270–2.

	(inanimate) masculine	feminine	neuter	(non-virile) plural
nom.	dobry	dobra	dobre	dobre
acc.	dobry	dobrą	dobre	dobre
gen.	dobrego	dobrej	dobrego	dobrych
loc.	dobrym	dobrej	dobrym	dobrych

2   Give the Polish equivalents of the colours in brackets, remembering to put the colour words in the correct form.

a   (*blue*)   Jest ci do twarzy w _____ (kolorze).
b   (*black*)   Chciałabym kupić _____ żakiet i (*red*) _____ bluzkę.
c   (*navy blue*) Kupiłam mężowi nowy krawat, _____ w białe kropki (*with white spots*).
d   (*yellow*)   Nie znoszę _____ sukienek.

▶ 3   Revision exercise. Put these sentences into Polish.

a   My grandmother lives in a little wooden house.
b   She lives alone.
c   Her husband died seven years ago.
d   I usually visit her twice a week.
e   I always do the shopping for her.
f   We often go for a long walk.

4   Try this clothing crossword.

Poziomo (*across*)

1   a light overcoat
4   an overcoat
5   a waistcoat
8   a woman's suit
10 socks
11 a jacket or short coat

Pionowo (*down*)

2   a hat
3   a scarf
6   a delicate neck scarf
7   a jacket
9   a tie

5   From the receipt below, find out what Basia has bought.

kapelusz	3 zł
rękawiczki	2,80 zł
apaszka	1,50 zł
bluzka	10 zł
garsonka	38 zł
rajstopy	2,50 zł

How to . . .

- talk about sizes

  Jaki jest twój/pani/pana rozmiar?
  Ten żakiet jest o rozmiar za duży (*one size too big*).

- talk about colours

  Jakiego koloru jest twoja spódnica?
  Jasnoniebieska apaszka (*light blue lady's scarf*)
  Ciemnozielony sweter (*dark green sweater*)

- talk about people's appearances and clothes

  Wyglądasz/Pan(i) wygląda bardzo elegancko.
  Jest pani/panu w tym do twarzy.   *It suits you.*
  Apaszka pasuje do swetra.   *The scarf goes well with*
                                     the jumper.
  Radzę ci/pani/panu kupić   *I advise you to buy these*
    te rękawiczki.   *gloves.*

- make comparisons

  Ten płaszcz jest ładniejszy niż tamten.
  Ten rozmiar jest mniejszy od tamtego.

- talk about what things are made of

  Ten słoń jest z drewna.   *The elephant is made of*
                                     wood.
  Nie, chyba z plastiku.   *No, plastic, I think.*
  Scyzoryk (*penknife*) jest metalowy, może nawet srebrny.

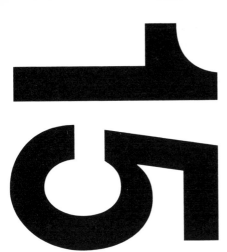

15

wszystkiego najlepszego!

all the best!

In this unit you will learn
- to talk about months
- to express seasonal and other wishes
- to issue invitations
- to introduce guests
- to talk about things that your kind of people do
- to talk about the old days
- to talk about namedays, birthdays and other celebrations

Dialogues

▶ It is Basia's nameday party. Sally has just arrived with a present and flowers for Basia. Now Basia is introducing her to her family and friends.

Sally Basiu, wszystkiego najlepszego z okazji imienin.
Basia Dziękuję bardzo.
Sally Proszę, oto mały drobiazg dla ciebie i kwiaty. (*wręcza Basi paczkę*)

wszystkiego najlepszego (wszystko, najlepszy) *all the best* **z okazji imienin** (okazja, imieniny) *for/on your nameday* **okazja** *occasion, opportunity, bargain*	**oto mały drobiazg** *here is a small something* **dla ciebie** (ty) *for you* **kwiaty** (kwiat) *flowers*

▶ The discussion continues.

Basia (*do męża*) Tomku, czy możesz włożyć kwiaty do wody?
Sally Otwórz prezent. Bardzo jestem ciekawa, czy będzie ci się podobał?
Basia Na pewno. Ale rozbierz się i wejdź dalej do pokoju. Przedstawię ci resztę gości. (*do ludzi w pokoju*) To jest Sally, Angielka, z którą pracuję. Sally, pozwól, że ci przedstawię moich rodziców.
Sally Dzień dobry, bardzo mi miło.
Basia A to są rodzice Tomka.
Sally Witam państwa.
Basia Moja siostra Ewa i mój starszy brat Jędrek. A to jest moja ciocia i wujek.
Sally Bardzo mi przyjemnie.

możesz *you can* **włożyć do wody** (wkładać/włożyć) *put in water* **otwórz** (otwierać/otworzyć) *open* **czy będzie ci się podobał** (podobać się, ty) *whether you'll like it* **rozbierz się** (rozbierać/rozebrać się) *take your things off* **wejdź dalej** (wchodzić/wejść) *go on in*	**pozwól, że przedstawię** (pozwalać/pozwolić) *allow me to introduce* **przedstawię ci** (przedstawiać/przedstawić) *I'll introduce to you* **resztę gości** (reszta, gość) *the rest of the guests* **moich rodziców** (moi rodzice) *my parents*

▶ The conversation around the table is about various celebrations in Poland and in Britain. Basia's uncle asks Sally what is traditionally celebrated in England.

Wujek Czy w Anglii obchodzi się imieniny?

Sally Nie, w Anglii tradycyjnie obchodzimy urodziny.

Basia Kiedy są twoje urodziny?

Sally Dwudziestego czwartego czerwca.

Wujek Wtedy są moje imieniny – Jana.

Sally Basiu, a kiedy ty obchodzisz urodziny?

Basia W październiku – dziesiątego października.

---

obchodzi się imieniny (obchodzić) *namedays are celebrated*
tradycyjnie (tradycyjny) *traditionally*

urodziny (plural) *birthday(s)*
wtedy *then*
czerwca (czerwiec) *of June*
w październiku (październik) *in October*

▶ The discussion continues.

Ciocia Czy w Anglii nie obchodzicie w ogóle imienin?

Sally Nie.

Jędrek Przecież to kraj protestancki.

Ewa Co ty mówisz! Tam jest dużo katolików. Sally, jesteś katoliczką?

Sally Nie, ale moja najlepsza koleżanka ze studiów jest katoliczką. Nie słyszałam, żeby ona obchodziła imieniny.

Basia Nie tylko katolicy obchodzą imieniny. Prawosławni też. Mam zaprzyjaźnionego Greka, który dawniej zapraszał mnie na przyjęcia imieninowe. I trzeba ci wiedzieć, że w Polsce wszyscy je obchodzą. Wszystko jedno, czy się jest wierzącym czy nie.

Tomek Pamiętam tego Greka. Sympatyczny facet. Teraz pojechał do Szkocji.

Wujek Szkocja to najpiękniejsza część Anglii.

Sally Bardzo pana przepraszam, ale Szkocja nie jest częścią Anglii. Szkocja jest oddzielnym krajem.

Basia Tak jak Walia.

Ciocia Wiecie państwo, że pod Bydgoszczą jest Szkocja?

Wujek Racja. A w samej Bydgoszczy Wenecja. Mało tego, pod Warszawą mamy Włochy.

Sally Czy w Szkocji bydgoskiej grają na kobzie?

Ciocia Nie słyszałam, żeby grali.

Basia W takim razie to nie jest prawdziwa Szkocja.

w ogóle nie *not at all*
kraj protestancki *a Protestant country*
co ty mówisz! *what are you talking about!*
dużo katolików (katolik) *a lot of Catholics*
katolik/katoliczka *a Catholic*
koleżanka ze studiów *friend from college days*
Nie słyszałam, żeby ona obchodziła imieniny *I never heard of her keeping a nameday*
prawosławni też (prawosławny) *Orthodox people, too*
Mam zaprzyjaźnionego Greka (zaprzyjaźniony Grek) *I have a Greek friend*
dawniej zapraszał mnie (zapraszać/zaprosić, ja) *used to invite me*
na przyjęcia imieninowe (przyjęcie, imieninowy) *to (his) nameday parties*
trzeba ci wiedzieć *you need to know*
wszyscy je obchodzą *everyone celebrates them*
wszystko jedno, czy się jest wierzącym *it's all the same whether you are a believer*

pamiętam tego Greka (ten Grek) *I remember the Greek*
pojechał do Szkocji (Szkocja) *he's gone to Scotland*
najpiękniejsza część *the most beautiful part*
jest oddzielnym krajem (oddzielny, kraj) *is a separate country*
tak jak Walia *(just) like Wales*
wiecie państwo *you know* (less formal than **wiedzą państwo**)
że Szkocja jest *that there is a Szkocja (Scotland)*
pod Bydgoszczą (Bydgoszcz) *outside Bydgoszsz*
racja *that's right*
a w samej Bydgoszczy Wenecja *and a Wenecja (Venice) in Bydgoszcz itself*
bydgoski *adjective from Bydgoszcz*
czy grają na kobzie? (kobza) *do they play the bagpipes?*
nie słyszałam, żeby grali *I've not heard of them playing*
w takim razie *in that case*
prawdziwa Szkocja *the real Scotland*
mało tego *that's not all*

🛈 Imieniny *Nameday*

Poland has the tradition of keeping namedays (**imieniny**) rather than birthdays (**urodziny**). This is closely linked to the Catholic church calendar, where each day is dedicated to one or more saints. Any Polish calendar (and electronic information boards on buses and trams!) will give you information about whose nameday is celebrated on a given day of the year. Many names have several saints' days scattered through the year. **Jan** (*John*) is a good example of this, and a Pole called Jan might celebrate on any one of them. The traditional resolution of this is to choose the date closest to your birthday. Namedays are a symbol of spiritual birth, whereas birthdays are viewed as a symbol of physical arrival in this world. The perfect compromise, chosen by more and more people, is to celebrate both **imieniny** and **urodziny**, giving an opportunity to receive two lots of presents, but also putting you to the expense of throwing two parties. Names printed on Polish calendars and in Polish diaries will be in the genitive form, as in *the day of*:

| 24 czerwca | Jana | (*nominative* Jan) |
| 8 maja | Stanisława | (*nominative* Stanisław) |

One of the nicest Polish traditions is to present people with flowers. Flowers, always an odd number of them, are given for birthdays, namedays and other special occasions, both to women and to men. In fact, a Pole does not need a special occasion to give flowers. It is always appreciated if you take flowers when you go visiting. Flowers are also given to teachers at the end of a school year, as a gesture of gratitude.

If you are unable to see the **solenizant** (*man celebrating*) or **solenizantka** (*woman celebrating*) in person, then it is appropriate to send a card instead – **kartka imieninowa/kartka urodzinowa**. The Polish equivalent of *Happy Birthday to you* and *For s/he's a jolly good fellow* rolled into one is the song that begins **Sto lat! Sto lat! Niech żyje żyje nam . . .** whose tune seems deliberately designed for rowdy singing. **Sto lat!** (*A hundred years*) is also one of the things you can say when somebody sneezes, the alternative being **Na zdrowie** (*For health*).

Namedays feature in many Polish proverbs and sayings, particularly ones which refer to the weather. Here are some examples:

Kiedy Barbara po lodzie, Boże Narodzenie po wodzie.	*When it's frosty on St Barbara's day (4 Dec), Christmas will be wet.*
Od świętej Anki zimne wieczory i ranki.	*From St Ann's day (26 July) mornings and evenings turn cold.*
Na świętego Macieja prędkiej wiosny nadzieja.	*On St Maciej's day (24 Feb) there is a hope of a quick Spring.*

Language patterns

1 A to jest moja ciocia i wujek *And this is my aunt and uncle*

Note that the singular verb **jest** (*is*) and the possessives **moja** both agree with the nearest noun **ciocia**. If **ciocia** and **wujek** had come before the verb, the verb would have been plural:

Ciocia i wujek już są.   *Auntie and uncle are already here.*

2 Przecież to jest proste *It's simple, isn't it?*

Przecież to kraj protestancki (*It's a Protestant country, isn't it?*). Remember that when you expect your hearer to agree with you automatically, the word you need to slip in is **przecież**. No question mark or your voice up at the end – unlike English.

▶3 A reminder of how to talk about months

styczeń	w styczniu	dwudziestego stycznia
luty	w lutym	pierwszego lutego
marzec	w marcu	trzynastego marca
kwiecień	w kwietniu	dwudziestego drugiego kwietnia
maj	w maju	trzydziestego maja
czerwiec	w czerwcu	osiemnastego czerwca
lipiec	w lipcu	siódmego lipca
sierpień	w sierpniu	trzeciego sierpnia
wrzesień	we wrześniu	piątego września
październik	w październiku	czwartego października
listopad	w listopadzie	dwudziestego siódmego listopada
grudzień	w grudniu	jedenastego grudnia

When naming a month, use the nominative dictionary form. For *in . . .* use **w** and the locative form. For saying *on the . . . of . . .*, use ordinal numerals in the genitive. Remember that the tens are in the ordinal form, even if they aren't the last word. For example, *on the twenty-seventh of September* (**dwudziestego siódmego września**) translated word by word means *of the twentieth seventh of September*. This applies not only to months:

w (roku) (tysiąc dziewięćset) osiemdziesiatym dziewiątym	*in (the year) (19)89*
Od pierwszego stycznia dwa tysiące siódmego roku aż do trzydziestego pierwszego grudnia dwa tysiące czterdziestego szóstego roku.	*From 01/01/2007 right up to 31/12/2046.*
Pani minister powiedziała wczoraj, że Polska będzie gotowa w dwa tysiące dziewiątym roku na przyjęcie euro.	*The minister (female) said yesterday that Poland would be ready to accept the euro in 2009.*
na stronie dwieście trzydziestej piątej	*on page 235*

4 The real millennium bug

Have you noticed that in English, a century after nineteen-O-eight, hardly anybody says twenty-O-eight? Yet people happily say twenty twelve and twenty thirty. There is a similar interruption to expected patterns in Polish. **Rok dwutysięczny dziewiąty** is such a 'common error' that some Poles think the correct **dwa tysiące pierwszy** is actually wrong. Could this be the real millennium bug (**pluskwa millenijna**)? Millennium in Polish is either **tysiąclecie** or **millenium**; note the single **n** in **millenium**, and note and pronounce the double **l**.

5 Exploring some Polish words

Though there are plenty of exotic words in Polish for the English learner, Polish isn't afraid to borrow words from other languages, which means that some Polish words are quite familiar. **Prezent** (*present*) is a good example. Polish tends to adapt foreign words to its patterns quite quickly, so **prezent** spawns the affectionate form **prezencik** (*nice/little present*). Borrowings co-exist with native Polish words that have similar meanings (**tysiąclecie/millenium**). **Podarunek** or **podarek** (*gift*) is a native word, formed from **dar**, which also means *gift*, both in the sense of *present* and in the sense of *talent*. **Darowizna** is *gift* or *donation*. **Darmo** is *free of charge*. **Daremnie** is *for nothing, in vain, without success*. A small gift or a souvenir may also be called **pamiątka** or **upominek**, both of which belong to a family of words connected with remembering – **pamiętam** (*I remember*).

Practice

1 See if you can match the cards with the occasion.

i

Wesołych Świąt Bożego Narodzenia i Szczęśliwego Nowego Roku życzą Adam i Ewa

a nameday
b get well
c Christmas and New Year
d birthday
e Easter
f with sympathy
g wedding

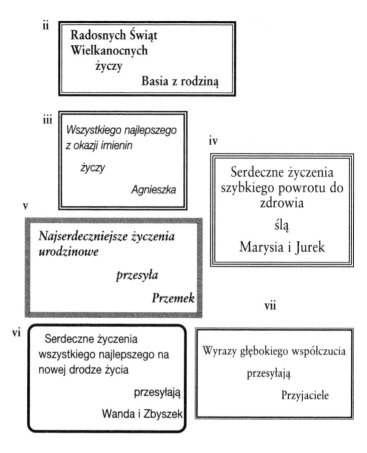

ii
Radosnych Świąt
Wielkanocnych
    życzy
                Basia z rodziną

iii
Wszystkiego najlepszego
z okazji imienin

    życzy
                Agnieszka

iv
Serdeczne życzenia
szybkiego powrotu do
zdrowia
ślą
Marysia i Jurek

v
Najserdeczniejsze życzenia
urodzinowe

    przesyła
            Przemek

vi
Serdeczne życzenia
wszystkiego najlepszego na
nowej drodze życia

        przesyłają
    Wanda i Zbyszek

vii
Wyrazy głębokiego współczucia

        przesyłają
                Przyjaciele

▶ 2 Write the following dates in words.

a 13 December   **e** 19 March
b 24 May   **f** 4 October
c 31 August   **g** 1 January
d 26 July

▶ 3 Put the following into Polish.

a on the 20 of February   **e** on the 17 of November
b on the 15 of June   **f** on the 8 of May
c on the 11 of April   **g** on the 28 of December
d on the 7 of September

4 Put into English.

a Przyjechała jedenastego sierpnia.
b Przyjdzie pierwszego grudnia.
c Chciałbym przyjechać trzydziestego pierwszego lipca.
d Urodziłem się drugiego maja.
e A ja się urodziłam trzeciego listopada.
f To nie jest prawdziwa Wenecja.
g Irlandia jest oddzielnym krajem.
h Niech pan się rozbierze i wejdzie do pokoju.
i Zaraz panią przedstawię wszystkim gościom.

5 Distribute the words appropriately in the gaps.

dużo żeby zaprzyjaźnionego się że tego

a Pamiętam _____ Walijczyka.
b Nie słyszeliśmy, _____ on grał na saksofonie.
c W naszym kraju też obchodzi _____ imieniny.
d Tam jest _____ katolików.
e Przepraszam, _____ przerwałem.
f Mam _____ architekta.

▶ 6 Pronounce the following combinations with prepositions slowly and smoothly. If, and only if, you find it absolutely impossible to pronounce these without introducing an extra syllable, then [uwgdyni] and [ufkoszalinie] are preferable to [wu Gdyni] and [wu Koszalinie].

o Janie Sebastianie Bachu   z Bydgoszczy
o Krzysztofie Kieślowskim   z Edynburga
od Radomia   z Okocimia
od Radomska

w Gdyni
w Kaziemierzu Dolnym
w Koszalinie
w Kotomierzu
w Poznaniu
w samolocie
w Toruniu
w tramwaju
w wannie
w Warszawie

How to . . .

- express seasonal and other wishes

  Składam najlepsze życzenia z okazji imienin.
  Wszystkiego najlepszego.
  Wesołych Świąt i Szczęśliwego Nowego Roku.
  Wesołego Alleluja! (*Happy Easter*)
  Z najlepszymi życzeniami.
  Życzę/Życzymy zdrowia i szczęścia.

- issue invitations

  Zapraszam panią/pana/panie/panów/państwa/cię na . . .
  Zapraszam do siebie.   *Come to my place.*

- introduce guests

  (Niech) pan(i) pozwoli, że przedstawię mojego brata.
  A to jest mój najlepszy kolega ze studiów.
  Bardzo mi miło.
  Bardzo mi przyjemnie.

- talk about things that your kind of people do

  U nas obchodzi się raczej urodziny.
  Tego się u nas nie robi.
  W naszym kraju nie ma takiego zwyczaju.
  Zaprasza się gości na Nowy Rok.
  W Polsce się przedstawia   *In Poland all guests are*
    wszystkich gości.   *introduced.*

- talk about the old days

  Kiedyś byłem na przyjęciu   *I was once at a party at a*
    u Węgra.   *Hungarian's.*
  Dawniej pracowałam   *I used to work in Warsaw.*
    w Warszawie.

- talk about namedays, birthdays and other celebrations, and about age

  Moje imieniny/urodziny są dwudziestego ósmego marca.
  W tym roku obchodzimy   *We celebrate our thirtieth*
  trzydziestą rocznicę ślubu.   *wedding anniversary this*
                                              year.
  Kiedy się urodziłaś/urodziłeś/pan(i) się urodził(a)?
  Kiedy obchodzisz urodziny?

Ile masz lat? Ile ma pan(i) lat?
Mam trzydzieści jeden lat. Mam czterdzieści dziewięć lat.
Nasze dziecko ma rok.   *Our child is one.*
Nasza córka/Nasz synek ma dwa lata.
On jest w średnim wieku.
Mężczyzna w podeszłym wieku.

16

mam kłopot
I've got a problem

In this unit you will learn
- how to send for expert help
- how to express fears and wishes
- how to tell people not to worry

Dialogues

▶ Sally is having problems with her fridge.

Sally Basiu, mam okropny kłopot. Zepsuła mi się lodówka.
Basia Co ty powiesz! Kiedy?
Sally Wczoraj.
Basia Wezwałaś kogoś do naprawy?
Sally Jeszcze nie. Prawdę mówiąc, nie bardzo wiem, gdzie szukać pomocy.
Basia Zaczekaj chwilę, zaraz znajdę numer telefonu znajomego warsztatu.

---

okropny kłopot a terrible problem
zepsuła się (psuć się/zepsuć się) has gone wrong
Co ty powiesz! Go on!
wezwałaś kogoś (wzywać/wezwać, ktoś) have you sent for anybody
do naprawy (naprawa) to repair it

jeszcze nie not yet
prawdę mówiąc (prawda, mówić) to tell the truth
szukać pomocy (pomoc) to look for help
znajomego warsztatu (znajomy warsztat) of a place/workshop I know

---

▶ Sally confides that the fridge is not the only device showing signs of distress.

Sally Wiesz, Basiu, mam wrażenie, że coś dziwnego dzieje się z moim komputerem. Boję się, żeby się nie popsuł.
Basia Może wirus dostał się do maszyny?
Sally Nie chcę nawet o tym myśleć. Żeby tylko dotrwał do końca mojego pobytu w Polsce.
Basia Załóżmy jednak, że to wirus, co wtedy zrobisz?
Sally Będę musiała zdobyć program antywirusowy. Albo obyć się bez komputera. Przecież nie kupię nowego. Do kónca mojego pobytu w Polsce zostały tylko dwa tygodnie. Może jakoś przeżyję.

---

mam wrażenie, że I have the impression
coś dziwnego (dziwny) something strange
dzieje się z (dziać się) is happening to
z moim komputerem with (here: to) my computer
boję się, żeby (bać się) **się nie popsuł** (psuć się/popsuć się)

I'm afraid of it breaking down
wirus virus
dostał się do maszyny (dostawać się/dostać się) has got into the machine
żeby tylko dotrwał (trwać/dotrwać) as long as it lasts
do końca mojego pobytu till the end of my stay

załóżmy jednak
(zakładać/założyć) *but
supposing*
zdobyć (zdobywać/zdobyć) *get
hold of*
program antywirusowy *anti-virus
program*
obyć się bez (obywać/obyć się)
do without

do wyjazdu (wyjazd) *till my
departure*
zostało (zostawać/zostać) *there's
. . . left*
jakoś przeżyję
(przeżywać/przeżyć) *I'll survive
somehow*

▶ While Sally has been contemplating life without a functioning computer, Basia has found what she was looking for.

Basia No proszę, wreszcie znalazłam ten numer: „Naprawa sprzętu gospodarstwa domowego", telefon 25–43–35 [dwadzieścia pięć, czterdzieści trzy, trzydzieści pięć].

Sally Co ty mówisz? Laptop to nie AGD.

Basia Chodzi mi o lodówkę, a nie o komputer.

Sally Wiesz co? Tak się zdenerwowałam tym laptopem, że przez chwilę zapomniałam o lodówce. Powtórz, proszę, numer.

Basia Naprawdę jesteś zdenerwowana. 25–43–35.

Sally Zanotowałam. Stokrotne dzięki.

Basia Drobiazg. Nie ma za co.

no proszę *here we are*
wreszcie *at last*
znalazłam (znajdować/znaleźć)
I've found
naprawa sprzętu (sprzęt) *repairs
to equipment*
**sprzęt gospodarstwa
domowego** (gospodarstwo,
domowy) *domestic appliances*
**AGD (artykuły gospodarstwa
domowego)** *domestic hardware*
chodzi mi o (+ acc.) (chodzić)
I mean
zdenerwowałam się
(denerwować się/zdenerwować
się) *I've got worried*

tym laptopem *about the laptop*
przez chwilę (chwila) *for a
moment*
zapomniałam (zapominać/
zapomnieć) *I had forgotten*
powtórz proszę
(powtarzać/powtórzyć) *repeat, if
you could*
naprawdę jesteś zdenerwowana
(być, zdenerwowany) *you really
are upset/worried*
zanotowałam
(notować/zanotować) *I've
written it down*
stokrotne dzięki (stokrotny)
thanks a million

ℹ️ Computers

Computers found their way onto the Polish market quite quickly. The same can be said for some of the software. Always check and double-check any programs you buy in Poland. Even programs from well-established companies may presuppose a specifically Polish set-up on your machine which can prove hard to duplicate on your machines back home. Poland has joined other countries in the fight against software piracy. It's worth mentioning that apart from the **komputer**, you will also come across various kinds of printer.

drukarka igłowa	*dot-matrix printer*
drukarka atramentowa	*ink-jet printer*
drukarka laserowa	*laser printer*

You may also need to know words like **skaner** (*scanner*), **dysk/dyskietka** (*disk*), **dysk kompaktowy** (*compact disc*), **klawiatura** (*keyboard*), **program** (*program*), **pakiet oprogramowania** (*software package*), **pamięć flash** [flesz] (*memory stick*), **laptop/notebook** [not-buk] (*laptop*), **monitor** (monitor) and **ekran** (screen). Note that **CD** and **DVD** do not use the normal Polish letter names, but are pronounced [s-idl] and [diwidl]. (The hyphen in [s-idl] indicates starting with [s] as opposed to [ś].

If anything does go wrong with your equipment, you need to find a workshop (**warsztat**) that carries out repairs (**naprawa**).

naprawa sprzętu radiowo-telewizyjnego	*radio and TV repairs*
naprawa sprzętu gospodarstwa domowego	*electrical appliance repairs*
naprawa komputerów i drukarek	*computer and printer repairs*

Language patterns

1 Już nie mówiąc o . . . *Not to mention . . .*

Sally says that, to tell the truth, she does not really know where to look for help. **Prawdę mówiąc, nie bardzo wiem, gdzie szukać pomocy.** The form **mówiąc** (*speaking*) is an example of a useful form of Polish imperfective verbs. It is simply constructed by taking the they form of an imperfective verb – **wychodzą, mówią, robią,** etc. – and adding -c.

Gwiżdżą. *They whistle.* Wyszedł, gwiżdżąc. *He went out, whistling.*

Znają. *They know.* Znając pana gust, . . . *Knowing your taste,. . .*

Mówiąc is one of the most common examples of this form, and also occurs in the way of saying *not to mention*.

Mówiąć o aparacie cyfrowym, miałem na myśli aparat nie fotograficzny, ale słuchowy.	*When I was talking about a digital one, I meant a hearing aid, not a camera.*
. . ., już nie mówiąc o Rosjanach	*. . ., not to mention the Russians*

If you add adjective endings -y, -a, -e, etc. to the form ending in -c, you can describe an action that distinguishes a person or thing.

śpiewają	*they sing*	ptaki śpiewające	*songbirds*
wierzą	*they believe*	wierzący	*believer(s)*
palą	*they smoke*	paląca	*a woman who smokes*
pociągają	*they attract*	pociągający	*attractive*
wciągają	*they absorb*	wciągający	*absorbing*
leżą	*they lie*	leżący policjant	*sleeping (lying) policeman (i.e. speed bump)*

These forms are sometimes called present adjectival participles. One you have known for quite a while is **interesujący** (*interesting*).

2 Past is past

Sally got so upset about her laptop that she had forgotten about the fridge. **Tak się zdenerwowałam tym laptopem, że przez chwilę zapomniałam o lodówce.** Polish verbs in the past tense cover the meanings expressed in English by a variety of combinations:

zapomniałem	*I forgot, I've forgotten, I'd forgotten*

3 I'm afraid . . .

If something is true and you regret it, then the best expression to use for *I'm afraid* is **Obawiam się, że.**

Obawiam się, że już nie ma kawy.	*I'm afraid there's no coffee left.*

If you're afraid of something happening that may yet not happen, then you need **Boję się, żeby nie**.

Boję się, żeby się nie popsuł.   *I'm afraid it might go wrong (and obviously I hope it won't).*

Here are some more examples of expressions used when you hope something won't happen.

Tylko żeby nie wirus.   *As long as it's not a virus.*
Oby/Żeby się tylko nie popsuł.   *Let's just hope it doesn't go wrong.*
Niech pan(i) się nie denerwuje.   *Don't get upset.*

▶ 4 Please

Remember that if you want to ask someone to do something, you can use **Proszę** with the dictionary infinitive form of a verb.

Proszę siadać.   *Please be seated.*
Proszę się uspokoić.   *calm down.*
Proszę się nie irytować.   *don't get annoyed.*
Proszę się nie denerwować.   *don't get annoyed/upset.*
Proszę się nie martwić.   *don't worry.*
Proszę się nie przejmować.   *don't worry.*
Proszę się nie gniewać.   *don't be angry.*
Proszę się nie śmiać.   *don't laugh.*

Being polite and formal, you can use **niech** with **pan**, etc.

Niech pan(i) siada/panie/panowie/państwo siadają.
Niech pan(i) się uspokoi/państwo się uspokoją.
Niech pan(i) się nie irytuje/państwo się nie irytują.
Niech pan(i) się nie denerwuje/państwo się nie denerwują.
Niech pan(i) się nie martwi/państwo się nie martwią.
Niech pan(i) się nie przejmuje/państwo się nie przejmują.
Niech pan(i) się nie gniewa/państwo się nie gniewają.
Niech pan(i) się nie śmieje/państwo się nie śmieją.

If you're talking to someone you're on familiar terms with, you use the simple imperative form, usually just consisting of the verb stem – that is what is left when endings are removed.

Siadaj. Uspokój się. Nie irytuj się. Nie denerwuj się. Nie martw się [niEmartf sie]. Nie przejmuj się. Nie gniewaj się. Nie śmiej się [niEśmiej sie].

To a group of people you're on familiar terms with, just add -cie to these forms:

Siadajcie. Nie denerwujcie się. Nie śmiejcie się.

To say *Let's* . . ., add -my to the basic imperative form.

Siadajmy. Nie przejmujmy się. Nie gniewajmy się.

▶ Dialogue

Sally's worry about the fridge, which has gone wrong, and the computer, which may be going wrong, prompts a conversation about how we become reliant on various bits of equipment.

Basia Komputery i lodówki są podobne do siebie.

Sally Jak to podobne? Co masz na myśli? Że są drogie?

Basia Nie, człowiek tak się do nich przyzwyczaja, że nie pamięta, jak sobie dawał radę bez nich.

Sally Nie wiem, jak bym sobie poradziła bez ciebie.

Basia Miejmy nadzieję, że cię nie zawiodę.

Sally Nie zawiedziesz.

Basia Zadzwoń do tego faceta od lodówki. Wszystko będzie dobrze. Masz włączoną komórkę?

Sally Tak, włączoną. Trzymaj kciuki.

---

podobne do siebie (podobny) *alike, similar to each other*

jak to? *what do you mean (by that)?*

co masz na myśli? (mieć, myśl) *what do you mean, what do you have in mind?*

że są drogie (drogi) *that they're expensive*

człowiek się do nich tak przyzwyczaja (przyzwyczajać się/przyzwyczaić się, one) *you get so used to them*

jak sobie dawał radę (dawać/dać rada) *how you (one) managed*

poradziłabym sobie bez ciebie (radzić sobie/poradzić sobie) *I would manage without you*

miejmy nadzieję (mieć, nadzieja) *let's hope*

nie zawiodę cię (zawodzić/zawieść) *I won't let you down*

nie zawiedziesz *you won't let me down*

zadzwoń do tego faceta od lodówki (dzwonić/zadzwonić, facet) *ring the fridge man*

wszystko będzie dobrze *everything will be OK*

trzymaj kciuki (trzymać, kciuk) *keep your fingers crossed*

włączoną komórka (włączać/ włączyć/komórka) *mobile switched on*

i Cautious optimism

There are various ways of expressing cautious optimism in Polish. One common one is to say **Odpukać** (*Touch wood*) since the Polish custom is to knock on unpainted wood (literally, unpainted tree) (**odpukać w niemalowane drzewo**). As many conversations take place at table, you will find Poles reaching for the underside of the table when expressing cautious optimism in this way. The equivalent of keeping your fingers crossed is to hold your thumbs: **Trzymamy kciuki** (*We've got our fingers crossed*). You may just hope: **Mam nadzieję, że nic mu się nie stało** (*I hope nothing's happened to him*). **Miejmy nadzieję, że nie** (*Let's hope not*).

Practice

1 Deliveries to two shops have got mixed up. Write lists under each heading showing which products in the box below should be delivered to which shop. You may need to refer to the vocabulary at the back of the book.

Sprzęt radiowotelewizyjny   **Sprzęt gospodarstwa domowego**

czajnik elektryczny, żelazko, magnetofon, ekspres do kawy, radio, słuchawki, kuchenka mikrofalowa, telewizor, kasety wideo, lodówka, pralka, wideo, zamrażarka, młynek do kawy, mikser, baterie, odtwarzacz kompaktowy

2 Match the beginnings of sentences on the left with the continuations on the right.

a Boję się, że   1 ciastko z kremem.
b Nie mam ochoty na   2 komarów, węży i szczurów.
c Czy chciałabyś   3 on jest takim bogatym człowiekiem.
d Nie znoszę   4 ona nie przyjdzie.
e Wolę   5 coś zjeść?
f Nie przypuszczałem, że   6 oglądanie telewizji.

3 Put the words in brackets in appropriate forms.

    a (popsuć)   _____ mi się mikser.

    b (partner)   Szukam _____ .

    c (żelazko)   Będą musieli obyć się bez _____ .

    d (chwila)   Niech pan zaczeka _____ .

    e (lodówka)   Nie bardzo wiem, gdzie szukać
                                 _____ .

    f (zamrażarka)   Kupimy _____ w sobotę.

    g (ekspres do kawy) Chodzi mi o _____ _____ _____ ,
                                   a nie o kuchenkę mikrofalową.

    h (kuchenka   Już widzę odpowiednią _____
      mikrofalowa)   _____ .

4 Translate into English.

    a Niech pan wezwie kogoś do naprawy.

    b Mam wrażenie, że nie chcą o tym myśleć.

    c Zostanę do końca.

    d Nie kupią nowej mikrofalówki. Nie mają przecież
      pieniędzy.

    e Nie martw [niemartf] się. Przeżyjesz.

    f Gdzie kupię kasety wideo?

    g Tu się takich kaset nie kupi.

    h Człowiek nie wie, gdzie szukać pomocy.

    i Co się dostało do mojego komputera?

5 Translate into Polish.

    a There are only three weeks left till his departure from
      Poland.

    b Have you called a doctor?

    c He'll have to get a suitable software package.

    d Our freezer's gone wrong.

    e But suppose he's already arrived.

    f The children really are upset.

    g She made a note of the address and telephone number.

    h Someone is getting angry.

6 Unravel the sentences tangled up with each other.

Wreszcie numer tego nadzieję, tylko.

Mam warsztatu się końca stało.

Żeby nie do że komputery dotrwały nic im znalazłem
miesiąca.

▶ 7 Pronounce these Polish words, not worrying about their meaning. Each should come out sounding like an English word or words (allowing for a Polish accent).

bąk	lis
buty	mag
frajer	pała
frant	pól
huta	rów
kac	slajd
kawa	spotykał
klej	tajny
łąki	

How to . . .

• express suspicions, fears and wishes

Podejrzewam, że . . .	*I suspect . . .*
Mam wrażenie, że . . .	*I have the impression . . .*
Boję się, że . . .	*I'm afraid that . . .*
Obawiam się, że . . .	*I'm afraid . . .*
Żeby się tylko nie po-/zepsuł(a/o)	*I just hope it won't go wrong.*

• tell people not to worry and express cautious optimism

Proszę się nie martwić.
Nie denerwuj się.
Nie przejmujmy się.

• send for expert help and describe what isn't working

Trzeba wezwać . . .
Zadzwonię do warsztatu.
Popsuł się komputer/laptop/notebook [notbuk].
Popsuło się żelazko.
Popsuła mi się mikrofalówka (kuchenka mikrofalowa). *My microwave's gone wrong.*
Zepsuł się samochód.
Lodówka jest zepsuta.
Drukarka jest popsuta.

Złamała się narta./Narta jest złamana. *My ski is broken.*
Wazon jest stłuczony/Wazon się potłukł.
. . . nie działa. . . . *isn't working.*
. . . wysiadł(a/o). . . . *has gone/packed up.*
Lodówka nie działa.
Akumulator w samochodzie (*car battery*) wysiadł.
Toaleta nieczynna.

---

złamać się *get broken*
potłuc się/stłuc się *get broken/smashed*
nieczynny *out of action, not working, closed*

awaria *breakdown*
wyjście awaryjne *emergency exit*
wazon *vase*

17

nie wiem, czy zdążę

I don't know if I'll have time

In this unit you will learn
- how to talk more about travel
- more about making definite plans and engagements
- how to talk about obligations and duties

Dialogues

▶ Sally is getting ready to go back to England.

Basia	Czy masz wszystko gotowe do wyjazdu?
Sally	Prawie.
Basia	O której masz samolot?
Sally	O czwartej po południu.
Basia	Przyjadę po ciebie w sobotę o pierwszej i odwiozę cię na lotnisko.
Sally	Bardzo ci jestem za to wdzięczna. Te ostatnie dni będą strasznie męczące. Jest jeszcze tyle spraw do załatwienia.
Basia	Nie martw się. Odpoczniesz sobie w samolocie, a w Anglii będziesz miała wreszcie święty spokój.
Sally	Wątpię. Zaraz po powrocie mam spotkanie z szefem. Muszę także napisać obszerne sprawozdanie z pobytu w Polsce.
Basia	Będziesz więc bardzo zajęta.
Sally	Jeszcze jak!

wszystko gotowe (gotowy) *everything ready*
do wyjazdu (wyjazd) *for when you leave*
prawie *almost*
przyjadę po ciebie (przyjeżdżać/ przyjechać, ty) *I'll come to get you*
odwiozę cię na lotnisko (odwozić/odwieźć) *I'll take you to the airport*
jestem ci za to wdzięczna (ty, wdzięczny) *I'm grateful to you for that*
te ostatnie dni (ten ostatni dzień) *the(se) last days*
strasznie męczące (straszny, (z)męczyć) *terribly tiring*

tyle spraw do załatwienia (sprawa, załatwi(a)ć) *so many things to do*
odpoczniesz sobie (odpoczywać/odpocząć) *you'll be able to enjoy a good rest*
w samolocie (samolot) *on the plane*
święty spokój *a bit of peace*
zaraz po powrocie (powrót) *the moment I get back*
obszerne sprawozdanie (obszerny) *an extensive report*
z pobytu (pobyt) *on my stay*
zajęta (zajęty) *busy*
jeszcze jak! *and how!*

▶ Sally looks through her **kalendarzyk** (*diary*) to check what she still has to do:

Basia	Dużo masz jeszcze spraw do załatwienia?
Sally	Bardzo dużo. Nie wiem, czy zdążę ze wszystkim. W poniedziałek mam spotkanie w szkole. We wtorek muszę

zadzwonić do mamy. W środę robię ostatnie zakupy. W czwartek muszę spakować wszystkie duże rzeczy: komputer, drukarkę laserową, wszystkie książki i papiery. W piątek sprzątanie mieszkania i kolacja u ciebie, a w sobotę odlot.

Basia No to nie przeszkadzam ci. Do zobaczenia w poniedziałek.
Sally Na razie. Cześć.

---

poniedziałek

1000 spotkanie w szkole

1300 obiad z Basią

wtorek

zadzwonić do mamy!!!

środa

zakupy w Cepelii

kupić prezent dla Basi

czwartek

zapakować duże rzeczy
(komputer, drukarka itd.)

piątek

posprzątać mieszkanie

dokończyć pakowanie

1900 kolacja u Basi

sobota

1300 odjazd na lotnisko

1600 odlot do Londynu

niedziela

w domu!!

zadzwonić do mamy

zadzwonić do Basi

nie nastawiać budzika

NOTATKI

zaplanować następny pobyt w Polsce

---

dużo spraw do załatwienia *a lot of things to do*
sprawa *case, matter, business*
załatwiać/załatwić *see to, arrange*
zdążę (zdążyć) *I will manage/have time*
ostatnie zakupy *final shopping*

ostatni *last*
drukarka laserowa *laser printer*
to nie przeszkadzam ci (przeszkadzać/przeszkodzić) *I won't disturb you, then*
na razie *(cheerio) for now*
itd. (i tak dalej) *etc.*

ℹ️ Timekeeping

Some Poles have a very relaxed attitude to timekeeping. When arranging an appointment, bear in mind it will usually be '-ish'. You should add anything between fifteen minutes, which is known as **kwadrans akademicki** (*an academic quarter of an hour*), and eternity.

The **kwadrans akademicki**, as its name suggests, has its roots in the world of universities. It is the traditional length of time that students are expected to wait for a lecturer or tutor. A lecturer who is more than fifteen minutes late will probably find nobody there.

Ironically, though, this relaxed attitude to time co-exists with the saying 'time is money' – **czas to pieniądz**. Here are some Polish expressions connected with making appointments. If you're meeting a friend, you will have to **umówić się (na spotkanie)** (*fix a time and date (to meet)*). If you're going to visit a doctor, you should **zamówić wizytę** (*book an appointment*). You can also **iść z wizytą** (*go to visit*) your friends or relatives.

Language patterns

1 Gdzie to mam? *Where is it?*

Basia asks Sally **O której masz samolot?** (*What time is your plane?*). Literally this means *At what time do you have a plane?* You might also ask someone, **O której pan(i) ma odjazd/odlot?** (*What time do you leave/take off?*). Forms of **mieć** (*to have*) are used very freely in this sort of context. And if you know you have something somewhere, and you're looking for it, perhaps in your handbag or in your pockets, you might well ask yourself **Gdzie to mam?** Which condenses neatly into three words the idea *I've got it somewhere here; now, where is it?* Trying to remember where you put something, you might ask **Gdzie to dałem/dałam?**, literally, *Where have I given it?*

You will also hear Poles say things like **Mam to zrobione** (*It's done* or *I've got that done*). *I've done it*, by contrast, would be **Zrobiłem/Zrobiłam (to)** or **Już zrobiłem/zrobiłam.**

2 Tyle spraw do załatwienia *So many things to get done*

Nearly all Polish verbs have a 'verbal noun' associated with them. For example the pair **załatwiać/załatwić** (*to deal with, sort out*) have the verbal nouns **załatwianie** (*process, habit of, sorting* out, *at least trying to sort out*), and **załatwienie** (*dealing (successfully) with*). You have met a number of verbal nouns, especially some that have taken on a life of their own, almost independently of the verb that they come from:

mieszkać	*to live*	mieszkanie	*living; a flat*
zmęczyć	*to tire out*	zmęczenie	*tiring out; tiredness*
ubrać	*to dress*	ubranie	*dressing; clothes, suit*
spotkać	*to meet*	spotkanie	*meeting, rendezvous*
zebrać	*to collect together*	zebranie	*(formal) meeting*

3 Some uses of *do* to, for

Verbal nouns often appear in the genitive form preceded by the preposition **do**:

Mam coś do załatwienia.	*I've something I must do.*
krem do golenia	*shaving cream*
woda zdatna do picia	*drinking water*

---

golić się to shave   **pić** to drink

In expressions like these, **do** normally corresponds to English *for*. The same goes for expressions like **pasta do zębów** (*toothpaste, paste for teeth*). In other kinds of contexts, **do** is the usual word for *to*.

Nasz synek już chodzi do szkoły.	*Our little boy goes to school now.*
Wszedł do pokoju.	*He went into the room.*

Some words expect **na** for *to*, followed by an accusative form:

na lotnisko	*to the airport*
na pocztę	*to the post office*

Note: **na lotnisku** (*at the airport*) and **na poczcie** (*at the post office*).

If you use **do** with the genitive of these words that expect **na**, you will in fact be saying *as far as*.

Odwiozę cię na lotnisko.	*I'll take you to the airport.*
Dowiozę cię do lotniska.	*I'll take you as far as the airport.*

4 Other words derived from verbs – participles

The word **męczący** (*tiring*) is an example of a 'present active participle' derived quite regularly from **męczyć** (*to tire, exhaust, torment*). Remember, these participles are formed from imperfective verbs only (p. 206).

Zajęty (*engaged, occupied, busy*) and **zmęczony** (*tired*) are examples of passive participles. Passive participles are adjectives that describe something in terms not of what it does, but in terms of what is or has been done to it.

zajmować/zająć   *to occupy*   zajmowany   *being occupied*
                              zajęty   *occupied, engaged,*
                                           busy

Zająć also gives the noun **zajęcie** (*activity, occupation, class*).

Zepsuty and **popsuty**, both meaning *broken*, are also passive participles, and so is **zmęczony** (*tired*). In fact **męczący** (*tiring*) and **zmęczony** (*tired*) are good examples of the difference between an active participle and a passive participle. (You're less likely to come across **męczony** (*being tortured*) – also a passive participle.)

Passive participles from imperfect verbs describe a thing in terms of what is regularly done, is being done at the moment, or what can be done to it.

składać/złożyć   *to fold*   krzesło składane   *a folding chair*
mówić   *to speak*   język mówiony   *spoken language*

5 Instructions

First person plural present tense forms (see p. 32) are widely used in instructions, written and spoken.

Nie rozmawiamy!   *No talking!*
Siedzimy wszyscy ładnie.   *Be good and stay seated.*
  Nie wstajemy.   *Don't stand up.*

For other ways of telling people what to do, see pp. 31, 43–4, 84–6, 90–1, 129–30, 240–1.

Practice

1 Write questions to elicit the answers given below:

a O trzeciej w nocy.
b Nie wiem, czy będę miał(a) czas.
c Po powrocie? Z szefem.
d W środę robię ostatnie zakupy.
e Zrobię je w czwartek.
f Pan będzie miał święty spokój dopiero w domu.

2 Put suitable words in the gaps.

a Chciał(a)bym _____ wizytę u doktora Czarneckiego.
b Basiu, czy możesz _____ mnie na lotnisko?
c Daj mi święty _____ .
d Mam jeszcze tyle spraw do _____ .
e Jestem bardzo panu _____ za prezent i kwiaty.

3 Match the words in the left column with those in the right.

a	święty	1	życzenia
b	zamówić	2	zakupy
c	robić	3	prezent
d	złożyć	4	spokój
e	ofiarować	5	sprawę
f	załatwić	6	wizytę

4 The sentences below are grammatically correct but don't make sense. Replace one word in each to create a sensible sentence.

a Mam jeszcze tyle kwiatów do załatwienia.
b Zapakowałam już wszystkie psy.
c Muszę napisać długie nożyczki dla mojego szefa.
d Mój brat poszedł z wizytą do toalety.
e Muszę spakować ciocię i papiery.
f Gdybym miał żelazko, kupiłbym lepszy samochód.

▶ 5 Complete your side of this conversation as suggested.

X   Czy pan ma wszystko spakowane?
You Say no, not everything yet. You still have to pack small things.
X   Ile panu zostało czasu?

You   *Say you have three days left, and you have a lot to sort out.*

X   Kiedy pan ma odlot?

You   *Say your flight is on Friday at nine. You don't know whether you'll have time for everything. You are very worried.*

X   Proszę się nie denerwować. Wszystko będzie dobrze.

You   *Say, let's hope so. You will be very busy all the time* (**cały czas**).

X   Mogę pana odwieźć na lotnisko w piątek.

You   *Say you would be very grateful.*

▶ 6 Pronounce these words according to Polish reading rules. Don't let their visual resemblance to English words deflect you. Don't worry if you don't know what they mean; they're just for pronunciation practice.

Berlin   but   Egipt   Europa   hurt   Korea   mew
mów   much   no   pole   prozaik   spacer

How to . . .

- express gratitude

  Jestem ci/pani/panu bardzo wdzięczny/wdzięczna.

- tell others not to worry

  Nie martw(cie) się.
  Proszę się nie martwić.
  Niech się pan/pani nie martwi.
  Niech się panowie/panie/państwo nie martwią.

- reassure others that everything is all right

  Wszystko (jest) w porządku.
  Wszystko będzie dobrze.
  Będziesz mógł/mogła odpocząć.
  Pan(i) będzie miał(a) święty spokój.

- express your doubts

  Wątpię.   Wątpię, czy . . .

- express disbelief

  Nie do wiary!
  Nie wierzę!
  Nie chce mi się uwierzyć!

- express emphatic agreement

  Jeszcze jak!

- talk about travel and about definite plans and engagements,
  obligations and duties

  Mam odjazd we wtorek.
  Kiedy masz odlot?
  Odwiozę pana/panią na lotnisko/na dworzec kolejowy/na
    dworzec autobusowy.
  Mam spotkanie z szefem.
  Muszę napisać sprawozdanie.
  Muszę zadzwonić do wujka.
  Muszę spakować pozostałe (*remaining*) rzeczy.
  Mam sprawę do załatwienia.

18

jak to się stało?
how did it happen?

In this unit you will learn
- how to talk about past events
- how to talk about what you have seen and heard
- how to talk about certainty and uncertainty

Dialogues

▶ On one of her last days in Poland, Sally witnessed a street accident. She talks to a policeman about what happened.

Policjant Niech mi pani powie, co pani widziała.

Sally Zaraz, niech pomyślę. To wszystko stało się tak szybko. Czekałam na przystanku. W pewnym momencie zobaczyłam z daleka nadjeżdżający autobus. Nagle usłyszałam pisk hamulców, a kiedy odwróciłam się, żeby zobaczyć, co się stało, zauważyłam, jak jakiś facet przebiega przez jezdnię w kierunku przystanku, a nadjeżdżający samochód próbuje go ominąć. A potem zobaczyłam, jak samochód uderzył w tego mężczyznę. Facet upadł, a samochód odjechał, nie zatrzymawszy się.

Niech mi pani powie (ja, mówić/powiedzieć) *tell me*
Niech pomyślę (myśleć/ pomyśleć) *let me have a think*
stało się (stać się) *it happened*
tak szybko (szybki) *so quickly*
czekałam (czekać/poczekać) *I was waiting*
na przystanku (przystanek) *at the stop*
w pewnym momencie (pewien, moment) *at one point*
zobaczyłam (widzieć/zobaczyć) *I saw*
z daleka (daleko) *in the distance, from a distance*
nagle *suddenly*
pisk hamulców (hamulec) *the screech of brakes*
odwróciłam się (odwracać się/odwrócić się) *I turned around*
żeby zobaczyć *in order to see*

zauważyłam (zauważać/ zauważyć) *I noticed*
jakiś facet *a guy, some chap*
jak ... przebiega (przebiegać/ przebiec) *running across*
przez jezdnię (jezdnia) *across the road(way)*
w kierunku przystanku (kierunek, przystanek) *in the direction of the stop*
nadjeżdżający (nadjeżdżać/ nadjechać) *approaching*
próbuje (próbować/spróbować) *try(ing)*
ominąć go (omijać/ominąć) *to avoid him*
uderzył w (uderzać/uderzyć) *hit*
upadł (upadać/upaść) *fell down*
odjechał (odjeżdżać/odjechać) *drove off*
nie zatrzymawszy się *without stopping*

▶ The policeman asks Sally for some more information.

Policjant Czy pamięta pani numer rejestracyjny, markę i kolor samochodu?

Sally Biały polonez. Nie jestem jednak pewna numeru rejestracyjnego. Pierwszą cyfrą było pięć, a litery: W jak Witold, A jak Adam, Z jak Zenon, ale to wszystko. Przykro mi.

Policjant	Nic nie szkodzi. To i tak dużo. Teraz tylko poproszę o pani nazwisko i adres.
Sally	Nazywam się Sally Johnson i jestem obywatelką brytyjską. Niestety pojutrze odlatuję do Anglii, więc mój adres będzie nieaktualny.
Policjant	To proszę podać swój adres angielski.
Sally	Dobrze, może panu napiszę. (*pisze, starając się, żeby było najczytelniej*)
Policjant	A proszę jeszcze paszport.
Sally	Na szczęście mam przy sobie. (*podaje policjantowi paszport*)

(*Policjant zapisuje wszystkie dane, włącznie z numerem i terminem ważności paszportu.*)

Policjant	Dziękuję pani bardzo za pomoc. Do widzenia.
Sally	Nie ma za co. Do widzenia.

---

markę (marka) *make*
polonez *Polonez (make of car), polonaise (dance)*
nie jestem pewna numeru (być, pewien, numer) *I'm not sure of the number*
pierwszą cyfrą było (pierwszy, cyfra) *the first digit was*
litery (litera) *the letters*
przykro mi (przykry, ja) *I'm sorry*
to i tak dużo *that's a lot as it is*
jestem obywatelką brytyjską (być obywatelka, brytyjski) *I am a (female) British citizen*
odlatuję (odlatywać/odlecieć) *I depart (by air)*
starając się, aby było (starać się/postarać się, być) *trying to make it*

najczytelniej (czytelny) *most legible*
na szczęście *fortunately*
mam przy sobie (mieć) *I have it on me*
podaje policjantowi (podawać/podać, policjant) *she gives the policeman her passport*
zapisuje (zapisywać/zapisać) *he writes down*
wszystkie dane (wszystek) *all the data*
włącznie z numerem i terminem ważności (numer, termin, ważność) *including the number and expiry date*

🛈 Driving in Poland

Poland, once advertised as the country of empty roads, is now fast joining the world of too many cars, traffic jams and pollution. If you plan to drive a car in Poland, it's worth considering a few points. Many Poles have little respect for the highway code and road safety;

such drivers treat speed restrictions as an unnecessary obstacle to their rapid journey. Crossing the road can be a harrowing experience, as not all motorists allow pedestrians priority on a zebra crossing. Traffic police attempt to curb the most serious motoring offences, but the best advice is simply to be vigilant and use your common sense. If you are stopped for speeding (**przekraczanie prędkości/ szybkości**) – and your different-looking number plates make you an easy target to spot – you will be asked to pay a fine (**mandat**) on the spot. Always ask for a receipt (**kwit**) when you pay a fine. You will be asked to show your driving licence (**prawo jazdy**), your registration document (**dowód rejestracyjny**) and your insurance (**ubezpieczenie**). Polish road signs are not very dissimilar to British ones.

In Poland you will still drive mostly on a single carriageway (**droga jednopasmowa**) or a dual carrigeway (**droga dwupasmowa**). If there are no junctions (**skrzyżowanie**, *junction*), the road becomes a fast road (**droga szybkiego ruchu**). Motorways (**autostrada**, *motorway*) have yet to become common in Poland although the first toll roads (**autostrada/droga płatna**) have appeared and the road network in general is improving at an impressive rate. There are now plenty of filling stations (**stacja benzynowa**) too.

Language patterns

1 Where you wait and what you wait for

Czekać/zaczekać (*to wait*) uses **na** and an accusative form of the word for what you are waiting for.

Pan czeka na tramwaj?	*Are you waiting for a tram?*
Czekałam na list z Łodzi.	*I was waiting for a letter from Łódź.*

In the dialogue about the accident, Sally was waiting at the stop, and says **Czekałam na przystanku. Na przystanku** (*at the stop*) combines **na** with the locative form of **przystanek**.

2 Falling down and turning over

To fall down, stumble is **upadać/upaść**.

Kobieta upadła.	*The woman hit the ground (when the car hit her).*

To fall, overturn is **przewracać się/przewrócić się**.

Świat się przewrócił do góry nogami.	*The world has gone mad (turned upside down).*

3 **To powiedziawszy** *Having said that*

In the dialogue, Sally reports that the car drove off without stopping.

> Samochód odjechał, nie zatrzymawszy się.

Expressions like **zatrzymawszy** are not common in spoken Polish, but it's important to be able to recognize them. They are formed from verbs of the perfective type only. Perfective verbs are the ones we quote second of a pair, and they have only future and past tenses. The -szy form is based on the past form, usually replacing the -ł- of the past form with -wszy, but sometimes adding -szy to the -ł- if another consonant comes before the -ł-:

Samochód się zatrzymał	*The car stopped*
. . ., nie zatrzymawszy się.	*. . . , without stopping.*
Co powiedziała?	*What did she say?*
To powiedziawszy, wyszedł.	*So saying, he left.*
Przyszedłem do domu.	*I (male) came home.*
Przyszłam do domu.	*I (female) came home.*
Przyszedłszy do domu, poszedłem/poszłam spać.	*When I got home I (male/female) went to bed.*

4 **Biały polonez** *A white Polonez*

Polish writes the names of individual items of a make with a small letter, reserving capital letters for the firm as a whole.

Gra na yamasze [najamAsze].	*He's playing a Yamaha.*
Ona fotografuje starym nikonem, a on minoltą.	*She uses an old Nikon camera, and he uses a Minolta.*
Duży fiat.	*A big Fiat.*
Nowy jaguar.	*A new Jaguar.*
Moi przyjaciele mają opla.	*My friends have an Opel.*

The last example shows that Poles talk about cars as if they were animate. They do the same with dances, makes of cigarette, units of currency and games. When the noun concerned is masculine, it follows the masculine animate pattern of borrowing the genitive form for the accusative.

Zapłaciłem funta.	*I paid a pound.*
Palił carmena.	*He was smoking a Carmen.*

Graliśmy w brydża.	*We were playing bridge.*
Tańczyli poloneza.	*They were dancing the polonaise.*

Perhaps this is why English calls the Polish dance by the name *mazurka*, when the Polish name of the dance is in fact **mazurek**.

To chyba mazurek.	*I reckon it's a mazurka.*
Tańczyli mazurka.	*They were dancing the mazurka.*

In English, *She's got a Jaguar* is ambiguous when you say it, because it sounds the same as *She's got a jaguar*. In Polish the written version **Ona ma jaguara** is just as ambiguous as the spoken.

5 Chaos would be the outcome – the outcome would be chaos

Sally caught the first digit of the registration of the car involved in the accident she witnessed, it was five:

Pierwszą cyfrą było pięć.	*The first digit was five/ Five was the first digit.*

Polish is able to turn around the pattern X is Y, where Y comes in the instrumental form.

Paderewski był premierem.	*Paderewski was prime minister.*
Premierem był Paderewski.	

6 A couple of reminders

Remember that **aktualny** means *current, up to date*. **Ewentualny** means *possible*, so that **ewentualnie** means *in the event, if necessary, come to that*.

Ten adres jest nadal aktualny?	*Is this address still current?*
Możemy się spotkać ewentualnie u mnie.	*We can meet at my place, for that matter.*

Termin can mean *term* as in terminology, or it can mean *time-limit, deadline*.

Nie znam tych terminów gramatycznych.	*I don't know these grammatical terms.*
Oddali rękopis przed terminem.	*They handed over the manuscript before the deadline.*

Ważny can mean *important* or *valid*.

To chyba najważniejsze.
I think that's the most important thing.

Niestety pana paszport jest nieważny.
I'm afraid your passport's invalid.

Termin ważności.
Expiry date (validity deadline).

7 A case of giving – the dative revisited

When nouns form their dative, the majority patterns are:

Feminine nouns swap **a** for **e** and usually alter the preceding consonant, e.g. **kelnerka** becomes **kelnerce**.

Podał kelnerce kartę kredytową/ debetową.
He handed the waitress his credit/debit card.

Pomagaliście wszyscy matce?
Have you all been helping your mother?

These feminine dative singular forms are like the locatives (see pp. 91–2 and 272).

Masculine nouns typically have a dative in **-owi**, though some have **-u**.

Sally podała policjantowi (swoje) prawo jazdy.
Sally handed the policeman her driving licence.

Zrób Tadkowi herbaty.
Make Tadek some tea.

Nie przeszkadzaj hydraulikowi.
Don't disturb the plumber.

Masculine nouns like **kolega**, **turysta** follow the pattern typical of feminine nouns:

Pomóż no koledze.
Go on, give your friend a hand.

Nasz hotel się spodoba każdemu turyście.
Any tourist will take a liking to our hotel.

Neuter nouns typically replace their final **-o** or **-e** with **-u**.

Alkohol szkodzi zdrowiu.
Alcohol's bad for you.

The dative plural ending is **-om**.

Dzień dobry panom.
Good morning, gentlemen.

Przepraszam, że paniom przerwałem.
Sorry to have interrupted you ladies.

Kupił rodzicom samochód.   *He's bought his parents*
                             a car.

Na zielonym dajemy przyklad *(By crossing) on the green*
dzieciom.   *(signal) we set an*
                             example to children.

8 I saw how mummy kissed Santa Claus

Note that in Polish, when you want to say that you saw someone
do or doing something, you say you saw how they did it.

Zobaczyłam, jak samochód   *I saw the car hit the man.*
uderzył w tego mężczyznę.

Widziałem, jak mama całowała *I saw mummy kiss(ing)*
Świętego Mikołaja.   *Santa Claus.*

Using **jak** in this sort of pattern doesn't imply that you saw
exactly how it happened, as using *how* in English does.

With verbs of the imperfective type (the ones mentioned first of
the pair, that don't sum an action up), you may find a present
form instead of a past in such patterns.

Widziałam, jak samochód   *I saw the car hit(ting) the*
uderza w dziewczynkę.   *little girl.*

Słyszałem, jak mamusia całuje *I heard mummy kissing*
Świętego Mikołaja.   *Santa Claus.*

Practice

1   Choose the correct form from the brackets.

   a   (pewien, pewna)   Tomku, czy jesteś _____ , o
                                której odjeżdża pociąg?
   b   (Czekałam, Zaczekałam)   _____ na przystanku, kiedy
                                zdarzył się wypadek.
   c   (widział, widziała)   Czy _____ pani, co się
                                stało?
   d   (odlatuję, odleciałam)   Jutro _____ do Francji.
   e   (przystanki, przystanku) Facet biegł w kierunku
                                _____ .
   f   (policjantem, policjantowi) Podała _____ swoje prawo
                                jazdy.
   g   (markę, marki)   Nie pamiętam _____
                                samochodu.

2 Translate into English.

a To wszystko stało się tak szybko.

b Nagle starszy pan upadł.

c Nie pamiętam ani marki ani koloru samochodu.

d Proszę podać termin ważności pani paszportu.

e To nie jest droga dwupasmowa.

f Autobus uderzył w kobietę.

g Nie widziałem, jak facet przechodzi przez jezdnię.

h W pewnym momencie usłyszałem zgrzyt gum (*squeal of tyres*) na asfalcie.

3 Distribute the words appropriately among the gaps.

> **widział   jak   się   przystanek   przystanku**
> **autobusem   autobusie**

a Zobaczyliśmy, _____ autobus się przewraca.

b Stałem na _____ i czekałem na tramwaj.

c Nie lubię czytać w _____ .

d Niech mi pan powie, co pan _____ .

e Tym razem (*this time*) przyjechaliśmy _____ .

f Jeszcze jeden _____, i wysiadamy.

g Nie warto _____ denerwować.

▶ **4** Participate in the dialogue, following the guidelines.

X   Co pan(i) widział(a)?

You   *Say you saw nothing.*

X   Nie widziała pani/widział pan numeru rejestracyjnego samochodu?

You   *Say yes* (**owszem**), *you saw the first digit. The first digit was six.*

X   A nie widziała pani/widział pan liter?

You   *Say you remember three letters. They were G for George, F for Freddie and H for Harry.*

X   A może pan(i) pamięta, jakiego koloru był samochód?

You   *Say you think the car was green, maybe an Opel. It was big.*

X   Czy samochód się zatrzymał?

You   *Say the car drove off without stopping. The old lady had fallen down and you wanted* (**chciałem** if you're male/**chciałam** if you're female) *to help her.*

X   I ja również dziękuję za pomoc.

You   *Say don't mention it.*

▶ 5 Translate into Polish.

    a I saw the car hit a man.
    b I'm sorry, but this isn't my current address.
    c Fortunately I have enough money.
    d Have you got a pen on you?
    e My name is Tomasz Wilkowski and I am a Polish citizen.
    f Please give me your driving licence.

6 What is the masculine counterpart of **obywatelka brytyjska?** (see p. 289, 300.)

Dialogues

▶ During her stay, Sally had a number of conversations with her neighbour Mr Wesołowski. Here are some more of them.

Pan Wesołowski	Dzień dobry pani.
Sally	Dzień dobry panu. Widzę, że się pan gdzieś spieszy.
Pan Wesołowski	Czas to pieniądz, proszę pani.

---

widzę (widzieć) *I see/I can see*
że się pan gdzieś śpieszy
(śpieszyć się/pośpieszyć się)
that you're in a hurry (to get) somewhere

Czas to pieniądz. *Time is money.*

🛈 Money

Pieniądze (*money*) is usually plural.

    Masz pieniądze?   *Have you any money?*
    Mają dużo pieniędzy.   *They have a lot of money.*

In some generalized expressions such as this saying, though, **pieniądz** is used.

    Tam tylko pieniądz się liczy.   *All that counts there is money.*

▶ Rankiem Sally spotyka pana Wesołowskiego spacerującego z psem. Jest dość chłodno.

Sally	Dzień dobry panu. Chłodno dzisiaj.
Pan Wesołowski	Nic dziwnego, proszę pani. Od świętej Anki zimne wieczory i ranki. Najważniejsze, żeby nie

padało. Wczoraj lało jak z cebra. Zmokłem tak, że nie było na mnie suchej nitki.

rankiem (ranek) *in the morning* **spotyka** (spotykać/spotkać) *meets* **spacerującego z psem** (spacerować/pospacerować, pies) *out walking the dog* **dość chłodno** *quite cool* **nic dziwnego** (dziwny) *nothing* *surprising* **Od świętej Anki zimne wieczory i** **ranki.** (święty, Anka (Anna) zimny, wieczór, ranek) *From St Ann's day* *on, the evenings and mornings* *are cold.*	**najważniejsze, żeby nie padało** (ważny, ważniejszy, padać) *the* *most important thing is for it not* *to rain* **lało jak z cebra** (lać, cebro) *it was* *bucketing* (pouring as from a bucket) **zmokłem** (moknąć/zmoknąć) *I got* *soaked* **tak, że nie było na mnie suchej** **nitki** (być, ja, suchy, nitka (nić)) *to the skin* (so that there wasn't a dry thread on me)

▶ Pan Wesołowski zaprosił Sally na herbatę i makowiec. Sally czuje się trochę zmieszana wysiłkiem gospodarza.

Sally   Zadał pan sobie tyle trudu, a ja nie chciałam sprawiać panu kłopotu.

Pan Wesołowski Żaden kłopot, proszę pani. W Polsce, gość w dom, Bóg w dom.

zaprosił . . . na (zapraszać/zaprosić) *has invited* *. . . to/for* **makowiec** (-wca) *poppy-seed* *cake* **zmieszana** (zmieszać) *confused,* *embarrassed* **wysiłkiem** (wysiłek) *by the effort(s)* **gospodarza** (gospodarz) *of her* *host* **zadał pan sobie tyle trudu**	(zadawać/zadać, trud) *you've* *put yourself to so much trouble* **nie chciałam sprawiać panu** **kłopotu** (chcieć, sprawiać/sprawić, kłopot) *I* *didn't want to cause you any* *trouble* **żaden kłopot** *no trouble* **gość w dom, Bóg w dom** (proverb) *a guest in the house is* *God in the house*

▶ Pan Wesołowski czyta gazetę. Nagle poruszony czymś mówi do Sally:

Pan Wesołowski Kto to słyszał, proszę pani, żeby tak język zaśmiecać? No niech pani sama powie. „W tym miesiącu po raz pierwszy pojawił się na polskim rynku router Philipsa," albo „Samochód może stać się mobilnym biurem". W ogóle nie rozumiem, o co chodzi.

nagle (nagły) *suddenly*	**pojawił się** (pojawiać się/pojawić
poruszony (poruszać/poruszyć)	się) *(there) has appeared*
stirred	**na polskim rynku** (polski rynek)
czymś (coś) *by something*	*on the Polish market*
kto to słyszał, żeby tak . . .	**router** *router*
zaśmiecać	**może stać się** (móc) *can become*
(zaśmiecać/zaśmiecić) *who ever*	**mobilnym biurem** (mobilny, biuro)
heard of polluting . . . like that	*a mobile office*
no *well, then*	**w ogóle** *at all, in general*
niech pani powie (powiedzieć) *tell*	**nie rozumiem, o co chodzi**
me	(rozumieć/zrozumieć) *I don't*
sama (sam) *yourself*	*understand what's going*
	on/what it's about

Note: Mr Wesołowski is puzzled by the word **mobilny**. The normal Polish word for *mobile* is **ruchomy**, as in the expression for *escalator*: **schody ruchome** (*mobile stairs*). He may also be in some doubt, not only about what **router** means, but also about how to pronounce it, since the combination of **o** with **u** isn't a normal Polish one. He will certainly know the word **komórka**, used of a mobile phone, if only in the sense of **shed**.

Practice

▶ 7 Don't be dazzled by English spelling into lengthening a vowel when you see the letter **r** coming up. Remember, **morze** and **może** are pronounced exactly the same. **Może morze mu pomoże.** Hence the Radio Pomerania advertising pun: **Nie zaszkodzi Radio Pomorze** [**pomoże,** *will help*]. Pronounce the following words, which also include a rare instance of **rz** being pronounced as [r] + [z] rather than [ż].

Radek Sikorski   karta   ser   Mirosław
marznąć [mar-znąć] *to freeze*

How to . . .

- talk about past events

Samochód odjechał.	*The car drove away.*
Wyszła do miasta.	*She's gone out to town.*
Lecieliśmy do Warszawy.	*We were on the plane to*
	Warsaw.

Leciałyśmy do Warszawy.	*We were on the plane to Warsaw (no males in the party).*
Nie widziałem/widziałam, co się stało.	*I couldn't see what had happened.*
Gdzie byliście?	*Where have you lot been?*
Gdzie państwo byli?	*Where have you ladies and gentlemen been?*
Robiliśmy zakupy.	*We've been shopping.*
Zrobili zakupy.	*They've done the shopping.*
Co powiedziałeś/powiedziałaś?	*What did you say?*
Nie mówiłem ci?	*Didn't I tell you so?*
A nie mówiłam?	*Told you so!*

- talk about certainty and uncertainty

Jestem pewien/pewna, że to była ona.	*I'm sure it was her.*
Jesteśmy pewni/pewne, że to był on.	*We're sure it was him.*
Nie jestem niczego pewien/pewna.	*I'm not sure of anything.*
Jestem przekonany/przekonana, że jest narkomanką.	*I'm convinced she's a drug addict.*
Z pewnością znajdzie pan coś odpowiedniego.	*You're sure to find something suitable.*
Oczywiście, że możesz przyjść!	*Of course you can come!*
To na pewno jakiś Polak.	*That's a Pole, no doubt.*

- talk about mobile phones

Dzwonię z komórki.	*I'm on my mobile.*
Niech pan(i) zadzwoni do mnie na komórkę.	*Ring me on my mobile.*
Potrzebuję karty do komórki.	*I need a card for my mobile.*
Gdzie mam ładowarkę?	*What've I done with my charger?*
Wysyłamy do siebie SMS-y [esemEsy].	*We text each other.*
Wysyłacie do siebie e-maile [imEjle]?	*Do you lot e-mail each other?*

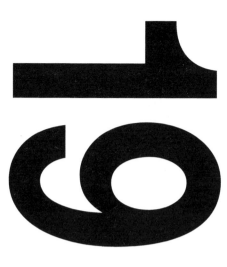

19

na mnie już czas
I've got to go

In this unit you will learn

- how to make promises
- how to send greetings
- how to thank people for specific things
- how to issue general invitations

Dialogues

▶ Sally and Basia are at Okęcie Airport in Warsaw. They are having a final chat and saying goodbye before Sally goes through passport control.

Basia   Zadzwonisz do mnie po przyjeździe do Londynu?

Sally   Oczywiście, że zadzwonię. I jak tylko znajdę chwilę wolnego czasu, to napiszę do ciebie.

Basia   Mam nadzieję, że nie zapomnisz o mnie i będziemy pisać do siebie.

Sally   Na pewno nie zapomnę. Dbaj o siebie i nie pracuj zbyt dużo.

Basia   Ty też uważaj na siebie.

Sally   Dobrze, będę uważała. Słuchaj, robi się późno, lepiej przejdę na drugą stronę. Jeszcze raz za wszystko ci dziękuję.

Basia   Nie ma za co. Cała przyjemność po mojej stronie.

---

zadzwonisz do mnie? (dzwonić/zadzwonić, ja) *will you ring me?*

po przyjeździe do Londynu (przyjazd, Londyn) *after your arrival in London*

oczywiście, że zadzwonię *of course I'll ring*

jak tylko znajdę chwilę wolnego czasu (znajdować/znaleźć, chwila, wolny czas) *as soon as I get (find) a moment's free time*

to napiszę do ciebie (pisać/napisać, ty) *then I'll write to you*

mam nadzieję, że nie zapomnisz o mnie (mieć, nadzieja, zapominać/zapomnieć, ja) *I hope you won't forget (about) me*

będziemy pisać do siebie (pisać/napisać) *we'll write (letters) to each other*

na pewno nie zapomnę (zapomnieć) *I'm sure I won't (forget you)*

dbaj o siebie (dbać/zadbać) *look after yourself*

nie pracuj zbyt dużo (pracować) *don't work too hard*

ty też uważaj na siebie (uważać) *you take care of yourself, too*

będę uważał(a) *I will take care*

słuchaj (słuchać/posłuchać) *listen*

robi się późno (robić się/zrobić się) *it's getting late*

lepiej przejdę (przechodzić/przejść) *I'd better go*

na drugą stronę (drugi, strona) *to the other side*

jeszcze raz *once again*

cała przyjemność po mojej stronie (cały, mój, strona) *the pleasure's entirely mine/it's been a pleasure*

▶ The conversation continues.

Sally   Pozdrów ode mnie swoją rodzinę.
Basia   Dobrze, dziękuję. Pamiętaj, że nasz dom jest zawsze dla ciebie otwarty. Jeżeli będziesz chciała kiedykolwiek przyjechać do Polski, to tylko daj mi znać.
Sally   Teraz twoja kolej. Musisz koniecznie przyjechać do Anglii.
Basia   Pomyślę o tym. Szczęśliwej podróży. Cześć.
Sally   Dziękuję. Hej!

---

pozdrów ode mnie swoją rodzinę (pozdrawiać/pozdrowić, ja, swój, rodzina) *say hello from me to your family*
pamiętaj, że (pamiętać) *remember that*
nasz dom jest zawsze dla ciebie otwarty (być, ty) *you're always welcome in our house*
jeżeli będziesz kiedykolwiek chciał(a) (chcieć) *if you ever want*
przyjechać do Polski (przyjeżdżać/przyjechać, Polska) *to come to Poland*

to tylko daj mi znać (dawać/dać) *(then) just let me know*
teraz twoja kolej (twój) *now it's your turn*
musisz koniecznie (musieć, konieczny) *you must definitely*
konieczny *essential, necessary*
pomyślę o tym (myśleć/pomyśleć, to) *I'll give it some thought*
szczęśliwej podróży (szczęśliwy, podróż) *bon voyage*
cześć *cheerio, hi*
hej! *bye, hi*

▶ While Sally is waiting in the airport, she overhears people talking about friends they have seen in Poland. Two women are reviewing people's state of health.

Pani Maria   Nie przypuszczałam, że ona tak dobrze się trzyma. Naprawdę świetnie wygląda.
Pani Renata   Ten pobyt na Mazurach dobrze jej zrobił. Ale za to ten jej syn wygląda okropnie. Nie wiem, czy dużo pracuje, czy po prostu wpadł w złe towarzystwo.
Pani Maria   To się dopiero okaże. A jej mąż chory, czy co? Też taki blady.
Pani Renata   Mąż jest na pewno przepracowany. Od dawna wygląda kiepsko. Wiesz, rzucił palenie, i już nie prowadzi samochodu.

nie przypuszczałam, że ona tak dobrze się trzyma (przypuszczać/przypuścić, trzymać się) *I hadn't expected her to be looking so well by now*
świetnie wygląda (świetny, wyglądać) *s/he looks terrific*
ten pobyt w Mazurach (Mazury) *that spell in Mazury (Mazuria)*
dobrze jej zrobił (ona, robić/zrobić) *did her good*
ale za to *but on the other hand*
ten jej syn *that son of hers*
wygląda okropnie (wyglądać, okropny) *looks awful*
czy dużo pracuje (pracować) *whether he works a lot*
po prostu *simply, it's just that*

wpadł w złe towarzystwo (wpadać/wpaść, zły) *he's got into bad company*
to się dopiero okaże (okazywać się/okazać się) *only time will tell*
okazywać się/okazać się *turn out*
a jej mąż chory, czy co? *and is her husband ill, or what?*
też taki blady *he's so pale too*
jest przepracowany *is (being) overworked*
od dawna wygląda kiepsko (kiepski) *he's looked poorly for a long time*
rzucił palenie (rzucać/rzucić) *he's given up smoking*
już nie prowadzi samochodu (prowadzić, samochód) *he doesn't drive (a car) any more*

▶ Not far away, two men are discussing a friend's marriage.

Pan Mietek Ta jego druga żona mi się nie podoba.

Pan Leszek Nie musi się tobie podobać. Grunt, że jemu się podoba.

Pan Mietek I on jej. Ale właśnie o to mi chodzi. Mam wrażenie, że ona go wykorzystuje i po pewnym czasie porzuci go.

Pan Leszek Wiesz co? Ty jesteś przeciwnikiem kobiet. Może to on wykorzystuje ją. Przecież wszystko dla niego robi. Ja mam wrażenie, że ona go kocha aż za bardzo.

Pan Mietek Jesteś po prostu sentymentalny.

Pan Leszek A cóż w tym złego?

ta jego druga żona *that second wife of his*
jego żona mi się nie podoba (podobać się, ja) *I don't like his wife*
grunt, że *the point is that*
że się jemu podoba *that he likes her*
wykorzystuje go (wykorzystywać/wykorzystać, on) *is exploiting him*
po pewnym czasie (pewien czas) *after a certain time*
porzuci go (porzucać/porzucić,

on) *will leave him, dump him*
wiesz co? (wiedzieć) *do you know what?*
jesteś przeciwnikiem kobiet (być, przeciwnik, kobieta) *you're a misogynist*
przeciwnik *enemy, opponent*
może to on wykorzystuje ją (wykorzystywać, ona) *maybe it's him that's using her*
przecież wszystko dla niego robi (on, robić) *she does everything for him, doesn't she?*

moim zdaniem (mój, zdanie) *in my opinion*	**po prostu** *simply*
zdanie *opinion, sentence*	**sentymentalny** *sentimental*
aż za bardzo *too much, in fact*	**a cóż w tym złego?** (to, zły) *and what's wrong with that, then?*

▶ Meanwhile, Basia has waved Sally goodbye and is back in her car, when suddenly she spots an envelope on the seat next to her. It turns out to contain a note from Sally.

Warszawa 25 czerwca 2007

Kochana Basiu!

Piszę ten list, aby Ci jeszcze raz podziękować za wszystko, co dla mnie zrobiłaś w czasie mojego pobytu w Polsce. Czas, jaki spędziłam tutaj, był bardzo miły. Dziękuję za okazaną mi pomoc, serdeczność i gościnność. Mam nadzieję, że będziemy się mogły jeszcze kiedyś spotkać, a tymczasem obiecuję pisać tak często, jak to tylko będzie możliwe. Zapraszam Cię serdecznie do Anglii.

Uściski

Sally

kochana (kochany, kochać) *dear*	**spotykać się** (spotykać się/spotkać się) *meet up (more than once)*
w czasie mojego pobytu (czas, mój pobyt) *during my stay*	**a tymczasem** *and meanwhile*
czas, jaki spędziłam (spędzać/ spędzić) *the time I've spent*	**obiecuję** (obiecywać/obiecać) *I promise*
miły *nice, welcome, enjoyable*	**tak często, jak to tylko będzie możliwe** (być, możliwy) *as often as I possibly can*
za okazaną mi pomoc (okazywać/okazać, ja) *the help (you've) given me*	**zapraszam cię** (zapraszać/zaprosić) *I invite you*
serdeczność *kindness, warmth, cordiality*	**serdecznie** (serdeczny) *warmly*
gościnność *hospitality*	**uściski** (uścisk) *hugs*
jeszcze kiedyś *again sometime*	
będziemy mogły (móc) *we'll be able to*	

Language patterns

1 Lepiej przejdę *I'd better go across*

English uses a rather tentative form for this. Polish says, literally, *better I will go* – a rather more confident prediction.

2 Na drugą stronę *To the other side*

Lepiej przejdę na drugą stronę (*I'd better go over to the other side*). **Drugi** means *second*. Where there are two things to choose from, **drugi** usually indicates *the other*. In other (different) contexts, the normal word for *other* is **inny**.

To jest zupełnie inna wersja.	*That's a completely different version.*
On jest inny.	*He's different.*

3 Nasz dom jest zawsze dla ciebie otwarty
You're always welcome in our house

Otwarty dla ciebie means *open to you*. Polish often uses **dla** (*for*) where English would use *to*. Here are a couple more examples of **dla**.

Jesteś zbyt dobra dla mnie.	*You're too good to me.*
On jest bardzo ostry dla studentów.	*He's very hard on students.*

4 How to tell people what to do – imperatives

If you want to ask someone to do something, and you are on formal terms, use **niech** . . . :

Niech pani mówi dalej.	*Do carry on (speaking).*
Niech państwo siadają.	*Do sit down.*

It is also polite to use **proszę** with the infinitive dictionary form of a verb.

Proszę zgasić papierosa.	*Please put your cigarette out.*
Proszę mówić głośniej.	*Please speak up.*
Proszę powtórzyć.	*Please repeat that.*

When you are on familiar terms, use imperative forms. There are a lot of examples in this unit.

Zadzwoń.	*Ring.*	from zadzwonić
Dbaj o siebie.	*Look after yourself.*	dbać
Nie pracuj.	*Don't work.*	pracować
Uważaj.	*Take care.*	uważać
Słuchaj.	*Listen.*	słuchać
Pozdrów.	*Greet, say hallo.*	pozdrowić
Pamiętaj.	*Remember.*	pamiętać
Daj mi znać.	*Let me know.*	dać
Przyjdź.	*Come.*	przyjść
Przyjedź.	*Come.*	przyjechać
Pomóż mu.	*Help him.*	pomóc
Nie przeszkadzaj jej.	*Don't get in her way.*	przeszkadzać
Nie martw się.	*Don't worry.*	martwić się
Nie denerwuj się	*Don't get upset.*	denerwować się
Pisz.	*Write (regularly/now).*	pisać
Napisz.	*Write a letter. Write it.*	napisać

If you want to address one of these requests or commands to more than one person with whom you are on familiar terms, add -cie to these forms: **zadzwońcie, dbajcie o siebie, nie pracujcie**, etc. (See also pp. 274–80.)

If you want to say *Let's . . .*, add -my: **zadzwońmy, dbajmy o siebie, nie pracujmy**, etc.

Remember, if you want to say *Let me*, you can use **niech**:

Chwileczkę, niech pomyślę.   *Just a moment, let me think.*

5 *Który* or *jaki*? Which or what?

In questions, **który** corresponds to *which* and **jaki** to *what*.

Którą gazetę czytasz?   *Which newspaper do you read/are you reading?*

Jaką gazetę czytasz?   *What newspaper do you read/are you reading?*

The newspaper s/he reads/is reading would normally be **gazeta, którą czyta**. *The house we bought* would be **dom, który kupiliśmy** (or **dom, któryśmy kupili**). However, when emphasis is on type or quality, **jaki** may replace **który**.

dom, jaki kupiliśmy	the (kind of) house we have bought
czas, jaki spędziliśmy	the (kind of good) time we have had
To chyba najpiękniejszy list, jaki otrzymałam.	I think that's the loveliest letter I've ever received.

6 Dziękuję za okazaną mi pomoc *Thank you for the help*

Okazywać/okazać pomoc komuś is *to give help to someone.* Sally's note to Basia says **Dziękuję za okazaną mi pomoc, serdeczność i gościnność** (*thank you for the help, warmth and hospitality shown to me*). Often words like **okazaną** here seem unnecessary when you translate into English. They seem to cover, very precisely, the ground covered vaguely but adequately by words like *your* and *the* in English.

Dziękuję za okazaną mi pomoc.	Thank you for your help.
sprawiony zawód/kłopot	the disappointment/trouble (caused)
omawiany problem	the matter (being discussed)

7 Jak tylko znajdę chwilę *As soon as I have a moment*

Znajdę is a future form, since **znaleźć** is a perfective verb, and what looks like a present tense form of perfective verbs is in fact a future. Polish systematically uses future forms for conditions in the future, whereas English doesn't usually. Look at the clear difference between the two ways of saying in Polish *If you want to come, write.*

| Jeżeli chcesz przyjechać, napisz. | If you want to come (now), write. |

| Jeżeli będziesz chciał przyjechać, napisz. | If (in the future) you want to come, write. |

8 Coming to and arriving at a place

Whether **przyjeżdżać/przyjechać, przychodzić/przyjść** and other similar verbs (**przylatywać/przylecieć, przypływać/przypłynąć**) mean *come* or *arrive*, they are still motion verbs, as far as Polish is concerned. In English, on the other hand, you arrive *in* a place (location), but come *to* a place (direction).

Tym razem przypłynęliśmy do Gdańska.	*This time we came (by sea) to Gdańsk.*
Przypłynęliśmy do Gdańska we wtorek.	*We arrived at/in Gdańsk on Tuesday.*

9 Does the time belong to the moment?

Notice that you say in Polish **Jak tylko znajdę chwilę wolnego czasu** (*As soon as I have* (will find) *a moment's free time*). Polish talks of a moment of time, English of a moment's time.

10 Emphatic and unemphatic versions of pronouns

Ta jego druga żona mi się nie podoba.	*I don't like that second wife of his.*

The pronouns **mi, ci, go, mu** aren't accentuated in any way. If you want to accentuate them, longer forms are available.

Mnie ona się nie podoba.	*I don't like her.*
Grunt, że się **jemu** podoba.	*The important thing is that he likes her.*

ℹ Formal and informal letters

Space prevents us from going into all the details of letter-writing in Polish. We must limit ourselves to the bare essentials. Private letters are laid out like this:

miejsce (*place*)	**data** (*date*)
Warszawa	5.10.2007 r. (**r** stands for a form of **rok**, *year*)

Nagłówek *Salutation*

This is followed by an exclamation mark (**wykrzyknik**).

Kochany/Kochana then name.

Kochana Anno!/Kochana Basiu!/Kochana Mamo!
Kochany Wiesławie!/Kochany Mirku!/Tatusiu!

Note the use of vocative 'calling' forms of names.

Drogi/Droga is an alternative to **Kochany/Kochana**.

Droga Zosiu!/Droga Barbaro!
Drogi Janie!/Drogi Zygmuncie!/Drogi Tadeuszu!

For people with whom you're not on familiar terms (who you do not address as **ty**), it's normal to use one of the **pan** words with first name, often in an affectionate form:

Droga Pani Zosiu!/Pani Barbaro/Pani Grażyno!
Drogi Panie Janie!/Panie Zygmuncie!/Panie Tadeuszu!
Drodzy Państwo! (to a couple or group of people)

Note that you should never use someone's surname in this kind of salutation.

Note also that capital letters are used for all forms of **Ty**, **Wy**, **Pan**, **Pani**, etc. throughout a letter, including **Ci**, **Tobie**, **Wam**, **Twój**, **Pański**.

Zapraszam Cię serdecznie do Anglii.

Zakończenie *Conclusion*

Very informal:

Całuję (Cię, Panią, Was wszystkich)	*I kiss (you (all))*
Ściskam Cię/Panią serdecznie	*I hug you cordially*
Uściski i serdeczności	*Hugs and expressions of affection*
Pozdrawiam Cię/Panią serdecznie	*I greet you cordially*

More formal:

Z poważaniem	*With respect*
Łączę wyrazy szacunku	*I attach expressions of respect*
Z wyrazami szacunku	*With expressions of respect*

When giving the names of men and women, the rule 'ladies first' applies:

Państwo Barbara i Tomasz Michalscy.   Ewa i Adam.

When writing an address on the envelope use the letter **WP** before the name of the addressee. **WP** stands for **Wielmożny Pan/Wielmożna Pani/Wielmożni Państwo**.

```
WP

Andrzej Zawiejski
ul. Konwiktorska 5, m. 26
00–350 Warszawa
Polska
```

ul. stands for **ulica** (*street*), **m.** for **mieszkanie** (*flat*). Many Poles simply write 5/26 (read out as **pięć przez dwadzieścia sześć**) for **5, m. 26**.

Other abbreviations often used in addresses are: **pl.** (*squ.*) and **al.** (*ave*). The full versions are **plac** and **aleja** or sometimes in the plural **Aleje**.

Practice

▶ **1** Part of this postcard has had paint splashed on it. Try to reconstruct the full text.

Ko_____ Zosiu!

Najser_____e pozdrowienia z No_____ Jor_____
   przesy_____a

Wojtek

P.S. Dzisiaj zrobi_____m zak_____ na Piątej Al_____ .
Pogoda jest ws_____a_____a! Cały _____as świeci
słońce. Jutro idę na k_____ do Carnegie Hall. Do z_____
w Warsz _____ .

2 Put an appropriate word in each blank space.

a Nie przypuszczałem, że ona tak dobrze się _____ .

b Słuchaj, robi się późno, muszę już _____ .

c Tomku, czy _____ , o której odjeżdża pociąg?

d Jeszcze raz ci _____ za wszystko.

e Mam _____ , że nie zapomnisz o nas.

f Niech pan zadzwoni _____ mnie _____ przyjeździe _____
Poznania.

g – Uważaj na przejściach.
   – Dobrze, _____ uważał.

h Jeżeli będziesz czegokolwiek potrzebował (*need*), to
tylko _____ _____ znać.

i Zapraszam _____ serdecznie do Anglii. Nasz dom jest zawsze _____ _____ otwarty.

j Dziękuję za _____ mi pomoc.

k Wygląda kiepsko. Na pewno jest _____ .

3 Do the following in Polish.

a Wish someone a safe journey.

b Ask them to take care of themselves.

c Ask them to write you a letter when they get back.

d Ask them to give your love to their mother.

e Tell them they're sentimental.

4 Write a short letter to your Polish hosts. Thank them for their hospitality and invite them to come and stay with you.

5 Respond appropriately to each of the following, said by someone who has become very attached to you and your friend.

a Napiszecie do nas po przyjeździe do domu?

b Mam nadzieję, że nie zapomnicie o nas.

c Musicie koniecznie przyjechać do nas jeszcze.

d Pozdrówcie od nas swoje rodziny.

e Mamy nadzieję, że ten pobyt w Polsce wam dobrze zrobił.

f Jeżeli będziecie kiedykolwiek chcieli/chciały przyjechać, to tylko dajcie znać.

6 Translate these road signs into English literally, using the vocabulary at the back of the book where necessary, then give more natural counterparts.

PROWADŹ ROWER.

ZWOLNIJ! ŚMIERC JEŹDZI SZYBKO.

NA ZIELONYM DAJESZ PRZYKŁAD DZIECIOM.

! GŁUSI

! WYPADKI

How to . . .

• make promises

Obiecuję, że zadzwonię.

Oczywiście, że napiszę po przyjeździe do domu.

Obiecuję, że będę pisał(a).
Obiecuję, że będę uważał(a) na siebie.
Dobrze, będę dbał(a) o siebie i nie będę pracował(a) zbyt
dużo.
Dobrze, mamusiu, będę uważał(a) na przejściach.
All right, Mum, I'll be careful on crossings.
Mam nadzieję, że nie zapomnimy o sobie.
Na pewno nie zapomnimy.
Jak tylko znajdę chwilę wolnego czasu, pójdę do twojego
wujka i przekażę mu pozdrowienia od ciebie.
*As soon as I have a moment, I'll go and see your uncle
and give him your regards.*
Będę pisał(a) tak często, jak to tylko będzie możliwe.

* send greetings

Piotr każe państwa pozdrowić. *Piotr sends his regards.*
Basia i James każą cię pozdrowić. *Basia and James send their
regards.*
Proszę pozdrowić swoją rodzinę ode mnie.

* thank people for specific things

Jeszcze raz dziękuję za okazaną mi pomoc.
Dziękuję za kawę.
Dziękuję za wszystko, coś dla mnie zrobiła w czasie mojego
pobytu w Polsce.

Note: remember, though, that **Ja dziękuję za herbatę** can mean
No tea for me, thank you.

* issue open invitations

Jeżeli będziesz/pan(i) będzie czegoś potrzebował(a), to tylko
daj mi znać/proszę mi dać znać.
Mój dom jest zawsze dla ciebie/pana/pani/panów/pań/państwa
otwarty.
Zapraszam cię/pana/panią/panów/panie/państwa serdecznie.
Musisz/musicie/musi pan(i)/muszą panowie/panie/państwo
koniecznie przyjechać do Ameryki.

20

czy podobało się w Polsce?
did you like it in Poland?

In this unit you will learn
- to talk about how you liked a place
- to talk about learning a language
- to talk about the value of activities
- to talk about enjoying activities
- to pay and receive compliments

Dialogue

▶ Sally's on the London plane. The woman sitting next to her is Polish, and they start talking about Sally's stay in Poland.

Nieznajoma   Czy podobało się pani w Polsce?

Sally   O tak, bardzo. Życie tutaj jest zupełnie inne niż w Wielkiej Brytanii, ale tym bardziej interesujące dla mnie.

Nieznajoma   Mówi pani doskonale po polsku.

Sally   Bardzo dziękuję, ale proszę mi wierzyć, że mówienie po polsku wciąż jest dla mnie dość trudne.

Nieznajoma   Czy uczyła się pani polskiego przed przyjazdem do Polski?

Sally   Tak, trochę. Uważam, że znajomość języka jest bardzo ważna. To pozwoliło lepiej poznać kraj i ludzi. Teraz muszę tylko utrwalać tę wiedzę. A pani, czy pani mówi po angielsku?

Nieznajoma   Niestety bardzo słabo. Właśnie dlatego jadę do Anglii na kurs językowy. Łatwiej nabrać biegłości, kiedy trzeba bez przerwy używać angielskiego.

Sally   O tak. Z pewnością. Chociaż to czasem męczące. Zdarzają się trudne chwile, gdy trzeba dostosować się do innego trybu życia. Ale warto. Mam nadzieję, że spodoba się pani w Anglii.

Nieznajoma   Jestem tego pewna. A przyjedzie pani znowu do Polski?

Sally   Oczywiście. Bardzo mi się spodobał wasz kraj.

---

nieznajoma (nieznajomy) *(female)* *stranger*

życie tutaj jest zupełnie inne (być, zupełny, inny) *life here is completely different*

niż w Wielkiej Brytanii (Wielka Brytania) *than in Great Britain*

tym bardziej interesujące (interesujący, interesować) *the more interesting*

doskonale *excellently*

wierzyć (+ dative) (wierzyć/uwierzyć) *believe (a person)*

mówienie po polsku (mówić) *speaking Polish*

wciąż *still*

przed przyjazdem do (przyjazd) *before coming to*

znajomość języka (język) *knowledge of the language*

to pozwoliło (pozwalać/pozwolić) *it allowed*

poznać (poznawać/poznać) *get to know*

utrwalać tę wiedzę (utrwalać/ utrwalić, ten, wiedza) *fix, consolidate that knowledge*

a pan(i)? *and what about you?*

właśnie jadę (jechać) *I'm on my way (as it happens)*

łatwiej nabrać biegłości (łatwo, nabierać/nabrać, biegłość) *it's easier to acquire fluency*

bez przerwy (przerwa) *all the time*
używać angielskiego
  (używać/użyć, angielski) *to use
  English*
z pewnością (pewność) *certainly*
chociaż czasem męczące
  (męczyć, męczący) *although
  tiring sometimes*
zdarzają się (zdarzać się/zdarzyć
  się) *there are*

trudne chwile (trudny, chwila)
  difficult moments
gdy trzeba dostosować się do
innego trybu życia
  (dostosowywać się/
  dostosować się, inny tryb,
  życie) *when you have to adapt
  to a different lifestyle*
ale warto (wart) *but it's worth it*

Language patterns

1 Did you like Poland?

You have a choice of ways of asking whether someone liked a place.

Spodobała się pani Polska?   *Did you like Poland? Have
you taken to Poland? Has
Poland made a good
impression on you?*

Podobało się pani w Polsce?   *Did you enjoy Poland? Did
you enjoy it, being in Poland?*

▶ 2 Problems with tę

Teraz muszę tylko utrwalać   *Now I just have to
tę wiedzę.   consolidate that knowledge.*

Some people pronounce **tę** as [tą], others consider it a mistake to pronounce **tę** like that. A [tą] pronunciation certainly brings **tę** closer to **tamtą**, the feminine accusative singular of **tamten** (*that . . . over there*) and endings on adjectives used in the same pattern.

Znam tę [te/tom] panią.   *I know this/that/the lady.*
Znam tamtą panią.   *I know that lady (over
there).*

Znają twoją siostrę.   *They know your sister.*
Masz dobrą pamięć.   *You have a good memory.*

3 Nouns formed from verbs: *poznawanie – poznanie*

Nouns formed from verbs reflect the perfective and non-perfective nature of the verbs they come from.

To pozwoliło na lepsze poznanie kraju i ludzi.	*It allowed me to get to know the country and people better.* (It allowed a better result-of-getting-to-know of the country and people.)
Zdarzają się trudne chwile związane z poznawaniem innego trybu życia.	*There are difficult moments connected with the process of getting to know a different way of life.*

4 Ways of knowing

Remember that **znać** is *to know or be acquainted with*, while **wiedzieć** is *to know (a fact)*. This difference is also reflected in two words for knowledge: **znajomość** (*acquaintance with*) and **wiedza** (*knowledge (about)*).

▶ Reading passages

Back in England, James has had a letter from Maciek. Maciek has some bad news about their Polish teacher Grzegorz.

Drogi Jamesie!

Mam nadzieję, że dojechałeś do domu bez większych przygód i że nie musiałeś zapłacić za nadbagaż. Wyobraź sobie, że nasz lektor Grzegorz miał wypadek. Przebiegał przez jezdnię, śpiesząc się do autobusu, kiedy został potrącony przez samochód. Niektórzy mówią, że przechodził, trzymając przy uchu komórkę, ale to wszystko bzdury. Na szczęście okazało się, że nie był ciężko ranny, ale któż by pomyślał, że może się to przytrafić takiemu ostrożnemu facetowi! Ty uważaj na przejściach, dobrze?

Na razie. Pa.

Maciek

dojechałeś do domu
(dojeżdżać/dojechać) *you got home*

bez większych przygód (większy, przygoda) *without major incident(s)*

nie musiałeś (musiec) *you haven't had to*

zapłacić za nadbagaż (płacić/ zapłacić) *pay for excess baggage*

wyobraź sobie (wyobrażać/ wyobrazić) *just imagine*

miał wypadek (mieć) *has had an accident*

przebiegał (przebiegać/przebiec) *was running across*

przez jezdnię (jezdnia) *across the roadway*

śpiesząc się do autobusu (śpieszyć się/pośpieszyć się) *hurrying to catch a bus*

został potrącony (zostawać/zostać, potrącać/potrącić) *got hit*

potrącony przez samochód *hit by a car*

okazało się, że (okazywać się/okazać się) *it turned out that*

ciężko ranny *badly injured*

któż by pomyślał (myśleć/pomyśleć) *who would have thought*

przytrafić się takiemu ostrożnemu facetowi (przytrafiać się/przytrafić się, ostrożny facet) *happen to such a careful guy*

ty uważaj (uważać) *you be careful*

na przejściach (przejście) *on crossings*

na razie (raz) *for now, bye for now*

pa *bye, cheerio, see you*

bzdury (bzdura) *nonsense*

Note: **Któż by pomyślał, że** *Who would have thought*. This is the final appearance of the pattern you first met in **Chciał(a)bym** (*I should like*).

 Sally sends this email to Basia:

Spotkałam tu młodą kobietę, która cały czas przebywa w polskich rodzinach, chodzi z nimi do polskich klubów i restauracji. Może jej się tylko tak wydaje, ale uważa, że mówi po angielsku gorzej niż przed wyjazdem z Polski. Wyobraź sobie, że w tym samym dniu poznałam polskiego dentystę, który rozmawia tak czystą angielszczyzną, że w ogóle bym nie podejrzewała, że to cudzoziemiec. On z kolei sądzi, że jego polszczyzna się psuje, bo rzadko kiedy rozmawia z kimś po polsku. Dlatego chce wrócić do Polski jak najprędzej.

Language patterns

5 Został potrącony przez *Was hit by*

> Został potrącony przez samochód.   *He was hit by a car.*

Polish can form passives by combining the perfective verb **zostać** with passive participles also formed from perfective verbs.

> Została zatrzymana przez policję.   *She was detained by the police.*

Passive participles from perfective and imperfective verbs can form passive constructions with forms of **być**:

Perfective:

> Jej mąż jest przepracowany.   *Her husband is overworked.*

Imperfective:

> Teatr jest dopiero budowany.   *The theatre is only now being built.*

Thanks to the flexibility of Polish word order, it's often unnecessary to use a passive construction, even where one would be likely in English.

> Nasz dom kupił sąsiad.   *Our house was bought by a neighbour.*

Practice

1 Choose the correct form from the selection given in brackets.

  a (Uczyłam, Nauczyłam) _____ się języka polskiego przez pięć lat.

  b (mówienie, mówić) Jest mi trudno _____ po polsku.

  c (potrącił, potrąciła) Starszego pana _____ ciężarówka (*lorry*).

  d (przechodzić, przejść, przechodzenia) Trzeba uważać podczas _____ przez jezdnię.

  e (potrącająca, potrącona) Czy to prawda, że została _____ przez tramwaj?

2 Complete the sentences by matching the beginning and end from the two columns.

a	Mam nadzieję, że	1	zawsze dla ciebie otwarty.
b	Wyobraź sobie,	2	ale nie mówię po niemiecku.
c	Będę pisała listy	3	czujesz się dobrze.
d	Przykro mi,	4	tak często jak tylko możliwe.
e	Nasz dom jest	5	Basia miała wypadek.

3 Distribute the words around the gaps.

**wypełnić   uregulować   odpowiada   weźmiemy
wymienić   dosłyszałam   pojedziemy**

a Czy pokój panu _____?
b Chciałbym _____ funty na złotówki.
c Proszę _____ formularz.
d Przepraszam, ale nie _____ pani nazwiska.
e Chcielibyśmy _____ rachunek.
f Najpierw _____ pociągiem, a potem _____ taksówkę.

4 Put the words in brackets in an appropriate form.

a (ciekawy)　　　Katowice są _____ miastem.
b (wołowina)　　Nienawidzę _____ .
c (pieniądze)　　Potrzebuję więcej _____ na zakupy.
d (Wysłać)　　　_____ wczoraj paczkę do ciebie.
e (potrzebować)　Czy _____ pani pomocy?
f (zęby, szampon) Poproszę pastę do _____ i _____ .
g (zarobić)　　　Odkąd (*since*) zaczęła pracować w tej firmie, _____ już fortunę.
h (zrozumieć)　　Przepraszam, ale nie _____, proszę powtórzyć.
i (Szczęśliwy)　　_____ podróży!
j (chodzić)　　　Taka piękna pogoda, _____ na spacer.

▶ **5** Respond appropriately to the following.

a Najmocniej panią przepraszam.
b Co słychać?
c Napisz do mnie.
d Halo.
e Czy masz ochotę na kawę?

▶ 6 Supply the squiggles missing in the following:

Basiu Kochana!

*Na kazdym kroku spotykam Polakow, ktorzy tu pracuja.
Jeden facet wraca do Polski po trzech miesiacach ciezkiej
pracy, nie pamietam, czy w Sheffield czy w Leeds czy tam
w Manchesterze ale jest zadowolony, bo duzo zarabial.
Stesknil sie za rodzina.*

Sciskam Cie mocno.

Sally

▶ 7 Sheffield [szefilt] and Leeds [lic] in question 6 above do
not take Polish endings or conform to the reading rules. Nor
do notebook [notbuk] and weekend [likent]. The
pronunciation [likent] is itself out of line. The expected
combinations in both sound and spelling are ły [ły] and li
[li], as in non-virile and virile forms. Practise the normal
combinations by reading out the following sentences. Keep
them smooth, and keep the syllables of equal length. It may
seem frustrating to slow yourself down and concentrate on
smoothness, but it pays in the long run (see pp. viii, 7).

Czesi byli mili.	*(The Czechs were nice.)*
Czeszki były miłe.	*(The Czech women were nice.)*
Czechy były miłe.	*(Bohemia was nice.)*

Zmęczeni Polacy chcieli wyjść.
Zmęczone Polki chciały wyjść.
To bardzo miły pan.
To bardzo mili panowie.

▶ How to . . .

• talk about how someone likes or liked a place

Czy podoba (podobało) się pani/panu/państwu w Warszawie?
Bardziej mi się podobało   *I liked it better in Bydgoszcz.*
  w Bydgoszczy.
Bardzo mi się spodobał Kraków.
Bardzo mi się podobało w Krakowie.

- talk about learning a language

Znajomość języka jest bardzo ważna.
Muszę utrwalać tę wiedzę.
Zdarzają się trudne chwile.
Łatwiej nabrać biegłości, kiedy   *It's easier to gain fluency*
  trzeba bez przerwy używać   *when you have to use the*
  języka.   *language constantly.*
Mówienie wciąż jest dla mnie trudne.

- talk about the value of activities

Warto się tego nauczyć.
Jest to czasem męczące.
To jest bardzo ważne.
Trzeba się do tego wszystkiego dostosować.

- talk about enjoying activities

Z przyjemnością posłucham.   *I'd like to listen to some.*
Uwielbiam czytać powieści.   *I adore reading novels.*
Chętnie chodzę do kina.   *I like going to the cinema.*
Lubię czytać do poduszki.   *I like reading at bedtime.*
Z wielką przyjemnością piszę   *I really enjoy using this*
  tym wiecznym piórem.   *fountain pen.*

- pay and receive compliments

Pan mówi doskonale po polsku.   *You speak excellent Polish.*
Bardzo dziękuję.
Pani wygląda bardzo młodo.   *You look very young.*
To bardzo miłe z pana strony.   *That's very kind of you.*

- encourage someone to think or react along certain lines

Proszę mi wierzyć.
Wierz mi.
Wyobraź sobie, że . . .
Proszę sobie wyobrazić, że . . .
Na szczęście . . .
Mam nadzieję, że
Miejmy nadzieję (*let's hope*), że

taking it further

We hope that this course has whetted your appetite for learning more Polish and to find out more about Poland. The question is, how do you go about it? Here are some suggestions.

If you live in the UK, POSK (the Polish Social and Cultural Centre) in Hammersmith in London is a good place to start. It has a large library, a number of institutes, a bookshop, a restaurant, a theatre and a gallery. It invites Polish actors and artists to perform and exhibit on a regular basis.

Orbis Books Limited is a bookshop in London which stocks a vast number of publications in Polish and publications in English about Poland.

Many British towns have at least one Polish club. Turn to *Polish* in your local telephone directory.

If you live in the United States, Chicago has the largest Polish community in the US, and that is where you will find bookshops and libraries which stock a vast number of titles in Polish and about Poland. A number of American universities provide courses of Polish for students of all levels. You can also find out more through the Kościuszko Foundation and Kongres Polonii Amerykańskiej (the Polish American Congress).

Other countries with large Polish communities like Australia and Canada will also have a number of excellent clubs, libraries, bookshops and courses available.

But undoubtedly the internet is the largest and the fastest growing source of up-to-date information about Poland. If you key in the words 'Poland', 'Polish language' or 'Polish' you will get a bewildering choice of websites: anything from Poland on-line, the Polish Tourist Board, Polish parliament

(Sejm), Polish government, newspapers, online dictionaries, links to bookshops which stock Polish publications, and Polish recipes to the CIA Factsheet about Poland. It is impossible to list all the interesting websites but we would like to draw your attention to some of the best.

For many years the BBC World Service has had a Polish section which broadcasts to Poland but it is also worth looking at their website. You can find it at http://www.bbc.co.uk/polish. It offers a news service which is a mixture of Polish, British and international news. Not only can you keep up with what's going on, but it is also an excellent source of everyday Polish vocabulary.

If you would like to read newspapers in Polish, the daily *Rzeczpospolita*, http://www.rp.pl, and *Newsweek Polska*, http://www.newsweek.pl, are available in print as well as in on-line versions. There are of course many other publications available through Polish clubs, bookshops and libraries.

Try also http://www.poland.pl and http://www.polska.pl.

Yahoo! offers a Polish Language Study Group where you can chat to fellow learners of Polish.

One of the reasons why many people all over the world want to learn Polish is to trace family roots. There is a growing number of very interesting websites where you can find a wealth of information about Polish genealogy.

If you are learning a foreign language, then there is no better way to increase your fluency than to spend time studying in the country where the language is spoken. If you would like to study Polish in Poland, you should contact one of many Polish universities that organize courses for foreigners. Polish language courses are available, for example, in Kraków, Warsaw, Łódź, Wrocław and Lublin, and there are also privately run schools such as the Sopot School of Polish.

In the process of studying Polish you will almost certainly have come across the names of famous Polish poets and writers. Many of them have been translated into English. Adam Mickiewicz, Juliusz Słowacki, Henryk Sienkiewicz, Zbigniew Herbert, Sławomir Mrożek, Wisława Szymborska and Władysław Reymont are among those you are likely to have heard of.

If you are interested in Polish history, then the works of Norman Davies (*God's Playground, Heart of Europe, Smok wawelski nad Tamizą*) and Adam Zamoyski (*The Polish Way*) are among the best. Zamoyski is also the author of the excellent *Poland, A Traveller's Gazetteer*.

Polish TV, Polonia, is available via satellite and you can listen to Polish radio on the internet (Radio Zet is one of the most popular stations).

And finally we would like to say farewell with a quote from Norman Davies's book *Smok wawelski nad Tamizą* about the Polish language. When you have translated it into English, the worst is behind you. Good luck!

> *Każdy, kto odwiedza Polskę, musi spróbować swych sił w polszczyźnie. Wbrew pozorom nie jest to takie trudne; wystarczy mieć pęknięte podniebienie, metalowe koronki, rozwidlony język, dostatecznie szerokie szczeliny między zębami, żeby było ujście dla nadmiaru śliny, no i dwadzieścia lat praktyki. Wówczas z pewnością uda się nam wymówić ,,kopiec Kościuszki" bez sięgania po parasol.*

key to the exercises

NB Alternative sample answers to some exercises are given on the accompanying CDs.

Unit 1 1 (a) przyjaciółka (b) pomoc (c) słucham (d) przepraszam 2 Nazywam się . . . Mam na imię . . . Nie/Tak Tak/Nie 3 (a) 2 (b) 4 (c) 1 (d) 3 4 (a) się (b) mi (c) w, jako (d) na (e) nie (f) w, na 5 No, I can help. I can't help. 6 (a) Nic nie szkodzi. (b) Proszę. (c) Dobranoc. (d) Nie ma za co.

Unit 2 1 (a) Polski (b) języka polskiego (c) Hiszpankami (d) Polakiem (e) Język polski 2 (a) 3 (b) 1 (c) 2 3 (a) cudzoziemcami (b) pana (c) języka polskiego (d) przyjaciół (e) trudne (f) chwileczkę 4 (a) 7 (b) 8 (c) 11 (d) 3 (e) 2 (f) 6 (g) 4 (h) 5 (i) 10 (j) 1 (k) 9 5 (a) Bardzo mi miło (pana/panią poznać) (b) To bardzo trudne (słowo/nazwisko) (c) Jestem. (d) Jesteśmy (wszyscy). 6 (a) My father is Czech. (b) All the poets are learning Polish. (c) I'm coming back from Wales. (d) Miss World is a waste of time. (e) I'm flying to Russia.

Unit 3 1 (b) Dzień dobry, mówić (c) pomyłka (d) wewnętrzny 2 (a) dwadzieścia jeden (b) trzydzieści trzy (c) sześćdziesiąt osiem (d) czternaście (e) pięćdziesiąt sześć (f) siedemdziesiąt dziewięć (g) sto czterdzieści trzy (h) sto siedemnaście (i) sto osiemdziesiąt dwa (j) sto dziesięć 3 (a) Trudno się do pana dodzwonić. (b) Dzień dobry. Czy mogę mówić z Tomkiem? (c) Mówi Jurek. (d) Przepraszam, to pomyłka. 4 (a) Basi (b) Jurka (c) Warszawy (d) męża (e) telewizji (f) radia (g) domu 5 • Jest. • Nie, nie ma Jurka. • Nie ma po co/Nie ma sensu. • Nie mam czasu.

Unit 4 1 (a) w (b) na (c) nie (d) że (e) już (f) do (g) z (h) we (i) o (j) w 2 (a) 4 (b) 5 (c) 2 (d) 3 (e) 1 3 zamek królewski szatniarz po prawej stronie zakaz parkowania 4 Nowym Światem mieszkaniu mówi zakaz mąż żony rozumiem 5 i Cały dzień słucham polskiego radia. (ii) Nic się nie stało. (iii) Przepraszam najmocniej. 6 Describe the signs: zakaz wjazdu, zakaz wstępu, zakaz palenia, zakaz parkowania

Unit 5 1 (a) apples (b) grapes (c) potatoes (d) reduced fare (e) there is no sales assistant (f) melons (g) fruit(s) (plural) (h) tea (i) bread (j) alcohol (k) alcoholic drinks (l) Is there any vodka? No, there isn't. But I can see the bottles. This isn't vodka, sir. It's mineral water. 2 (a) 9 (b) 3 (c) 7 (d) 6 (e) 5 (f) 2 (g) 8 (h) 1 (i) 4 (j) 10 3 (a) 5 (b) 1 (c) 4 (d) 7 (e) 3 (f) 2 (g) 6 4 pieczywo, woda mineralna, ekspedientka, warzywa 5 (a) Czy jest sałata? (b) Czy jest piwo? (c) Czy jest cielęcina? (d) Nie ma Krakowskiej. (e) Nie ma cukru. (f) Nie ma bananów. 6 (a) James is going to the cinema. (b) Sally is asking for strawberries. (c) The sales assistant can't hear. (d) There is no food here.

Unit 6 1 Wolę herbatę od kawy. Tak, lubię/Nie, nie lubię. Podobają mi się filmy przygodowe (komedie, kryminały, horrory, etc.) Jestem kobietą/mężczyzną. Sample answers: Nie, wolałbym być Francuzem. Tak, chciałabym mieszkać w Warszawie. Bardzo chciałbym być milionerem. Nie wolę być kobietą. 2 Uwielbiam jeździć samochodem. Bardzo mi się podoba. Tak, słucham polskiego radia. Tak, jestem na wakacjach. Wolę lody waniliowe. Wolał(a)bym kawę. Nie, wolę koty. Tak, uwielbiam koty. Nazywam się Clutterbuck. Mam na imię Joanna. W tej chwili raczej nie. Nie, w tej chwili nie mam ochoty śpiewać. 3 Wolę słuchać muzyki niż oglądać filmy. Najbardziej smakuje mi gruszka/nektaryna/śliwka itd. Najbardziej smakują mi winogrona. Tak, palę/Nie, nie palę/Wolał(a)bym nie palić. 4 (a) 1 (b) 5 (c) 2 (d) 6 (e) 4 (f) 3 5 (a) fasoli/baraniny/wieprzowiny (b) fasoli/baraniny/wieprzowiny (c) cielęcinę, wieprzowiny/baraniny (d) sok, kompot

Unit 7 1 (a) 3 (b) 5 (c) 4 (d) 2 (e) 1 2 (a) Tysiąc starych złotych (b) Trzeba podnieść słuchawkę. (c) Czy tu jest kantor? (d) Warto pójść na ten film. (e) To była długa rozmowa. 3 (a) I'd like to buy a helicopter. How much money have you got? (b) There is no need to talk about old złotys. Why not? (c) How long are you coming to Poland for (madam)? For eight months. (d) I've had an operation. I prefer not to talk about it. (e) Have we got time? Unfortunately it's all over. (f) Can I come and see you? Yes, of course. Perhaps tomorrow? 4 złotówki/złotówek, tysiące/tysięcy, tym, karty, cudzoziemcami, jest, są 5 pieniądz, ochoty, przyjemnością, wypełnić, podać/napisać, w banku/kantorze

Unit 8 **1** (a) I'd like to book a table for two for seven fifteen, please. (b) Is there any beer? (c) I'm very sorry but I didn't catch that. (d) You can buy a car if you've got money. (e) If I had the time, I would go to Vienna. (f) Can I have Wiener Schnitzel and English tea? (g) He/she comes at four p.m. (h) He has never known an Englishwoman who has understood him. (i) Shall I bring you something to drink? (j) What can I get you ladies? (k) The waitress is very nice. (l) Is it far? (m) What were you doing last night (madam)? (n) I prefer to book a table in a restaurant. **2** (a) 1 (b) 3 (c) 4 (d) 2 **3** (a) W takim razie poproszę o pani nazwisko i telefon. (b) Czy to pani odpowiada? (c) Czy mogłaby pani powtórzyć? **4 Poziomo:** 1. majeranek 3. szczypiorek 4. chrzan 5. papryka 6. sól 7. koper **Pionowo:** 1. macierzanka 2. pietruszka 3. szałwia 4. cynamon 5. pieprz **5** (a) razie (b) odpowiedzi (c) sobie (d) odpowiada (e) było (f) soku (g) osób **6** • Chciał(a)bym przyjść o szóstej wieczorem. • Z przyjemnością. • Wolę iść do kina. • Chciał(a)bym pójść na dreszczowiec albo na film historyczny. **7** (a) Wolę Wiedeń od Moskwy. (b) Nie lubię latać. (c) Nie mam ochoty na herbatę. (d) Mamy czas iść do dobrej restauracji. (e) Masz ochotę na kawę? (f) Co robisz dziś wieczorem? Nic szczególnego. (g) Chciał(a)bym wymienić funty na złotówki. **8** siódma, pierwsza, jedenasta, druga trzydzieści, dwudziesta druga, piętnasta dwadzieścia, ósma trzydzieści, dziewiąta, dziesiąta trzydzieści, dziesiąta trzydzieści pięć, północ/dwudziesta czwarta, dziewiętnasta trzydzieści **9** o szóstej, o szóstej trzydzieści, o piątej trzydzieści pięć, o siedemnastej, o siedemnastej trzydzieści pięć, o dwudziestej trzydzieści, o dwudziestej trzydzieści cztery, o czwartej, o czwartej piętnaście, o trzeciej dziesięć, o czternastej **10** Wolę pomarańcze niż cytryny. Wolę kawiarnie niż restauracje. Wolę teatr niż kino. Wolę koncert niż balet. Wolę jeździć pociągiem niż autobusem. Tak, palę/Nie, nie palę. Jestem wierzący/wierząca./Nie, nie jestem wierzący/wierząca. Chciał(a)bym pojechać do Polski. **11** (a) dwieście *is in the vocabulary with* dwa, dwaj, dwie, trzysta *with* trzy, czterysta *with* cztery, etc. (b) pięćset pięćdziesiąt dziewięć (c) osiemset dziewięćdziesiąt trzy

Unit 9 **1** (a) 5 (b) 4 (c) 6 (d) 1 (e) 7 (f) 2 (g) 3 **2** (a) zapowiada (b) weźmiemy (c) jedną (d) się (e) innymi (f) szybkie (g) której **3** (a) pociągiem → fontannie (b) powiesić → znaleźć (c) siódmą → pierwszą, drugą etc. (d) napiszemy → zorganizujemy (e) nabiał → list (f) samolot → butelkę/karton/szklankę (g) stolika → e.g. Warszawy/ Krakowa etc. (h) miesiącem → pociągiem /autobusem/ samochodem etc. **4** (a) pies i kot (b) Tadeusz i Jurek (c) teatrem i kinem (d) mąż i żona (e) Basia i Sally **5** (a) karty telefonicznej (b) barszczyk (c) metrem (d) samochodem (e) zwiedzimy (f) palący (g) palenia (h)

kierunku (i) Krakowa (j) okolicach **6** Podróżowanie autokarem po
Europie jest bezpieczne. O której byliśmy w Warszawie? Nie ma pani
truskawek? **7** If **8** (a) 3 (b) 1 (c) 2 (d) 5 (e) 4

Unit 10 **1** (a) na emeryturze, lekarką (b) po zakupy (c) co
niedziela (d) za pomoc (e) w pobliżu (f) najstarszy (g) w przyszłości
2 (a) Skoczę po butelkę wina. (b) Niestety, mój mąż zmarł w zeszłym
roku. (c) Helena Modrzejewska była słynną polską aktorką. (d) Na
Wawelu są groby największych poetów polskich, Mickiewicza i
Słowackiego. (e) Czy znasz jakieś polskie poetki? Wisława Szymborska
jest bardzo dobra. Ogromnie mi się podoba. **3** (i) uprzejmie (ii) pomóc
(iii) nauczycielem (iv) Dlaczego (v) mieszka (vi) zwiedzamy
4 nauczyciel, wczoraj, uroczystości, dzieci, córka, lekarzem, żyje
5 (a) zdjęcia (b) dowcipy (c) ci (d) znajomego (e) pamiętała (f) Byłabym
6 (a) vi (b) v (c) ii (d) iii (e) iv (f) i **7** (a) jej (b) ci (c) im (d) mu (e)
gazetę (f) sklepu (g) psem **8** (a) Tak, mieszka niedaleko. (b) Niestety,
zmarł w ubiegłym roku. (c) Był architektem w Warszawie. (d) Jej brat
mieszka z nią. Jest prawnikiem. (e) Tak, mam trochę czasu. (f) Bardzo
chętnie. **9** (a) Nie chciał(a)bym pracować w nauczycielstwie. (b) Ma
czterdzieści lat, jest prawnikiem i pracuje w dużej firmie w Polsce.
(c) Kursy mają być bardzo dobre. (d) Nie chce zostać architektem. Chce
zostać lekarką. (e) A to jest moja najmłodsza córka. Jest studentką.
10 (a) The first one. (b) None whatsoever.

Unit 11 **1** (a) południe Francji (b) wakacje, Mazurach (c) robiła
(d) głosi (e) wierzę **2** (a) Mieszkam we wschodniej Anglii. (b)
Najlepsza pogoda jest zawsze na północy Polski. (c) Chciał(a)bym
mieszkać w Ameryce Południowej. (d) Będzie padać na zachodzie.
(e) W Afryce nie pada śnieg. (f) Dlatego właśnie się zatrzymujemy.
(g) Trochę mi głupio, że tak mało wiem o Ameryce. (h) Jestem
pewien/pewna, że będzie pan/pani miał(a) udany tydzień. **3** Chcę
poznać różne zakątki Polski. Szkoda, że ja nie mam urlopu. Nie wiem
dokładnie. **4** (a) gdzieś (b) interesujących (c) chłodno (d) ciepły
(e) daleka **5** (a) 4 (b) 3 (c) 1 (d) 5 (e) 2

Unit 12 **1** (a) 45 (okulista) (b) 34 (stomatolog) (c) 40
(laryngolog) (d) 49 (ortopeda) (e) 46 (kardiolog) **2** grypa, ból głowy,
wysoka gorączka, ospa, reumatyzm **3** (a) spędziła (b) czuję (c) Bolą
(d) leżeć **4** (a) Boli mnie głowa. (b) Mam gorączkę. (c) Źle się czuję.
(d) Boli ją ząb. (e) Muszę wziąć tabletkę przeciwbólową/proszek
przeciwbólowy. **5** Mały Tomek zaraził się w szkole ospą.
Powinieneś poleżeć kilka dni w łóżku. Nie mam temperatury, ale boli
mnie gardło i kręgosłup.

Unit 13 1 (a) braci (b) mieszka, pracuje (c) żyją (d) jedziemy 2 brat, rodzice, mama, pogoda, słonecznie, zadzwonić, (może) prawdopodobnie, południu. 3 • Staram się odwiedzać rodziców dwa razy w miesiącu. • Mój ojciec jest fizycznie sprawny, ale mama nie dba o siebie. • Mam brata i siostrę. Moja siostra mieszka w Anglii, a brat mieszka w Ameryce. 4 (a) całej (b) żadnego (c) stacji (d) razy (e) zginął 5 O ile dobrze pamiętam, nie ma tu żadnej restauracji. Jej stryjek mieszka niedaleko. Moja ciocia przyjeżdża często do Centrum Zdrowia Dziecka. 6 (a) Staram się dbać o siebie. (b) Pan Wesołowski jest fizycznie sprawny i chodzi na spacery z psem. (c) Nie mamy prawie żadnego kontaktu z moim kuzynem w Anglii. (d) Nikt nie zginął. (e) Gdzie powinniśmy/powinnyśmy wysiąść?

Unit 14 1 (a) z wełny (b) ze srebra/ze złota/ze plantny (c) z plastiku (d) ze stali (e) ze sreba/ze zotata/ze platny srebra/ze złota (f) ze skóry 2 (a) niebieskim (b) czarny, czerwoną (c) granatowy (d) żółtych 3 (a) Moja babcia mieszka w (małym) drewnianym domku. (b) Mieszka sama. (c) Jej mąż zmarł siedem lat temu. (d) Odwiedzam ją zazwyczaj dwa razy w tygodniu. (e) Zawsze robę dla niej zakupy. (f) Często idziemy na długi spacer. 4 **Poziomo:** 1. jesionka 4. płaszcz 5. kamizelka 8. garsonka 10. skarpety 11. kurtka **Pionowo:** 2. kapelusz 3. szalik 6. apaszka 7. marynarka 9. krawat 5 hat, glove, neckscarf, blouse, suit, tights

Unit 15 1 (i) c (ii) e (iii) a (iv) b (v) d (vi) g (vii) f 2 (a) trzynasty grudnia (b) dwudziesty czwarty maja (c) trzydziesty pierwszy sierpnia (d) dwudziesty szósty lipca (e) dziewiętnasty marca (f) czwarty października (g) pierwszy stycznia 3 (a) dwudziestego lutego (b) piętnastego czerwca (c) jedenastego kwietnia (d) siódmego września (e) siedemnastego listopada (f) ósmego maja (g) dwudziestego ósmego grudnia 4 (a) She arrived on 11 August. (b) S/he will come on 1 December. (c) I'd like to arrive on 31 July. (d) I was born on the 2 May (male). (e) And I (female) was born on 3 November. (f) It isn't the real Venice. (g) Ireland is a separate country. (h) Take your things off, sir, and go into the room. (i) I'll introduce you (madam) to all the guests now. 5 (a) tego (b) żeby (c) się (d) dużo (e) że (f) zaprzyjaźnionego

Unit 16 1 sprzęt RTV: magnetofon, radio, słuchawki, telewizor, kasety wideo, wideo, baterie, odtwarzacz kompaktowy AGD: czajnik elektryczny, żelazko, ekspres do kawy, kuchenka, mikrofalowa, lodówka, pralka, zamrażarka, młynek do kawy mikser 2 (a) 4 (b) 6 (c) 5 (d) 2 (e) 1 (f) 3 3 (a) popsuł (b) partnera (c) żelazka (d) chwilę

(e) lodówki (f) zamrażarkę (g) ekspres do kawy (h) kuchenkę
mikrofalową **4** (a) Get someone in to repair it. (b) I've got a feeling
that they don't want to think about it. (c) I'll stay till the end. (d) They
won't buy a new microwave. They haven't got any money, have they?
(e) Don't worry. You'll survive. (f) Where can I buy video tapes?
(g) You can't buy cassettes like that here. (h) One doesn't know where
to look for help. (i) What has got into my computer? **5** (a) (Po)zostało
już tylko trzy tygodnie do jego wyjazdu z Polski. (b) Czy wezwała pani
lekarza? (c) Będzie musiał dostać odpowiedni pakiet oprogramowania.
(d) (Nasza) zamrażarka się popsuła. (e) Ale załóżmy, że on już
przyjechał. (f) Dzieci się bardzo/naprawdę zdenerwowały. (g)
Zanotowała sobie adres i numer telefonu. (h) Ktoś się gniewa.
6 Wreszcie znalazłem numer tego warsztatu. Mam nadzieję, że nic im
się nie stało. Żeby tylko komputer dotrwał do kónca miesiąca.

Unit 17 **1** (a) O której zadzwonił? (b) Masz ochotę pójść jutro do
kina? (c) Z kim mam spotkanie? (d) Co robisz w środę? (e) Kiedy
zrobisz ostatnie zdjęcia? (f) Kiedy odpocznę? **2** (a) zamówić (7) (b)
odwiedź (7) (c) spokój (6) (d) załatwienia (11) (e) wdzięczna (9) **3** (a)
4 (b) 6 (c) 2 (d) 1 (e) 3 (f) 5 **4** (a) kwiatów → spraw (b) psy → rzeczy
(c) nożyczki → sprawozdanie (d) toalety → znajomych (e) ciocię
→ komputer (f) żelazko → pieniądze **5** • Nie, jeszcze nie wszystko.
Muszę jeszcze zapakować małe rzeczy. • Zostało mi trzy dni i mam
jeszcze tyle spraw do załatwienia. • Odlatuję w piątek o dziewiątej. Nie
wiem, czy zdążę ze wszystkim. Bardzo się martwię. • Miejmy nadzieję.
Będę cały czas bardzo zajęty/zajęta. • Był(a)bym bardzo
wdzięczny/wdzięczna.

Unit 18 **1** (a) pewien (b) Czekałam (c) widziała (d) odlatuję
(e) przystanku (f) policjantowi (g) marki **2** (a) It all happened so
quickly. (b) Suddenly the elderly gentleman fell down. (c) I can't
remember the make or the colour of the car. (d) Tell me the expiry date
of your passport please (madam). (e) This is not a dual carriageway.
(f) The bus hit the woman. (g) I didn't see the chap crossing the road.
(h) At one point I heard the squeal of the tyres. **3** (a) jak (b)
przystanku (c) autobusie (d) widział (e) autobusem (f) przystanek (g) się
4 • Niczego nie widziałem/widziałam. • Owszem, pierwszą cyfrą było
sześć. • Pamiętam trzy litery. G jak Genowefa, F jak Franek i H jak
Halina. • Samochód był chyba zielony, może opel. Był duży. •
Samochód odjechał nie zatrzymawszy się. Starsza pana upadła, i
chciałem/chciałam jej pomóc. • Nie ma za co. **5** (a) Widziałam, jak
samochód potrącił mężczyznę. (b) Przykro mi, ale to nie jest mój
aktualny adres. (c) Na szczęście mam dość pieniędzy. (d) Masz przy

sobie długopis? (e) Nazywam się Tomasz Wilkowski i jestem
obywatelem polskim. (f) Poproszę pana/pani prawo jazdy. 6 obywatel
brytyjski

Unit 19 1 Kochana, Najserdeczniejsze, Nowego Jorku, przesyła,
zrobiłem, zakupy, Alei, wspaniała, czas, koncert, zobaczenia,
Warszawie 2 (a) trzyma (b) iść (c) wiesz (d) dziękuję (e) nadzieję
(f) do/po/do (g) będę (h) daj mi (i) cię; dla ciebie (j) okazaną (k) chory
3 (a) Szczęśliwej podróży! (b) Dbaj o siebie/Niech pan/pani dba o
siebie. (c) Napisz list do mnie po powrocie./Niech pan/pani napisze do
mnie. (d) Pozdrów/Nie pan/pani pozdrowi swoją mamę ode mnie.
(e) Jesteś sentymentalny/sentymentalna. 4 Drodzy . . . Najserdeczniej
Wam dziękuję za gościnność. Zapraszam Was serdecznie do Anglii.
5 (a) Oczywiście, że napiszemy. (b) Nie zapomnimy. (c) (Z pewnością)
przyjedziemy. (d) Dziękuję, pozdrowimy. (e) Jak najbardziej.
(f) Dobrze, damy znać. 6 Wheel the bike → Cyclists dismount; Slow
down! Death drives fast → Kill your speed; On the green you give an
example to children → Wait for the green man – think of the kids;
Deaf! → Deaf people crossing; Accidents! → Fatal accidents site.

Unit 20 1 (a) Uczyłam (b) mówić (c) potrąciła (d) przechodzenia
(e) potrącona 2 (a) 3 (b) 5 (c) 4 (d) 2 (e) 1 3 (a) odpowiada (b)
wymienić (c) wypełnić (d) dosłyszałam (e) uregulować (f)
pojedziemy/weźmiemy 4 (a) ciekawym (b) wołowiny (c) pieniędzy (d)
Wysłałem/Wysłałam (e) potrzebuje (f) zębów, szampon (g) zarobiła (h)
zrozumiałam/zrozumiałem (i) Szczęśliwej (j) chodź/chodźmy 5 (a) Nic
nie szkodzi. (b) Nic nowego./Wszystko w porządku. (c) Na pewno
napiszę (d) Mówi . . . (e) Tak, z przyjemnością/Nie, dziękuję. Mam
ochotę, ale nie mam czasu. 6 Basiu Kochana! Na każdym kroku
spotykam Polaków, którzy tu practują. Jeden facet wraca do Polski po
trzech miesiącach ciężkiej pracy, nie pamiętam, czy w Sheffield czy w
Leeds czy tam w Manchesterze, ale jest zadowolony, bo dużo zarabiał.
Stęsknił się za rodziną. Ściskam Cię mocno. Sally.

Adjectives are used to add to the description of what **nouns** refer to. **Dobry** *good*, **czerwony** *red* and **trudny** *difficult* are adjectives. A Polish adjective offers a range of forms so that it can **agree** with different **nouns** and **pronouns**. **Dobry obiad** *a good dinner*, **dobra kolacja** *a good supper*, **dobre śniadanie** *a good breakfast*.

Adverbs are used to define the way, time, place, etc. in which actions are performed, or to identify the circumstances of a situation. **Przyszedł za późno** *He came (too) late*. **Mieszkają daleko** *They live a long way away*. **Trudno** *Tough (we'll just have to put up with it)*. **Jest słonecznie** *It's sunny*.

Aspect: how a **verb** presents an action or situation: summed up (**perfective**) or not (**imperfective**).

Cases are groupings of forms that indicate similar meanings or patterns of behaviour in sentences. For example, **z** *with* is followed by instrumental case forms: **kelnerka** *waitress* **z kelnerką** *with the/a waitress*, **Polacy** *Poles* **z Polakami** *with Poles*. The cases in Polish are: nominative, accusative, genitive, dative, instrumental and locative. Nouns may have separate vocative forms – adjectives use their nominative forms to accompany nouns in the vocative form: **Kochany panie Jacku!** *My dear Jack!* As the locative form is never used without a preposition, it is traditional to put a preposition, usually **o** *about*, before it in tables so it is sometimes called the 'prepositional', though in this book it is called the locative (Polish **miejscownik**, from **miejsce** *place*).

Nouns A typical Polish **noun** is used to refer to a person, place, thing or abstract concept (**Polak** *Pole*, **szkoła** *school*, **fotel** *armchair*, **filozofia** *philosophy*, **chwila** *moment*). A Polish noun, even if it refers to an inanimate object, has a gender (**stół** is masculine, **restauracja** is feminine, **muzeum** is neuter, **ludzie** is virile, **dzieci** is non-virile). Nouns normally have a range of forms indicating their number and their function in the sentence. So there will be singular and plural forms (**autobus** *bus*, **autobusy** *buses*), and various 'case' forms (**pies** *dog*, **psy** nominative, **psa, psów** genitive, **psu, psom** dative, **psem, psami** instrumental, etc.).

Participles is the traditional term for forms that allow a **verb** to behave like an **adjective** or an **adverb**. **Kochający mąż** *loving husband*; **ogólnie mówiąc** *generally speaking*; **nie zatrzymawszy się** *without stopping*.

Perfective and imperfective Perfective verbs in Polish have no present tense for referring to present time: **Zadzwonił(a)** *S/he rang (me)*. **Zadzwoni** *S/he'll give (me) a ring*. Imperfective verbs have a present tense, as well as a future and a past: **Dzwoni** *S/he's ringing now/(S)he rings now*. **Dzwonił(a)** *S/he was ringing/used to ring*. **Będę dzwonił(a) regularnie** *I'll ring regularly*. A verb has tenses, and belongs to an aspect.

Pronouns are words which refer to things without in any way naming them. Whereas **policjant** *policeman* is a **noun**, **on** *he* is a pronoun. There are personal pronouns, such as **oni** and **one** *they*, and other pronouns like **ktoś** *somebody*.

Verbs have forms for different tenses (mostly to do with times past, present or future), and for different 'persons' and number of persons (I, you, they, etc.), as well as other forms like the infinitive dictionary form and various **participles**. **Pali** *s/he smokes*; **palą** *they smoke*; **palił(a)** *s/he smoked*; **palili/paliły** *they smoked*; **palić** *to smoke*; **paląc** (*by, while*) *smoking* etc. Most forms of verbs have to agree with their subject. **Dziewczynka śpiewa** *The little girl is singing*. **Dziewczynki śpiewają** *The little girls are singing*. When a Polish verb cannot find anything to agree with, it normally keeps its options open by choosing a (neuter) singular form. **Było słonecznie** *It was sunny* – **słonecznie**, an adverb, has no number or gender.

Virile (masculine-personal) gender is a peculiarity of Polish. It is used in the plural when talking about a group containing one or more persons who are grammatically (!) masculine. **Dzieci spacerowały** *The children were out walking* (**dziecko** *child* is neuter), but **Chłopcy spacerowali** *The boys were out walking* (**chłopiec** *boy* is masculine). There are two words for *they*: **one** (non-virile) and **oni** (virile).

Case forms of **kto** *who*, **co** *what*, **nikt** *nobody* and **nic** *nothing*.

Nominative (dictionary form)	kto?	co?	nikt	nic
Accusative	kogo?	co?	nikt	nic
Genitive	kogo?	czego?	nikogo	niczego
Dative	komu?	czemu?	nikomu	niczemu
Instrumental	kim?	czym?	nikim	niczym
Locative	o kim?	o czym?	o nikim	o niczym

Personal pronouns

	I	*you (fam., singular)*	*we*	*you (fam., plural)*
Nom. (kto?)	ja	ty	my	wy
Acc. (kogo?)	mię, mnie	cię, ciebie	nas	was
Gen. (kogo?)	mnie	cię, ciebie	nas	was
Dat. (komu?)	mi, mnie	ci, tobie	nam	wam
Instr. (kim?)	mną	tobą	nami	wami
Loc. (o kim?)	o mnie	o tobie	o nas	o was

Where two forms are given in the table above, the first of the two is unemphasized. For emphasis, or after a preposition, use the second, longer form, e.g. **Powiedz mi!** (*TELL me*), **Powiedz mnie!** (*Tell ME*).

	he/it	*it*	*she/it*	*they*	*they*
Nom.	on	ono	ona	oni	one
Acc.	go, jego*	je	ją	ich	je
Gen.	go, jego	go, jego	jej	ich	ich
Dat.	mu, jemu	mu, jemu	jej	im	im
Instr.	nim	nim	nią	nimi	nimi
Loc.	o nim	o nim	o niej	o nich	o nich

*Where two forms are given in the table above, the first of the two is unemphasized. For emphasis, use the second, longer form. Do not use the forms beginning with **i** or **j** with prepositions. Instead, substitute forms beginning with **ni**, e.g. **do niego** (*to him*), **ku niej** (*towards her*), **bez nich** (*without them*).

Sample patterns containing typical possessives, adjectives and nouns

Singular of 'this my terrible Polish film'

Nom./Acc.	ten	mój	straszny	polski	film
Gen.		tego	mojego	strasznego	polskiego	filmu
Dat.		temu	mojemu	strasznemu	polskiemu	filmowi
Instr.		tym	moim	strasznym	polskim	filmem
Loc.	o	tym	moim	strasznym	polskim	filmie

Plural of 'these my terrible Polish films'

Nom./Acc.	te	moje	straszne	polskie	filmy
Gen.		tych	moich	strasznych	polskich	filmów
Dat.		tym	moim	strasznym	polskim	filmom
Instr.		tymi	moimi	strasznymi	polskimi	filmami
Loc.	o	tych	moich	strasznych	polskich	filmach

Jaki (*what sort of*) has similar endings to **polski**.

Singular of 'one daft policeman/poet'

Nom.	jeden	głupi	policjant	/poeta
Acc.	jednego	głupiego	policjanta	/poetę
Gen.	jednego	głupiego	policjanta	/poety
Dat.	jednemu	głupiemu	policjantowi	/poecie
Instr.	jednym	głupim	policjantem	/poetą
Loc.	o jednym	głupim	policjancie	/poecie

Plural of 'two daft policemen/poets'

Nom.	dwaj	głupi	policjanci	/poeci
Acc./Gen.	dwóch/dwu	głupich	policjantów	/poetów
Dat.	dwu	głupim	policjantom	/poetom
Instr.	dwoma/dwu	głupimi	policjantami	/poetami
Loc.	o dwóch/dwu	głupich	policjantach	/poetach

Sample virile nouns with adjectives, in the nominative plural form

nom. plural		*singular*
tacy ludzie	*people like that*	taki człowiek
młodzi mężczyźni	*young men*	młody mężczyzna
czescy lekarze	*Czech doctors*	czeski lekarz
bogaci bankierzy	*rich bankers*	bogaty bankier
byli komuniści	*former communists*	były komunista
wysocy profesorowie	*tall professors*	wysoki profesor
mili Francuzi	*nice Frenchmen*	miły Francuz
dobrzy studenci	*good students*	dobry student
zdolni aktorzy	*talented actors*	zdolny aktor
nasi wszyscy nauczyciele	*all our teachers*	nasz ... nauczyciel
którzy kelnerzy?	*which waiters?*	który kelner?
świetni dyrygenci	*first-rate conductors*	świetny dyrygent
ekspansywni Polacy	*demonstrative Poles*	ekspansywny Polak
smukli Włosi	*slim Italians*	smukły Włoch
zdrowi chłopcy	*healthy lads*	zdrowy chłopiec
śpiewający Węgrzy	*singing Hungarians*	śpiewający Węgier
nasi piłkarze	*our footballers*	nasz piłkarz
walijscy zawodnicy	*the Welsh players*	walijski zawodnik
moi bracia	*my brothers*	mój brat
nasi ojcowie	*our fathers*	nasz (mój) ojciec
nasi mężowie	*our husbands*	mój mąż
sympatyczni Rosjanie	*nice Russians*	sympatyczny Rosjanin
życzliwi Ukraińcy	*kind Ukrainians*	życzliwy Ukrainiec
polscy dentyści hydraulicy i kierowcy	*Polish dentists, plumbers and drivers*	polski dentysta, hydraulik i kierowca
słynni Belgowie	*famous Belgians*	słynny Belg

Singular of 'this your one and only chair'

Nom./Acc.	to	twoje	jedno	jedyne	krzesło
Gen.	tego	twojego	jednego	jedynego	krzesła
Dat.	temu	twojemu	jednemu	jedynemu	krzesłu
Instr.	tym	twoim	jednym	jedynym	krzesłem
Loc.	o tym	twoim	jednym	jedynym	krześle

Plural of 'these our interesting chairs/museums'

Nom./Acc.	te	nasze	ciekawe	krzesła	/muzea
Gen.	tych	naszych	ciekawych	krzeseł	/muzeów
Dat.	tym	naszym	ciekawym	krzesłom	/muzeom
Instr.	tymi	naszymi	ciekawymi	krzesłami	/muzeami
Loc.	o tych	naszych	ciekawych	krzesłach	/muzeach

Singular of 'this my one thick wall'

Nom.	ta	moja	jedna	gruba	ściana
Acc.	tę	moją	jedną	grubą	ścianę
Gen.	tej	mojej	jednej	grubej	ściany
Dat./Loc.	tej	mojej	jednej	grubej	ścianie
Instr.	tą	moją	jedną	grubą	ścianą

Plural of 'these my two beautiful daughters'

Nom./Acc.	te	moje	dwie	piękne	córki
Gen.	tych	moich	dwóch	pięknych	córek
Dat.	tym	moim	dwom	pięknym	córkom
Instr.	tymi	moimi	dwiema	pięknymi	córkami
Loc.	o tych	moich	dwóch	pięknych	córkach

Singular of 'that elderly gentleman/lady'

Nom.	tamten	starszy	pan	tamta	starsza	pani
Acc.	tamtego	starszego	pana	tamtą	starszą	panią
Gen.	tamtego	starszego	pana	tamtej	starszej	pani
Dat.	tamtemu	starszemu	panu	tamtej	starszej	pani
Instr.	tamtym	starszym	panem	tamtą	starszą	panią
Loc.	o tamtym	starszym	panu	o tamtej	starszej	pani

Plural of 'these elderly gentlemen/people, ladies'

Nom.	ci	starsi	panowie/państwo	te	starsze	panie
Acc.	tych	starszych	panów/państwa	te	starsze	panie
Gen.	tych	starszych	panów/państwa	tych	starszych	pań
Dat.	tym	starszym	panom/państwu	tym	starszym	paniom
Instr.	tymi	starszymi	panami/państwem	tymi	starszymi	paniami
Loc.	tych	starszych	panach/państwu	tych	starszych	paniach

Nasz (*our*) and **wasz** (*your*) (familiar, plural) have similar endings to **starszy**, except that the nominative and inanimate accusative masculine singular forms are just the bare 'stem' **nasz** and **wasz** – without any ending.

The vocative

The vocative singular form of most masculine nouns is the same as the locative singular; adjectives coupled with it will have the same form as the nominative singular. Nouns ending in -a in the nominative will normally end instead in -o in the vocative. Pet names ending in -ia will normally end in -iu in the vocative. Adjectives used with them will have the same form as the nominative singular. Nouns in the plural, and singular neuter nouns, have no special vocative plural forms – but use the nominative.

Kochana Mamusiu!	*Dear Mum!*
Jurku, uważaj!	*Jurek, be careful!*
Ty świnio!	*You swine!*
Szanowny Panie!	*Respected Sir!*
O Boże!	*Oh God!*
Drodzy Państwo!	*Dear Ladies and Gentlemen!*
Towarzysze!	*Comrades!*
Siostro!	*Sister!*

Prepositions and the case forms that go with them

bez	(+ gen.)	*without*	bez mleka	*without milk*
dla	(+ gen.)	*for*	dla rodziny	*for the family*
do	(+ gen.)	*(in)to, for, till*	do Łodzi	*to Łódź*
			do rana	*till morning*
			pasta do zębów	*toothpaste*
ku	(+ dat.)	*towards*	ku mnie	*towards me*
koło	(+ gen.)	*next to*	koło domu	*by the house*
między	(+ acc.)	*between* (motion)	między drzewa	*between the trees*
między	(+ instr.)	*between* (location)	między domem a ogrodem	*between the house and garden*
na	(+ acc.)	*(on)to*	na pocztę	*to the post office*
na	(+ loc.)	*on, at*	na stole	*on the table*
nad	(+ acc.)	*to, above*	nad morze	*to the sea*
nad	(+ instr.)	*at, over*	nad morzem	*at the sea*
o	(+ loc.)	*about, at* (time)	o szóstej	*at six*
			o czym?	*what about?*
obok	(+ gen.)	*next to*	obok szkoły	*next to the school*
od	(+ gen.)	*from, since*	od czasu do czasu	*from time to time*
			od stycznia	*since January*

po	(+ acc.)	*up to, to get*	po gazetę	*for a newspaper*
			po uszy	*up to his ears*
po	(+ loc.)	*after, around*	po obiedzie	*after lunch*
			po mieście	*around the town*
pod	(+ acc.)	*under (motion)*	pod stół	*under the table*
pod	(+ instr.)	*under (location)*	pod stołem	*under the table*
podczas	(+ gen.)	*during*	podczas pobytu	*during our stay*
przed	(+ acc.)	*in front of (motion)*	przed siebie	*ahead*
przed	(+ instr.)	*in front of (location)*	przed hotelem	*outside the hotel*
przy	(+ loc.)	*on, by*	przy oknie	*by the window*
			przy sobie	*on me, with me*
u	(+ gen.)	*at ...'s*	u syna	*at my son's*
w	(+ acc.)	*on (day)*	w sobotę	*on Saturday*
w	(+ loc.)	*in, at*	w lipcu	*in July,*
			w kieszeni	*in my pocket*
z	(+ gen.)	*(out) of, off, from*	ze skóry	*of leather,*
			ze szkoły	*from school*
z	(+ instr.)	*with*	z nami	*with us*
za	(+ acc.)	*behind (motion)*	idzie za dom	*she's going behind the house*
za	(+ acc.)	*in (time)*	za chwilę	*in a moment*
za	(+ instr.)	*behind (location)*	za kulisami	*behind the scenes*

The following alternative forms are sometimes used: **beze, nade, ode, pode, przede, we, ze.**

Sample verbs with -*a* in the third person singular (he/she/it) form

słuchać *(imperfective)*

Present
słucham
słuchasz
słucha
słuchamy
słuchacie
słuchają

Future

posłuchać *(perfective)*

Perfective verbs have no present tense. Their future tense is formed in the same way as the present tense of imperfective verbs.

będę słuchał(a)	posłucham
będziesz słuchał(a)	posłuchasz
będzie słuchał(a)	posłucha
będziemy słuchali/słuchały	posłuchamy
będziecie słuchali/słuchały	posłuchacie
będą słuchali/słuchały	posłuchają

Past

słuchałem/słuchałam	posłuchałem/posłuchałam
słuchałeś/słuchałaś	posłuchałeś/posłuchałaś
słuchał/słuchała/słuchało	posłuchał/posłuchała/posłuchało
słuchaliśmy/słuchałyśmy	posłuchaliśmy/posłuchałyśmy
słuchaliście/słuchałyście	posłuchaliście/posłuchałyście
słuchali/słuchały	posłuchali/posłuchały

Conditional

słuchałbym/słuchałabym	posłuchałbym/posłuchałabym
słuchałbyś/słuchałabyś	posłuchałbyś/posłuchałabyś
słuchałby/słuchałaby/ słuchałoby	posłuchałby/posłuchałaby/ posłuchałoby
słuchalibyśmy/słuchałybyśmy	posłuchalibyśmy/posłuchałybyśmy
słuchalibyście/słuchałybyście	posłuchalibyście/posłuchałybyście
słuchaliby/słuchałyby	posłuchaliby/posłuchałyby

Imperative

słuchaj	posłuchaj
słuchajmy	posłuchajmy
słuchajcie	posłuchajcie

Active participles

słuchając	posłuchawszy
słuchający, -ca, -ce	

Passive: słuchany, -na, -ne   posłuchany, -ny, -na, -ne

A small number of verbs with third person ending in -e follow a similar pattern to **słuchać**, for example:

umiem, umie, umieją; (z)rozumiem, (z)rozumie, (z)rozumieją.

With these verbs, the letter **e** changes to an **a** before the **ł** of the past tense and the **n** of the passive participle, if there is one: **umiałem, umiały** (but **umieli**); **zrozumiany**.

The imperative of **rozumieć/zrozumieć** is slightly odd:

rozumiej/zrozum, rozumiejcie/zrozumcie, rozumiejmy/zrozumiejmy.

Sample verbs with third person forms ending in -e

Present	*Future*
piszę	napiszę
piszesz	napiszesz
pisze	napisze
piszemy	napiszemy
piszecie	napiszecie
piszą	napiszą

Past

pisałem/pisałam, *etc.*   napisałem/napisałam, *etc.*
pisaliśmy/pisałyśmy, *etc.*   napisaliśmy/napisałyśmy

Conditional

pisał(a)bym, *etc.*   napisał(a)bym, *etc.*

Imperative

pisz	napisz
piszmy	napiszmy
piszcie	napiszcie

Active participles

piszący   napisawszy
piszący, -ca, -ce

Passive: pisany, -na, -ne   napisany, -ny, -na, -ne

Remember that verbs with a dictionary form ending in **-ować**, and a lot of verbs with dictionary forms ending in **-ywać** or **-iwać** follow this pattern, swapping **-ować/-ywać/-iwać** for **-uj** in the present (or future) tense.

pracować: pracuję, pracuje; pracowałem; pracuj
obsługiwać (*serve*): obsługuje
obowiązywać: obowiązuje

Sample verbs with third person forms ending in -i

Present	*Future*
robię	zrobię
robisz	zrobisz
robi	zrobi
robimy	zrobimy
robicie	zrobicie
robią	zrobią

Past
robiłem/robiłam, *etc.*
robiliśmy/robiłyśmy, *etc.*

zrobiłem/zrobiłam, *etc.*
zrobiliśmy/zrobiłyśmy

Conditional
robił(a)bym, *etc.*

zrobił(a)bym, *etc.*

Imperative
rób
róbmy
róbcie

zrób
zróbmy
zróbcie

Active participles
robiąc
robiący, -ca, -ce

zrobiwszy

Passive: robiony, -na, -ne

zrobiony, -ny, -na, -ne

Sample verbs with third person forms ending in -y

Present
słyszę
słyszysz
słyszy
słyszymy
słyszycie
słyszą

Future
usłyszę
usłyszysz
usłyszy
usłyszymy
usłyszycie
usłyszą

Past
słyszałem/słyszałam
słyszeliśmy/słyszałyśmy

usłyszałem/usłyszałam
usłyszeliśmy/usłyszałyśmy

Conditional
słyszał(a)bym
słyszelibyśmy

usłyszał(a)bym
usłyszelibyśmy/usłyszałybyśmy

The letter **e** of the dictionary forms **słyszeć/usłyszeć** is replaced by an **a** before the **ł** of past tense forms.

Active participles
słysząc
słyszący, -ca, -ce

usłyszawszy

Passive: słyszany

usłyszany

Być *to be*

Present
jestem
jesteś
jest
jesteśmy
jesteście
są

Past
byłem/byłam
byłeś/byłaś
był/była/było
byliśmy/byłyśmy
byliście/byłyście
byli/były

Imperative
bądź
bądźmy
bądźcie

Future
będę
będziesz
będzie
będziemy
będziecie
będą

Conditional
byłbym/byłabym
byłbyś/byłabyś
byłby/byłaby/byłoby
bylibyśmy/byłybyśmy
bylibyście/byłybyście
byliby/byłyby

Active participles
będąc
będący, -ca, -ce

vocabulary

English–Polish pattern guide

The purpose of this English–Polish pattern guide is to jog your memory and to help you to think in Polish rather than English. If you are translating from English into Polish as part of an exercise in the book, it is better to look back over dialogues and examples for the Polish words you want, as you will then meet them in context. This guide concentrates on common English words that could easily prompt you to say or write something you have never seen or heard Poles use; if you browse through it regularly, it will help to forestall mistakes based on English. You will find that English word forms are grouped under their dictionary citation form; e.g. you will find *are*, *was* and *'m* under **BE**. You will need to check the Polish–English vocabulary or a Polish dictionary for more information about the forms words take and the constructions (prepositions, cases, etc.) they are used with. Note that arrowheads point away from imperfective verbs and towards perfective verbs, e.g. czekać > poczekać, but roześmiać śię < śmiać się.

ABLE	*zdolny, utalentowany, w stanie*
Will you be able?	*(Czy) pan(i) będzie mógł (mogła)?/(Czy) pan(i) będzie w stanie?/(Czy) pan(i) potrafi?*
BE	*być >*
be able to	*móc, umieć, potrafić, zdążyć, zdołać + infin.*
be able to fly	*latać >*
be able to, know how to	*umieć >*

be about/alleged/due/supposed to	*mieć* + infin.
be acquainted with, know	*znać* > *poznać*
be afraid of	*bać się* > + gen.
be alive	*żyć* >
be angry with	*gniewać się* > *na* + acc.
be aware of	*wiedzieć o* + loc.; *uświadamiać sobie*
be carrying, bringing on foot	*nieść* >
be embarrassed, ashamed	*wstydzić się* >
be favourable to	*sprzyjać* > + dat.
be fond of, like	*lubić* > *po-*
(can) be heard	*słychać* + acc.
be ill	*chorować* >
be in force, apply, oblige	*obowiązywać* >
be in time	> *zdążyć*
be killed	*ginąć* > *z-*
be late	*spóźniać się* > *spóźnić się*
be often, be sometimes, be regularly	*bywać* >
be on fire, burn down	*palić* > *spalić się*
be on one's way, intending to go	*wybierać się* >
be on the way (on foot)	*iść* >
be out walking	*spacerować* > *po-*
be pleased about/with	*cieszyć się* > *u- z* + gen.
be right	*mieć rację*
be sitting	*siedzieć* >
be surprised	*dziwić się* > *z-*
be to do something	*mieć* + infin.
We are to meet her at eight.	*Mamy ją spotkać o ósmej.*
He was to (to have) help(ed).	*Miał mi pomagać/pomóc.*
You are to do it at once.	*Masz to zrobić natychmiast.*
be worried	*(za)niepokoić się, (z)martwić się*
be wrong	*nie mieć racji, nie pasować*
it's late	*późno*
Have you been to the Castle?	*Był(a) pan(i) (już) w Zamku?*
Have you been to Hungary?	*Był(a) pan(i) (już) na Węgrzech?*
here is	*oto*
is missing	*brakuje* > + gen.
is visible	*widać* + acc.
it'll be nicer	*będziej milej*
it's all the same whether	*wszystko jedno, czy*
it's cloudy	*pochmurno*
it's cold	*zimno*
it's dark	*ciemno*

it's four o'clock	*czwarta*
it's hot, hot(ly)	*gorąco*
it's nice, welcome	*miło*
it's raining	*pada deszcz*
it's possible, one may	*można*
it's supposed to be here	*ma być tutaj*
it's tough, with difficulty	*trudno*
it's worth	*warto* + infin.
promise to be	*zapowiadać się > zapowiedzieć się*
Something's wrong here.	*Coś tu nie gra.*
That will be three złotys.	*Płaci pan(i) trzy złote.*
that's right	*zgadza się, racja*
the battery's flat	*akumulator wysiadł*
the point is that	*grunt, że*
the ski is broken	*złamała się narta/narta jest złamana*
The weather's clearing up.	*Wypogadza się.*
What's happening?	*Co się dzieje?*
Where am I to start?	*Od czego mam zacząć?*
You'll be OK.	*Nic ci się nie stanie.*
I'm to be there tomorrow at three.	*Mam tam być jutro o trzeciej.*
I'm coming	*Idę.*
She was invited to a restaurant.	*Zaproszono ją do restauracji.*
He was arrested.	*Został (za)aresztowany.*
An enquiry has been set up.	*Wszczęto śledztwo.*
The boy was operated on.	*Zoperowano chłopca.*
He was helped by his daughter.	*Pomagała mu córka.*
– Is he here? – Yes, he is.	*– Jest (tu)? – Jest.*
I'll be back in five days.	*Wrócę za pięć dni.*
We were walking along Nowy Świat.	*Szliśmy Nowym Światem.*
become, get	*robić > zrobić się*

CAN

	można + dat.; *móc*
can be heard	*słychać* + acc.
can be seen	*widać* + acc.
can be	*bywa*
I can't cope.	*Nie daję/dam rady.*

COME, arrive

przychodzić > przyjść,
przyjeżdżać > przyjechać,
przylatywać > przylecieć,
przypływać > przypłynąć

come back, go back, return from	*wracać > wrócić z* + gen.
come close, approach, draw near	*zbliżać > zbliżyć się*
come in(to), enter	*wchodzić > wejść* (usually *do* + gen.)
come out (of), go out	*wychodzić > wyjść* (*z* + gen.)
come to an end	*kończyć się > s-*
come to that	*ewentualnie*
come to the boil	*gotować się > za-*
DO, make	*robić > z-*
do without	*obywać się > obyć się bez* + gen.
do, comb hair	*czesać > u-*
have your hair done	*czesać się > u-*
don't mention it, trifle, small thing	*drobiazg*
something to do, occupation, class	*zajęcie*
tell someone to do something	*kazać* + dat. + infin.
what do you mean ... ?	*jak to ... ?*
Did you (madam) like Poland?	*Spodobała się pani Polska?*
Did you (people) like it (food)?	*Smakowało państwu?*
I'll go if you do.	*Ja pójdę, jeśli pan(i) pójdzie.*
– Who said that?	*– Kto to powiedział?*
– I did.	*– Ja.*
– I don't like them.	*– Nie podobają mi się.*
– Neither do I.	*– Mnie też nie.*
FOR, for the sake of, to (e.g. kind to)	*dla* + gen.
for, intended for, to, into	*do* + gen.
for (to spend time, to see)	*na* + acc.
ask for	*prosić > po-* (*o*) + acc.
for a long time, long	*długo*
for a moment, just a moment	*chwileczkę*
for a short time, briefly	*krótko*
for once	*choć raz, dopiero*
for one person, single	*jednoosobowy*
for a long time	*dawno, długo*
for what?	*za co?*
for, on, at, to	*na* + acc. (motion) or + loc. (position)
for, since, because	*ponieważ*
for, to get	*po* + acc.
give up one's seat for	*ustępować > ustąpić miejsca* + dat.

I felt sorry for him.	*Żal mi się go zrobiło.*
I've been waiting for fifteen minutes.	*Czekam już kwadrans.*
instructions for (using)	*instrukcja obsługi*
look for	*szukać > po- + gen.*
send for	*wzywać > wezwać*
She's gone to England for the summer.	*Pojechała na lato do Anglii.*
thank ... for ...	*dziękować > po- + dat. za + acc.*
what for?	*po co?*
why, for what reason?	*dlaczego? czemu?*
work for, be in favour of	*sprzyjać + dat.*
GET, become	*robić się > z-, stawać się > stać się, zostawać > zostać*
get, receive, obtain	*dostawać > dostać*
get (in)to	*dostawać > dostać się do + gen.*
get dressed	*ubierać > ubrać się*
get hold of	*zdobywać > zdobyć*
get in the way, hinder, disturb	*przeszkadzać > przeszkodzić + dat.*
get in touch with	*kontaktować się > s- z + instr.*
get lost	*gubić się > z- się*
get out, get off, go flat	*wysiadać > wysiąść*
get through to	*> dodzwonić się do + gen.*
get to, reach	*> pójść do + gen., > dojść (aż) do + gen., dojeżdżać > dojechać do + gen., trafiać > trafić do + gen.*
get to know	*poznawać > poznać*
get together (with)	*spotykać > spotkać się (z + instr.)*
get up	*wstawać > wstać*
get used to	*przyzwyczajać się > przyzwyczaić się do + gen.*
get wet	*moknąć > z-*
getting on a bit	*w podeszłym wieku*
it has got cooler	*oziębiło się*
to get, for	*po + acc.*
I'll nip and get a phrasebook	*Skoczę po rozmówki.*
try to get	*starać się > po- o + acc.*
I have got to go.	*Muszę (koniecznie) iść.*
GO	*iść, jechać, lecieć, zmierzać, udawać się, płynąć*
go (by some means of wheeled transport)	*jechać > po-*

go (regularly, by some means of wheeled transport)	*jeździć*
go (repeatedly or regularly), attend, walk around	*chodzić*
go ahead	*iść przed siebie*
go away (on wheels), drive out	*wyjeżdżać > wyjechać*
go back, come back, return	*wracać > wrócić*
go close, approach, draw near	*zbliżać się > zbliżyć się*
go flat, get out, get off	*wysiadać > wysiąść*
go out, come out of	*wychodzić > wyjść z* + gen.
go to school/church/the theatre/ Poland	*chodzić do szkoły/kościoła/ teatru, jeździć do Polski*
go up to, approach (on foot)	*podchodzić > podejść do* + gen.
go wrong	*psuć się > po-/ze-*
go, be on the way (on foot)	*iść >*
go, get there (on foot)	*> pójść*
going away, departure	*wyjazd*
I'm not going to have a row with you.	*Nie będę się z tobą kłócił(a).*
What are you going to do?	*Co pan zrobi/Co pan(i) ma zamiar zrobić?*
I was just going to ring you when you arrived.	*Miałem/chciałem (właśnie) do pana (pani) zadzwonić, kiedy pan(i) przyszedł (przyszła).*
What were you going to say?	*Co pan(i) chciał(a) powiedzieć?*
HAVE	*mieć >*
have a glass of tea	*wypić szklankę herbaty*
have breakfast	*(z)jeść śniadanie*
We'd had breakfast.	*Byliśmy po śniadaniu.*
have dinner	*(z)jeść obiad*
have supper	*(z)jeść kolację*
have a bath(e)	*(wy)kąpać się*
have a shower	*wziąć prysznic*
have a stroll/walk	*przechadzać > przejść się*
I have a headache.	*Boli mnie głowa.*
I've had a letter from ...	*Otrzymałem/Dostałem list od ...*
have to, must	*musieć*
not have to	*nie musieć*
You don't have to go.	*Nie musi pan iść.*
have your hair done	*czesać > u- się*
I ought to (have)	*powinienem (był), powinnam (była)*
I have finished my work.	*Skończyłem pracę.*

it has got cooler	*oziębiło się*
legend has (had) it	*głosi(ła) legenda*
Nothing's happened.	*Nic się nie stało.*
S/he's had an accident.	*Jest po wypadku.*
The little girl has been operated on.	*Zoperowano dziewczynkę.*

IF — *jeśli, jeżeli, jak, gdy*

LET

Let me do that.	*Pozwoli pan(i), że ja to zrobię.*
Let me think.	*Niech pomyślę.*
Let's not talk about it.	*Nie mówmy o tym.*

MAY — *można, wolno + dat.*

It may be raining.	*Może padać deszcz.*
May I help you?	*Czy mogę panu/pani pomóc?*
They may be late.	*Mogą się spóźnić.*

MAYBE — *(być) może*

MUST — *musieć*

one must	*trzeba*
one must not	*nie wolno*
You must not touch it.	*Nie wolno tego dotykać.*

SUPPOSE — *przypuszczać > przypuścić, zakładać > założyć, sądzić >*

He's supposed to be here at half past four.	*Ma być o wpół do piątej.*
I suppose, I think, I reckon, I guess	*chyba*
I suppose so.	*Chyba tak.*
I suppose not.	*Chyba nie. Przypuszczam, że nie.*
I don't suppose so.	*Chyba nie.*
supposedly	*przypuszczalnie*
He's supposed to be helping his father today.	*Ma dziś pomagać ojcu.*
I don't suppose you fancy a meal out, do you?	*Czy masz może ochotę pójść do restauracji?*
Let's suppose that what he says is true.	*Załóżmy, że mówi prawdę.*

THINK — *myśleć > pomyśleć, sądzić >, uważać >, mniemać >, przypuszczać >, być zdania*

I think, I suppose	*chyba; zdaje mi się, że*
I think so	*chyba tak*
Why don't you answer?	*Dlaczego się nie odzywasz?*
I'm thinking.	*Myślę.*
Let me think for a mo'.	*Niech pomyślę.*
Think it over.	*Niech pan(i) to przemyśli.*
Would you think it rude of me to switch the TV on and watch the news?	*Czy nie sprawię panu/pani przykrości, jeżeli włączę telewizor i obejrzę wiadomości?*

TO — *do + gen.*

to, above, over, at	*nad* (+ acc. for motion, + instr. for position)
to, into, (intended) for	*do + gen.*
towards, in the direction of	*ku + gen.*
according to	*według + gen.*
adapt (oneself) to	*dostosowywać (się) > dostować (się)*
address, turn to	*zwracać się > zwrócić się do + gen.*
agree to/with	*zgadzać się > zgodzić się na + acc./z + instr.*
to the left, anticlockwise	*w lewo, na lewo*
to the right	*w prawo, na prawo*
to the river	*nad rzekę*
to the seaside	*nad morze*
where to	*dokąd*
write from time to time	*pisywać*

YOU

you (addressed to a clergyman), clergyman	*ksiądz*
you, (gentle)man, sir, Mr, lord	*pan*
you, lady, woman, Mrs, Miss, Ms	*pani*
you (to a group of men)	*panowie* (+ plural verb)
you (to a group of women)	*panie* (+ plural verb)
you (to a mixed group or couple), Mr and Mrs, ladies and gentlemen	*państwo*
you (to a nurse or a nun), sister	*siostra*
you (familiar, to one person)	*ty* (2nd person singular verb form)
you (familiar, to more than one person)	*wy* (2nd person plural verb form)
You'll be OK.	*Nic ci się nie stanie.*

nice to meet you	*bardzo mi miło*
see you tomorrow/in August	*do jutra/do sierpnia*
What do you mean ... ?	*Jak to ... ?*
your (familiar, to more than one person)	*wasz*
your (familiar, to one person)	*twój*
your (formal)	*pana, pani, państwa, panów, pań, księdza, siostry,* etc. (all genitive forms)
your turn	*twoja, pana,* etc., *kolej*

Polish–English vocabulary

Buy a phrasebook rather than a small dictionary. Buy a reasonably large dictionary. A high standard was set by *Collins Polish Dictionary*, edited by Jacek Fisiak, later republished in Poland and still sporadically available. Fisiak has also edited the excellent new *Kościuszko Foundation Dictionary*, and there's a large *PWN Oxford Wielki Słownik*. Approach computer dictionaries with caution; among other things, they are geared to the needs and computers of a much larger market in Poland (see p. 204). Online, you may like to try www.slownik.pl.

Here, nouns are normally given in the nominative singular, with changes for genitive singular (confirms gender), and sometimes locative singular preceded by a preposition. After the semi-colon come the nominative plural and genitive plural changes. The vertical line | marks the end of the part of the word that hyphenated changes should be added to.

Verbs are given first in the infinitive dictionary form, then normally first (and third) person singular present (imperfective verbs) or future (perfective verbs), and the basic imperative form. After the colon, sample past tense forms. Arrowheads point away from imperfective verbs and towards perfective verbs, e.g. czekać > poczekać, but roześmiać się < śmiać się.

a *and, but* a poza tym *and besides*
   a tymczasem *and meanwhile*
aby *(in order) to*
adresa|t, -ta, o -cie; -ci, -tów
   recipient
akademi|a, -i; -e, -i *academy*
akto|r, -ra, o -rze; -rzy, -rów *actor*
aktualnie *currently*

aktualny *current*
akumulator, -a; -y, -ów *battery*
akurat *as it happens*
albo *or* albo albo *either or*
album, -u, w -ie; -y, -ów *album*
ale *but* ale za to *but on the other hand*
ale|ja, -i; -je, -i *avenue*

alkohol, -u *alcohol* alkohol|e,
-ów *or* -i *off licence*
alternacj|a, -i; -e, -i *alternation,
sound-swap*
Amery|ka, -ki, w -ce *America*
Amerykan|in, -ina, o -inie;
-ie, -ów *American*
angiels|ki, *vir.* -cy *English* Angli|a,
-i *England* Angli|k,
-ka; -cy, -ków *Englishman*
Angiel|ka, -ki; -ki, -ek
Englishwoman
ani *not even;* ani ani *neither nor*
apara|t, -tu, przy -cie; -ty, -tów
camera, device aparat cyfrow|y,
-u, -ego *digital camera*
apasz|ka, -ki, w -ce; -ki, -ek *scarf*
apetyt, -u *appetite*
apte|ka, -ki, w, -ce; -ki, -k
chemist's, pharmacy
arbuz, -a; -y, -ów *watermelon*
architek|t, -ta, o -cie; -ci, -tów
architect
areszt|ować, -uję > za- *arrest*
arty|sta, -sty, o -ście; -ści, -stów
performer
aspiryn|a, -y, o -ie *aspirin*
au|to, -ta, w -cie; -ta, -t *car*
autobus, -u, w -ie; -y, -ów *bus*
autoka|r, -ra *or* -ru, w -rze; -ry,
-rów *coach*
automa|t, -tu, o -cie; -ty -tów: a.
telefoniczny *payphone*
auto|r, -ra, o -rze; -rzy, -rów
creator
autostra|da, -dy, po -dzie; -dy, -d
motorway
awari|a, -i; -e, -i *breakdown*
aż *until, so that, as much as* aż do
+ gen. *right up to, as far as*

babcia, -i *grandma*
bać się, boję, boi; bał > + gen.
be afraid of
bada|nie, -nia; -nia, -ń *research,
observation, survey*
banan, -u, o -ie; -y, -ów *banana*
bandaż, -a *or* żu; -że, -ży *or* -żów
bandage
bank, -u; -i, -ów *bank*

baranin|a, -y *mutton*
bardziej *more* bardzo *very (much)*
barszczyk, -u; -i, -ów *pet form of*
barszcz, -u; -e, -y *or* -ów *Polish
clear beetroot soup*
bar|wa, -wy, o -wie; -wy, -w
colour
basen, -u, w -ie; -y, -ów *swimming
pool*
bateri|a, -i; -e, -i *battery*
befszty|k, -ka *or* -ku, pod -kiem;
-ki, -ków *beefsteak*
benzyn|a, -y, o -ie *petrol* stacja
benzynowa *petrol station*
Berlin, -a, w -ie *Berlin*
bez + gen. *without*
bezpiecz|ny, vir. -ni *safe*
bia|ły, vir. -li *white*
bić, biję, bije, bij; bił > z- *or* po-
hit, beat, strike
bie|c, -gnę, -gnie, -gnij; -gł > po- *run*
bied|ny, vir. -ni *poor*
biegłoś|ć, -ci *fluency*
bile|t, -tu, na -cie; -ty, -tów *ticket*
biur|ko, -ka; -ka, -ek *desk*
biu|ro, -ra, w -rze; -ra, -r *office*
blis|ki, vir. -cy *near, close, intimate*
blisko + gen. *near (to), nearby*
bluz|ka, -ki, w -ce; -ki, -ek *blouse*
bł|ąd, -ędu, w -ędzie; -ędy, -ędów
mistake, error
bo *because, or else*
bochen|ek, -ka, z -kiem; -ki, -ków
loaf
bo|ciek, -ćka; -ćki, -ćków *pet form
of* bocian *stork*
bocz|ek, -ku *bacon*
boleć, boli, bolą; bolał *hurt,
ache*
Boż|e Narodzeni|e, -ego -a
Christmas
Bóg, Boga, o Bogu, voc. Boże *God*
brać, biorę, bierze, bierz > wziąć,
wezmę *or* zabrać, zabiorę *take*
brak|ować, -uje; -owało > + gen.
is missing
bra|t, -ta, o -cie; -cia, -ci *brother* b.
cioteczny/stryjeczny *first
cousin*
brązowy *brown*

br|oda, -ody; -ody, -ód *beard, chin*
brudno *dirt(il)y* brud|ny, vir. -ni
dirty
brytyjs|ki, vir. -cy *British*
brzyd|ki, vir. -cy *ugly, unpleasant,*
nasty
bud|ować, -uję, -uje, -uje, -uj; -ował
> z- *build*
buk, -u *or* -a; -i, -ów *beech tree*
buł|ka, -ki, w -ce; -ki, -ek *roll*
bura|k, -ka, z -kiem; -ki, -ków
beetroot
bu|rza, -rzy; -rze, -rz *storm*
bu|t, -ta, w -cie; -ty, -tów *shoe*
butel|ka, -ki, w -ce; -ki, -ek *bottle*
Bydgoszcz, -y, w -y *Bydgoszcz*
byw|ać, -am, -a > -ają *often are,*
can be, visit, occur
bzdu|ra, -ry, o -rze; -ry, r
nonsense

całkiem/całkowicie *entirely, quite*
cał|ować, -uję > po- *kiss*
cały, vir. cali *whole, all*
cebul|a, -i; -e, -i *onion*
cel, -u; -e, -ów *aim, purpose,*
target celowo *on purpose*
ce|na, -ny, o -nie; -ny, -n *price*
central|a, -i; -e, -i *switchboard,*
exchange, central warehouse
chcieć, chcę, chce; chciał, chcieli
want, intend, mean
chętnie *willingly, with pleasure*
Chi|ny, do -n, w -nach *China*
chirur|g, -ga; -dzy, -gów *surgeon*
chleb, -a; -y, -ów *bread*
chłodny *cool, chilly*
chłop, -a; -i, -ów *peasant, farmer,*
lad, fellow chło|piec, -pca;
-pcy, -pców *boy*
chmu|ra, -ry, w -rze; -ry, -r *cloud*
choć/chociaż *although*
cho|dzić, -dzę, -dzi, -dź go
repeatedly or regularly, frequent,
attend, walk around
chor|oba, -oby; -oby, -ób *illness*
chor|ować, -uję > za- *be ill* cho|ry,
vir. -rzy *sick, ill*
chow|ać, -am > s- *put away*
chrzan, -u, o -ie *horseradish*

chust|ka (do nosa), -ki, w -ce; -ki,
-ek *(hand)kerchief*
chwi|la, -li, po -li; -le, -l *moment,*
while chwileczkę *just a*
moment, for a moment
chwilowo *at the moment,*
temporarily
chyba *I think, I suppose* chyba tak
I think so chyba nie *I suppose*
not
cia|ło, -ła, w ciele; -ła, -ł *body*
ciastecz|ko, -ka; -ka, -ek *pet form*
of ciast|ko, -ka; -ka, -ek *cake,*
pastry
ci|asto, -asta, w -eście *dough,*
pastry
ciąg course w ciągu + gen. *in the*
course of w dalszym ciągu *still*
ciąg|nąć, -nę, -nie, -nij; -nął, -nęli
> po- *pull, draw*
cicho *quietly* ci|chy, vir. -si *quiet*
ciebie gen. and acc. of ty *you*
(familiar, to one person)
cieka|wy, vir. -wi *curious,*
interesting ciekaw(a) jestem *I*
wonder
cielęcin|a, -y *veal* kotlet cielęcy
veal cutlet
ciemno *darkly, it's dark* ciemny
dark
cie|ń, -nia *or* -niu; -nie, -ni *or*
-niów *shadow, shade*
ciepło nam *we're warm* ciep|ło,
-ła, w -le *warmth* ciep|ły, vir.
-li *warm*
cierpi|eć, -ę, -i; -ał, -eli na + acc.
suffer from
cie|szyć się, -szę, -szy, -sz > u- *be*
pleased c. się z + gen. *be*
pleased about c. się + instr.
enjoy c. się na + acc. *look*
forward to
cięż|ki, vir. -cy *heavy, hard,*
difficult
cio|cia, -ci; -cie, -ć *aunt* ciot|ka,
-ki, o -ce; -ki, -ek *aunt*
cisz|a, -y *silence, quiet*
cło, cła, na cle; cła, ceł *customs,*
customs duty
cmentarz, -a, na -u; -e, -y *cemetery*

co *what, every* po co? *what for?*
co za? *what sort of?*
codziennie *daily, every day*
codzienny *everyday, ordinary,
daily*
coraz + comparative *-er and -er:*
coś, czegoś *something*
cór|ka, -ki, o -ce; -ki, -ek *daughter*
cudzoziem|iec, -ca; -cy, -ców
foreigner cudzoziem|ka, -ki;
- ki, -ek *female foreigner* cudzy
someone else's
cuk|ier, -ru, w -rze *sugar* cukier|ek,
-ka; -ki, -ków *sweet, candy*
cyf|ra, -ry, o -rze; -ry, -r *digit,
figure, numeral* cyframi *in
figures* cyfrowy *digital;*
cyfrów|ka, -ki; -ki, -ek *digital
camera*
cynamon, -u, o -ie *cinnamon*
cytry|na, -ny, o -nie; -ny, -n *lemon*
czajni|k, -ka, z -kiem; -ki, -ków
kettle
czap|ka, -ki, w -ce; -ki, -ek *cap*
czarny *black*
czarowni|ca, -cy; -ce, -c *witch*
czas, -u; -y, -ów *time, tense*
czasem/czasami *sometimes*
czasopi|smo, -sma, w -śmie;
-sma, -sm *magazine*
Cze|ch, -cha; -si, -chów *Czech*
Cze|chy, do -ch *Bohemia, the
Czech Republic*
czegokolwiek, cokolwiek *anything
at all*
czek|ać, -am, -a, -aj; -ał > po- *or*
za- *wait*
czekola|da, -dy, w -dzie *chocolate*
czekolad|ka, -ki; -ki, -ek
chocolate sweet
czemu?/dlaczego? *why?*
czereś|nia, -ni; -nie, -ni *cherry,
cherry tree*
czerw|iec, -ca, w -cu *June*
czerwony *red*
cze|sać, -szę, -sze, -sz > u- *comb,
do the hair* c. > uc. się *have
your hair done*
cześć *hi, cheerio*
częściej *more often* częst|szy, vir.

-si *more frequent* częsty, vir.
części *frequent*
part, -ci, po -ci; -ci, -ci *part*
człowiek, -a; lu|dzie, -dzi, z
-dźmi, o -dziach *person
(people)*
czterdziesty *40th* czterdzie|ści,
-stu *40* czterechsetny *400th*
czterej (vir.) *four (men, boys, etc.)*
czternasty *14th* czterna|ście,
-stu *14*
czter|y, -ech *four* czteryst|a, -u *400*
czu|ć się, -ję, -je, -j > po- *feel*
czwart|ek, -ku; -ki, -ków *Thursday*
czwor|o, -ga *four* czworo dzieci *four
children*
czy *whether*
czy|j, -ja, -je, vir. -i *whose*
czynny *working, open, active*
czy|sty, -ści *clean, pure*
czyt|ać, -am, -a, -aj; -ał > prze-
read

ćm|a, -y, o -ie; -y, ciem *moth*
ćwicze|nie, -nia; -nia, -ń *exercise,
training, practising*
ćwier|ć, -ci; -ci, -ci a *quarter*

dach, -u; -y, -ów *roof*
dać, dam < dawać, daję *give, put, let*
dalej *further, on* dale|ki, vir. -cy
distant, far Daleki Wschód *Far
East* daleko + gen. *a long way
away from*
damski *ladies'*
da|wać, -ję, -je, -waj; -wał > dać,
dam, da, dadzą, daj; dał *give,
let, put*
dawniej *formerly* dawno *for some
time, for a long time, a long time
ago*
dąb, dębu (dęba); dęby, dębów
oak
dbać, dbam, dba > za- o + acc.
look after
deka *(doesn't change) decagram*
delikates|y, -ów, w -ach
delicatessen
denty|sta, -sty, o -ście; -ści, -stów
dentist

dese|r, -ru, po -rze; -ry, -rów
dessert, sweet

deszcz, -u, na -u; -e, -ów *or* -y
rain, shower

diab|eł, |ła, o |le; |ły *or* |li, |łów *devil*

dialo|g, -gu, z -giem; -gi, -gów
dialogue

dla + gen. *for, for the sake of, to
(e.g. kind to)*

dlaczego *why, for what reason*

dług, -u; -i, -ów *debt*

dłu|gi, vir. -dzy *long* długo *long,
for a long time*

do + gen. *to, into, intended for*

dob|a, -y, o -ie; -y, dób *day, 24-
hour period*

dobranoc *goodnight*

dob|ry, vir. -rzy (dla + gen.) *good,
kind to* dobrze *well, properly,
all right,* OK

docho|dzić, -dzę, -dzi; -dził >
doj|ść, -dę, -dzie; doszedł,
doszła do + gen. *to reach (on
foot)*

dodatkow|y, vir. -i *additional*

dodzwon|ić się, -ię, -i do + gen.
< *get through to*

dojeżdż|ać, am > do|jechać,
-jadę, -jedzie, -jedź; -jechał (aż)
do + gen. *get to*

dokąd *where to*

dokładnie *exactly, precisely*
dokładn|y, vir. -i *precise*

dokończ|yć, -ę, -y < dokańcza|ć,
-m *finish off*

dokto|r, -ra, o -rze; -rzy, -rów
doctor

doli|na, -ny; -ny, -n *valley* dolny
lower

dom, -u, w -u; -y, -ów *house,
home*

dopiero wtedy *not until then*

doro|sły, vir. -śli *grown-up*

doskonale *splendidly*

dosłysz|eć, -ę, -y; -szał < *catch,
hear*

dostatecznie *sufficiently*

dosta|wać, -ję, -je, -waj > dosta|ć,
-nę, -nie, -ń *get, receive, obtain*
d. się do + gen. *get (in)to*

dostos|ować (się), -uję, -uje, -uj;
-ował < dostosow|ywać (się)
-uję do + gen. *adapt (oneself) to*

dość/dosyć *fairly, enough*

dowcip, -u, o -ie; -y, -ów *joke, wit*

dowiad|ywać się, -uę, -uje, -uj >
dowi|edzieć się, -em , -e, -edz;
-edział się, -edzieli *find out,
make enquiries, learn*

dowo|zić, -żę, -zi > dowi|eźć,
-ozę, -ezie; -ózł, -ozła, -eźli do +
gen. *take all the way to*

dow|ód, -odu, w -odzie; -ody,
-odów *proof, argument, card*

dół, dołu, w dole; doły, dołów
*hollow, hole, lower part,
bottom* na dole *downstairs*

drewniany *wooden* drewn|o, -a
wood

drobiaz|g, -gu, z -giem; -gi, -gów
*trifle, small thing, don't
mention it*

dro|ga, -gi, w -dze; -gi, dróg *road,
route, trip, way*

dro|gi, vir. -dzy *dear* drogo *dearly,
expensively*

dru|gi, vir. -dzy *second*

druk, -u, z -iem; -i, -ów *form,
print* drukar|ka, -ki, w -ce; -ki, -
ek *printer*

drze|wo, -wa, na -wie; -wa, -w *tree*

drzwi, drzwi, w drzwiach (*always
plural*) *door*

dużo + gen. *much, a lot of*

du|ży, vir. -zi *large, big*

dwa, dwu *or* dwóch *two*

dwadzieścia, dwudziestu 20

dwaj *two (men, boys, etc.)*

dwanaście, dwunastu 12 dwie,
dwu *or* dwóch (*with fem.
nouns*) *two* dwieście, dwustu
200

dwoj|e, -ga dzieci *two children*

dwo|rzec, -rca, na -rcu; -rce, -ców
station

dwudziesty 20th dwunasty 12th
dwusetny 200th

dy|nia, -ni; -nie, -ń *pumpkin*

dyrekto|r, -ra, o -rze; -rowie *or*
-rzy, -rów *manager, director,*

headmaster dyrektor|ka, -ki, o
-ce; -ki, -ek *headmistress*
dysk, -u; -i, -ów *disc, disk*
dyżu|r, -ru, na -rze; -ry, rów *turn of
duty*
dziać się: co się dzieje *what is
happening*
dziad|ek, -ka; -kowie, -ków
grandfather
działa|ć, -m > *act*
dzie|cko, -cka; -ci, -ci, o -ciach, z
-ćmi *child*
dziennik, -a; -i, -ów *daily
newspaper* dziennikar|ka, -ki;
-ki, -ek *female journalist*
dziennikarz, -a; -e, -y *journalist*
dzień, dnia; dni *or* dnie, dni *day*
dziesiąty *tenth* dziesię|ć, -ciu *ten*
dziewcz|ę, -ęcia; -ęta, -ąt *girl,
maiden* dziewczy|na, -ny, o
-nie; -ny, -n *girl*
dziewczyn|ka, -ki, o -ce; -ki, -ek
little girl
dziewiąty *ninth* dziewię|ć, -ciu *nine*
dziewięćdziesi|ąt, -ęciu *90*
dziewięćdziesiąty *90th*
dziewię|ćset, -ciuset *900*
dziewięćsetny *900th*
dziewiętnasty *19th*
dziewiętna|ście, -stu *19*
dzięki + *dat. thanks, owing to*
dzięk|ować, -uję, -uje, -uj;
-ował > po- + *dat.* za + *acc.
thank ... for ...*
dzi|ki, -ka, -kie, vir. -cy *wild*
dzisiaj/dziś *today*
dziu|ra, -ry, w -rze; -ry, -r *hole*
dzi|wić się, -wię, -wi , -w > z- *be
surprised, wonder at* dziwn|y,
vir. -i *strange*
dzwon|ek, -ka; -ki, -ków *bell*
dzwo|nić, -nię, -ni, -ń > za-
ring, ring up
dżokej, -a; -e, -ów *jockey*
dżudo *judo*

ekran, -u, na -ie; -y, -ów *screen*
ekspedien|t, -ta, o -cie; -ci, -tów
sales assistant ekspedient|ka,
-ki, o -ce; -ki, -ek *saleswoman*

ekspres, -u, w -ie; -y, -ów *express,
espresso machine*
eleganc|ki, vir. -cy *smart, elegant*
elegancko *smartly, nicely*
emery|t, -ta, o -cie; -ci, -tów
pensioner emeryt|ka, -ki, o
-ce; -ki, -ek emerytu|ra, -ry, na -
rze; -ry, -r *pension, retirement*
eur|o, -o; -o, -o *euro* europejski
European Unia Europejska
European Union
ewentualnie *come to that*

fabry|ka, -ki, w -ce; -ki, -k *factory*
face|t, -ta, o -cie; -ci, -tów *guy,
fellow*
fałszyw|y, vir. -i *false*
fascynujący *fascinating*
fasol|a, -i *beans*
fatalny *dreadful, awful*
fiat, -a; -y, -ów *Fiat*
filiżan|ka, -ki, w -ce; -ki, -ek *cup*
film, -u, po -ie; -y, -ów *film*
fioletowy *violet*
fir|ma, -my; -my, -m *firm*
fontan|na, -ny, przy -nie; -ny, -n
fountain
formularz, -a; -e, -y *form*
fotel, -a; -e, -i *armchair*
fotograf, -a; -owie, -ów
photographer fotografi|a, -i;
-e, -i *photograph, photography*
fragment, -u; -y, -ów *excerpt,
extract, detail*
Francj|a, -i, we -i *France*
francus|ki, -ka, -kie, vir. -cy
French Francuz, -a; -i, -ów
Frenchman
funt, -a; -y, -ów *pound* funt
s(z)terling *pound sterling*

galaret|ka, -ki; -ki, -ek *jelly*
garaż, -u; -e, -y *or* -ów *garage*
gard|ło, -ła, w -le; -ła, -eł *throat*
garson|ka, -ki, w -ce; -ki, -ek
woman's suit
ga|sić, -szę, -si, -ś > z- *put out (fire)*
gaz|a, -y, w -ie *gauze*
gaze|ta, -ty, w -cie; -ty, -t
newspaper

gąszcz, -u; -e, -y *thicket*

Gdańsk, do Gdańska, w Gdańsku *Gdańsk*

gdy *when* podczas gdy *while, whereas*

gdzie *where*

gi|nąć,-nę, -nie, -ń; -nął, -nęli > z- *be killed*

ginekolo|g, -ga; -dzy *or* -gowie, -gów *gynaecologist*

gładki *smooth, plain*

głębo|ki, vir. -cy *deep, profound*

głodn|y, vir. -i *hungry*

głos, -u, w -ie; -y, -ów *voice*

głosi(ła) legenda *legend has (had) it*

głośnie(j) *(more) loudly* głośny *loud*

gł|owa, -owy, po -owie; -owy, -ów *head*

gł|ód, -odu, po -odzie *hunger*

główn|y, vir. -i *main, head, chief*

głuchy, vir. głusi *deaf*

głu|pi, -pia, -pie; vir. -pi *stupid, silly, daft* głupio *stupidly* głupio mi (było) *I'm (I was) embarrassed*

gniewa|ć się, -m , -j na + acc. > *be angry with*

Gnie|zno, -zna, w -źnie *Gniezno*

godzi|na, -ny; -ny, -n *hour*

go|lić (się), -lę, -li, -l > o- *shave (oneself)*

gołole|dź, -dzi *black ice* goł|y, vir. -li *naked*

gorąco *hot(ly), it's hot* gorąc|y, -a, -e *hot* goręt|szy, vir. *hotter*

gorącz|ka, -ki, po -ce *fever*

gor|szy, vir. -si *worse, not so good*

gospodarst|wo, -wa, w -wie; -wa, -w *household, farm* gospodarz, -a; -e, -y *or* -ów *host*

gospody|ni, -ni; -nie, -ń *hostess, housekeeper, housewife, landlady*

goś|ć, -cia; -cie, -ci *guest, visitor, bloke* gościnnoś|ć, -ci *hospitality*

gotowy/gotów, vir. gotowi *ready, willing, prepared* got|ować,

-uję, -uje, -uj; -ował > u- g. się > zag. się *come to the boil*

gó|ra, -ry, w -rze; -ry, -r *mountain* góral, -a; -e, -i *highlander living in the Tatras* górny *upper* Górny Śląsk *Upper Silesia*

gr|ać, -am, -a, -aj > po- *play*

gra|d, -du, po -dzie *hail*

gramaty|ka -ki, w -ce *grammar*

granatowy *navy blue*

grani|ca, -cy, na -cy; -ce, -c *boundary, border* za -cą *(located) abroad* za -cę *(going) abroad*

gratulacj|e, -i *congratulations*

Gre|k, -ka; -cy, -ków *Greek*

grosz, -a; -e, -y *grosz*

grosz|ek, -ku, z -kiem; -ki, -ków *peas*

gro|zić, -żę, -zi; gróź > za- dat. + instr. *threaten with*

gr|ób, -obu, w -obie; -oby, -obów *grave, tomb*

gru|dzień, -dnia *December*

grunt, że *the point is that*

gru|pa, -py; -py, -p *group*

gru|sza, -szy; -sze. -sz *pear-tree* grusz|ka, -ki, w -ce; -ki, -ek *pear*

gryp|a, -y, po -ie *flu*

grzmi(ało) *it thunders (-ed)*

grzyb, -a; -y, -ów *mushroom*

gubić, gubię, gubi, gub > z- *mislay, lose* g. się > zg. się *get lost*

guzik, -a; -i, -ów *button*

gwi|azda, -azdy, o -eździe; -azdy, -azd *star*

gwi|zdać, -żdżę, -żdże; -zdał > gwi|zdnąć, -zdnę, -zdnie; -zdnął, -zdnęła *whistle*

haln|y, -ego *strong, warm wind in the Tatras*

hamul|ec, -ca; -ce, -ców *brake*

hej *bye, hi*

helikopte|r, -ra, w -rze; -ry, -rów *helicopter*

herbaciarnia *tearoom*

herba|ta, -ty, w -cie *tea*

histori|a, -i; -e, -i *history, story*

Hiszpani|a, -i *Spain* Hiszpan, -a;
-i, -ów *Spaniard* hiszpańs|ki,
vir. -cy *Spanish*
horror, -u; -y, -ów *horror film*
hotel, -a, w -u; hotele, -i *hotel,
hostel* hotelowy *hotel, luxury*
hydrauli|k, -a, -cy, -ków *plumber*

i *and*; i . . . i *both* . . . *and*
ile, ilu *how many*
ilustrowany *illustrated*
imieni|ny, -n *nameday*
imi|ę, -enia, w -eniu; -ona, -on *first
name*
inn|y, vir. -i *different, other*
interes|ować się, -uję > za- + instr.
take an interest in
inżynie|r, -ra, o -rze; -rowie, -rów
engineer
Irlandi|a, -i *Ireland* Irlandczy|k,
-ka; -cy, -ków *Irishman*
Irland|ka, -ki, o -ce; -ki, -ek
Irishwoman
iść, idę, idzie, idź; szedł, szła, szło,
szli; szedłszy *go, be on the way
(on foot)*
itd., itp. *and so on, etc.*

jabł|ko, -ka; -ka, -ek *apple*
jagua|r, -ra, w -rze; -ry, -rów
jaguar, Jaguar
jajecz|ko, -ka; -ka, -ek *pet form of*
jaj|ko, -ka; -ka, -ek *egg*
jak *how, as, like, if, when* jak to?
what do you mean? jak tylko
as soon as
ja|ki, -ka, -kie, vir. -cy *what sort
of, which* ja|kiś, vir. -cyś *some,
a, certain, some sort of*
jako *as* jakoś *somehow*
jarsk|i, -a, -ie *vegetable, vegetarian*
jarzy|na, -ny; -ny, -n *vegetable*
ja|sny, vir. -śni *clear, bright*
jechać, jadę, jedzie, jedź; jechał >
po- *go not on foot, travel
around*
jed|en, -na, -no z + gen. *one of*
jedenasty *11th* jedena|ście,
-stu *11*
jednocześnie *simultaneously*

jednoosobowy *single, for one
person*
jedyn|y, vir. -i *the only*
jesie|ń, -ni, w/na -ni *autumn*
jesion|ka, -ki, w -ce; -ki, -ek *light
overcoat*
jeszcze *still, again, more*
jeść, jem, je, jedzą, jedz; jadł, jedli
> z- *eat*
jezd|nia, -ni *roadway (as opposed
to pavement)*
jezio|ro, -ra, w -rze; -ra, *lake*
je|ździć, -żdżę, -ździ > po- *go
regularly, not on foot, travel
around*
jeżeli *if*
język, -a; -i, -ków *tongue,
language* języki obce *foreign
languages*
jodyn|a, -y, o -ie *iodine*
jutro *tomorrow* do jutra *see you
tomorrow*
już *already, now*

kabi|na, -ny, w -nie; -ny, -n *cubicle*
kac, -a *hangover*
kamie|ń, -nia, na -niu; -nie, -ni
stone
kamizel|ka, -ki, w -ce; -ki, -ek
waistcoat, sleeveless pullover
Kana|da, -dy, w -dzie *Canada*
Kanadyjczy|k, -ka; -cy, -ków
Canadian Kanadyj|ka, -ki, o
-ce; -ki, -ek *Canadian woman*
kanto|r, -ra, w -rze *bureau de
change*
kapelusz, -a; -e, -y *hat*
kapitan, -a, o -ie; -owie, -ów
captain
kapu|sta, -sty, w -ście *cabbage*
ka|ra, -ry, o -rze; -ry, -r
punishment, fine
kardiolo|g, -ga; -dzy *or* -gowie,
-gów *cardiologist*
kar|ta, -ty, o -cie; -ty, -t *card*
kart|ka, -ki, na -ce; -ki, -ek
note, greeting card k. pamięci
memory card
kartof|el, -la, o -lu; -le, -li *potato*
ka|sa, -sy, w -sie; -sy, -s *booking*

office, cashdesk, cash register
kase|ta, -ty, o -cie; -ty, -t *cassette*
kasjer|ka, -ki, o -ce; -ki, -ek *female cashier*
kasz|el, -lu; -le, -li *or* -lów *cough*
katar, -u *catarrh, cold, runny nose*
katoli|k, -ka; -cy, -ków *Catholic* katolic|ki, vir. -cy *Catholic*
kawa, -y, w -ie *coffee*
kawał|ek, -ka; -ki, -ków *piece, portion*
kawiar|nia, -ni; -nie, -ni *or* -ń *coffee-house, café*
ka|zać, -żę, -że, -ż; -zał + dat. *tell someone to do, make something*
każdy *each, every, any, everyone*
ką|t, -ta, w -cie; -ty, -tów *angle, corner*
kciuk, -a, -iem; -i, -ów *thumb*
kelne|r, -ra, o -rze; -rzy, -rów *waiter* kelner|ka, -ki, o -ce; -ki, -ek *waitress*
kemping, -u; -i, -ów *campsite*
kiedy *when* kiedykolwiek *(when)ever*
kiełba|sa, -sy, w -sie; -sy, -s *sliceable sausage*
kieps|ki, vir. -cy *lousy*
kierowc|a, -y; -y, -ów *driver* kierowni|k, -ka; -cy, -ków *manager* kierun|ek, -ku; -ki, -ków *direction, trend*
kiesze|ń, -ni; -nie, -ni *pocket*
kilk|a, -u *several, a few* kilk|adziesiąt, -udziesięciu *a few dozen, between 20 and 90* kilkanaście, kilkunastu *between 11 and 19* kilkaset, kilkuset *several hundred, 200 to 900*
kilogram, -u; -y, -ów *kilogram*
ki|no, -na; -na, -n *cinema, film theatre, film* w programie kin *at cinemas*
kiosk, -u, instr. -iem; -i, -ów *kiosk*
kiś|ć, -ci, z -cią; -cie, -ci, z -ćmi *bunch*
kla|sa, -sy, w s-ie; -sy, -s *class*
klaszto|r, -ru, w -rze; -ry, -rów *monastery, convent*

klawiatu|ra, -ry, na -rze; -ry, -r *keyboard*
klepsyd|ra, -ry, o -rze; -ry, -r *hourglass, obituary notice*
klima|t, -tu, w -cie; -ty, -tów *climate*
klucz, -a; -e, -y *key*
kła|ść, -dę, -dzie, -dź; -dł > poł|ożyć, -ożę, -oży, -óż *put* kłaść się > położyć się *lie down*
kłopot, -u; -y, -ów *trouble, bother*
kmin|ek, -ku, z -kiem *caraway*
kobie|ta, -ty, o -cie; -ty, -t *woman*
kobza *bagpipes*
koc, -a; -e, -ów *blanket*
koch|ać, -am, -a *love* -any, vir. -ani *dear, (be)loved* ukochan|y, vir. -i *beloved*
koktail, -u; -e, -i *shake, cocktail*
kolacj|a, -i; -e, -i *supper*
kola|no, -na; -na, -n *knee*
kolczyk, -a; -i, -ów *earring*
kole|ga, -gi, o -dze; -dzy, -gów *friend, colleague*
kole|j, -i; -je, -i *turn, railway* twoja -j *your turn* po -i *in turn* z -i *next* kolej|ka, -ki, w -ce; -ki, -ek *queue, commuter railway* k. linowa *cable railway*
koleżan|ka, -ki, o -ce; -ki, -ek *(girl)friend* k. ze studiów *(girl)friend from college days*
kolo|r, -ru, w -rze; -ry, -rów *colour*
kołnierz, -a; -e, -y *collar*
koło + gen. *near, by, about*
koma|r, -ra, o -rze; -ry, -rów *mosquito*
komedi|a, -i; -e, -i *comedy*
komentarz, -a; -e, -y *commentary*
komór|ka, -ki; -ki, -ek *cell, shed, mobile phone* telefon komórkow|y -u -ego *mobile phone*
kompot, -tu, w -cie *compote*
komunikacj|a, -i *transport, communication*
ko|ń, -nia, na -niu; -nie, -ni *horse*
koń|czyć, -czę, -czy, -cz > s- *finish something* k. > sk. się *come to an end*

ko|niec, -ńca, w -ńcu; -ńce, -ńców
end koniecz|ny, vir. -ni
essential, necessary
kontakt|ować się, -uję, -uje > s- z
+ instr. *get in touch with*
kop|er, -ru, w -rze *dill* k. włoski
fennel
kopn|ąć. -ę, -ie, -ij < kopać *kick*
korytarz, -a; -e, -y *corridor*
kost|ka, -ki, w -ce; -ki, -ek *packet,*
piece, lump
kosz, -a; -e, -ów *basket*
koszt|ować, -uje > *cost*
koszu|la, -li; -le, -l *shirt*
kości|ół, -oła, w -ele; -oły, -ołów
church
koś|ć, -ci; -ci, -ci *bone*
kot, -a; -y, -ów *cat*
kotlet, -a; -y, -ów *cutlet*
k|oza, -ozy, o -ozie; -ozy, -óz *goat*
kraj, -u; -e, -ów *country*
Krak|ów, -owa, ku -owowi, w
-owie *Kraków*
krawa|t, -tu, w -cie; -ty, -tów *tie*
krem, -u, w -ie; -y, -ów *cream*
kres|ka, -ki, o -ce; -ki, -ek *accent*
kręgosłup, -a, w -ie; -y, -ów *spine*
krok, -u; ki, -ów *step* na każdym
kroku *everywhere I go*
krom|ka, -ki; -ki, -ek *slice*
krop|ka, -ki, o -ce; -ki, -ek *dot, full*
stop
kr|owa, -owy, o -owie; -owy, -ów
cow
kr|ój, -oju; -oje, -ojów *cut,*
typeface
król, -a; -owie, -i *king* królest|wo,
-wa; -wa, -w *kingdom*
królews|ki, vir. -cy *royal*
krótki, -ka, -kie *short, brief* krótko
briefly, for a short time krótszy
shorter
krymina|ł, -łu, w -le; -ły, -łów
detective story
krytyk|ować, -uję, > s- *criticize*
krze|sło, -sła, na -śle; -sła, -seł
chair
krzy|czeć, -czę, -czy, -cz; -czal,
-czeli > krzyk|nąć, -nę, -nie,
-nij; -nął, -nęli *shout*

krzyżów|ka, -ki; -ki, -ek *crossword*
kserokopiar|ka, -ki, na -ce; -ki,
-ek *photocopier*
ksi|ądz, -ędza, dat. -ędzu; -ęża,
-ęży, z -ężmi *clergyman, priest,*
you (addressed to a clergyman)
książ|ka, -ki, w -ce; -ki, -ek *book*
księżyc, -a *moon*
kto, kogo *who* ktoś, kogoś
somebody
któ|ry, vir. -rzy *who, which, that*
ku + dat. *towards, in the direction*
of
kuchen|ka, -ki, w -ce; -ki, -ek
cooker k. mikrofalowa
microwave oven
kuch|nia, -ni; -nie, -ni *or* -en
kitchen, cuisine
kukurydz|a, -y *maize*
kup|ować, -uję > ku|pić, -pię, -pi, -p;
-pił *buy*
kurt|ka, -i; -i, -ek *short coat*
kwadrans, -a; -e, -ów *quarter of*
an hour
kwiaciar|ka, -ki, o -ce; -ki, -ek
female flower-seller
kwi|at, -atu, w -ecie; -aty, -atów
flower
kwie|cień, -tnia, w -tniu *April*
kwi|t, -tu, o -cie; -ty, -tów *receipt*
kwitn|ąć, -ie, -ą > za- *blossom,*
bloom

lać, leję, leje, lej; lał > *pour*
laptop, -u; -y, -ów *laptop*
laryngolo|g, -ga; -gowie *or* -dzy,
-gów *ear, nose and throat*
specialist
las, lasu, w lesie; lasy, lasów *forest*
lat|ać, -am, -a > *fly around, be*
able to fly
lato, lasu, w lecie; lata, lat
summer, (pl.) *years*
le|cieć, -cę, -ci, -ć; -ciał, -cieli > po-
fly
lek, -u, z -iem; -i, -ów *medicine,*
drug lekarst|wo, -wa; -wa, -w
medicine, medication lekarz,
-a; -e, -y *doctor, physician*
lekcj|a, -i; -e, -i *lesson*

lekk|i, -a, -ie *light*
lekto|r, -ra, o -rze; -rzy, -rów *instructor, announcer*
len, lnu, o lnie; lny, lnów *flax, linen*
leniw|y, vir. -wi *lazy*
lepiej *better* lep|szy, vir. -si od + gen. *better than*
letn|i, -ia, -ie *summer, lukewarm*
lewo: w lewo *to the left, anticlockwise* na lewo *on the left, on the side* lewy *left hand*
le|żeć, -żę, -ży, -ż > po- *lie*
liczn|y, vir. -i *numerous* liczne rodzeństwo *numerous siblings*
li|czyć, -czę, -czy, -cz > po- *count*
lini|a, -i; -e, -i *line*
lip|iec, -ca, w -cu *July*
li|st, -stu, w -ście; -sty, -stów *letter* listonosz, -a; -e, -y *or* -ów *postperson* listonosz|ka, -ki, o -ce; -ki, -ek *postwoman*
listopa|d, -da, w -dzie *November*
lite|ra, -ry; -ry, -r *letter, character* literatu|ra, -ry, w -rze *literature*
liter|ować, -uję > prze- *spell*
lit|r, -ra, w -rze: -ry, -rów *litre*
lniany *linen, flaxen*
lodów|ka, -ki, w -ce; -ki, -ek *refrigerator* lod|y, -ów *ice-cream*
lokomocj|a, -i *transport*
Londyn, -u, w -ie *London*
lotniczy *airmail* lotni|k, -ka; -cy, -ków *airman, pilot* lotnis|ko, -ka, na -ku; -ka, -k *airport*
lód, lodu, na lodzie; lody, lodów *ice*
lub *or (else)*
lub|ić, -ię, -i > po- *like, be fond of*
lu|dzie, -dzi, z -dźmi *people, men and women*
lut|y, -ego, w -ym *February*
lżej *more lightly* lżejszy *lighter*

ładnie *nicely* ładny *nice, pretty*
łatwiej *more easily* łatwo *easily* łatwiejszy *easier* łatwy *easy*
łazien|ka, -ki, w -ce; -ki, -ek *bathroom*
łączność|ć, -ci *contact, posts and telecommunications*
łą|czyć, -czę, -czy, -cz; -czył > po- *connect*
łok|ieć, -cia; -cie, -ci *elbow*
łódź, łodzi, w łodzi *boat*
łóż|ko, -ka; -ka, -ek *bed*
łyk, -u, z -iem; -i, -ów *swallow, gulp*
łyżecz|ka, -ki, o -ce; -ki, -ek *teaspoon* łyż|ka, -ki, o -ce; -ki, -ek *spoon*

magazyn, -u; -y, -ów *store*
magnetofon, -u; -y, -ów *tape recorder* m. kasetowy *cassette recorder*
maj, -a, w -u *May*
majeran|ek, -ku, z -kiem *marjoram*
makow|iec, -ca; -ce, -ców *poppyseed cake*
malarz, -a; -e, -y *painter* malar|ka, -ki; -ki, -ek *woman painter*
malin|a, -y, o -ie *raspberry*
mal|ować, -uję > na-/po-/u- *paint*
mało + gen. *not much* ma|ły, vir. -li *little, small*
ma|ma, -my, o -mie; -my, -m *mum*
march|ew, -wi; -wie, -wi *carrot*
marze|nie, -nia; -nia, -ń *daydream* marz|yć, -ę, -y o + prep. *dream of*
marznąć [r-z] *freeze*
masełk|o, -a *pet form of* ma|sło -sła, -sła, w -śle *butter*
maszy|na, -ny, na -nie; -ny, -n *machine*
materia|ł, -łu, w -le; -ły, -łów *material*
mat|ka, -ki, o -ce; -ki, -ek *mother*
mazur|ek, -ka; -ki, -ków *mazurka*
mąd|ry, vir. -rzy *wise, intelligent, clever* mądrze *wisely, intelligently*
m|ąż, -ęża, o -ężu; -ężowie, -ężów *husband*
meksykańs|ki, -ka, -kie, vir. -cy *Mexican*
melon, -a, w -ie; -y, -ów *melon*
metal, -u; -e, -i *metal*
met|ro, -ra, w -rze *metro*

mę|czyć, -czę, -czy, -cz; > z- *tire,
bother, torment*

męs|ki, vir. -cy *men's, virile,
masculine*

mężczy|zna, -zny, o -źnie; -źni, -zn
man

mglisto *mistily* mglisty *misty,
foggy* mgliście *vaguely*

mgł|a, -ły, we -le; -ły, -ieł *fog, mist*

miastecz|ko, -ka; -ka, -ek *small
town, funfair*

mi|asto, -asta, w -eście; -asta, -ast
town, city

mieć, mam, ma, miej; miał, mieli
have mieć + infin. *be
(supposed/alleged/about) to*

miejs|ce, -ca; -ca, -c *spot, place,
seat, space, room* miejsców|ka,
-ki, o -ce; -ki, -ek *seat ticket*

miesi|ąc, -ąca; -ące, -ęcy *month*
miesięcznik, -a *monthly
magazine*

mieszk|ać, -am, -a; -ał *live, reside,
dwell* mieszka|nie, -nia; -nie, -ń
flat, dwelling, place to live
mieszkaniec, -ńca; -ńcy *(or -ńce
of animals)*, -ńców *inhabitant*
mieszkan|ka, -ki, o -ce; -ki, -ek
female resident

między *(+ acc. for motion, + instr.
location) between, among*
międzynarodowy *international*

mię|so, -sa, po -sie *meat*

mij|ać, -jam, -ja, -jaj > mi|nąć,
-nę, -nie, -ń; -nął [-noł], -nęła
[-neła] *pass*

mikrofalów|ka, -ki, -w -ce; -ki, -ek
microwave

mikse|r, -ra, w -rze; -ry, -rów
mixer

milion, -a; -y, -ów milione|r, -ra;
-rzy, -rów *millionaire*

mil|szy, vir. -si *nicer* będziej milej
it'll be nicer

miłoś|ć, -ci; -ci, -ci *love* miło
nicely, it's nice bardzo mi miło
nice to meet you mi|ły, vir. -li
*nice, pleasant, kind, agreeable,
welcome, enjoyable*

minist|er, -ra, o -rze; -rowie, -rów
minister

minu|ta, -ty, w -cie; -ty, -t *minute*

mis|ka, -ki, w -ce; -ki, -ek *bowl*

mizeri|a, -i; -e, -i *cucumber salad*

mleczarz, -a; -e, -y *or* -ów
milkman, dairyman

mlek|o, -a *milk*

mło|dy, vir. -dzi *young*

młodzież, -y *(fem. sing.) young
people*

młyn|ek, -ka, za -kiem; -ki, -ków
mill

mniej *less, not as much* mniej|szy,
vir. -si *smaller, lesser*

mnóstw|o, -a + gen. *lots of*

mocn|y, vir. -i *strong*

mod|lić się, -lę, -li, módl; -lił się
> po- *pray*

mok|nąć, -nę, -nie, -nij; mókł,
-łem > z- *get wet*

mok|ry, vir. -rzy *wet*

morz|e, -a; -a, mórz *sea* nad -e *to
the seaside* nad -em *at the sea*

mo|st, -stu, na -ście; -sty, -stów
bridge over water

może *perhaps* można *it is possible,
one may*

móc, mogę, może; mógł, mogłem,
mogli *be able to*

mój, mo|ja, -je; -je, -i *my*

mó|wić, -wię, -wi, -w >
powi|edzieć, -em, -e; -edział,
-edzieli *speak, say, tell*

mrożon|ki, -ek *frozen products*

mr|óz, -ozu, po -ozie; -ozy -ozów
frost

mu|cha, -chy, o -sze; -chy, -ch *fly*

mu|sieć, -szę, -si; -siał, -sieli,
-siano *have to, must*

musztar|da, -dy, w -dzie *mustard*

muzy|ka, -ki, w -ce *music*

my|ć, -ję, -je, -j > u- *wash* myd|ło, -
ła, w -le; -ła, -eł *soap*

myśl, -i; -i, -i *thought* myś|leć, -lę,
-li, -l; -lał, -leli, -lano > po-
think

mysz, -y; -y, -y *mouse*

na + acc. *(motion) + loc. position
on, at, to, for*

nabia|ł, -łu, w -le *dairy products*
nabiera|ć, -m > nab|rać, -iorę,
    -ierze + gen. *take in, develop,*
    gain
nad *above, over, at, to* + acc.
    motion, + instr. *position*
nadal *still*
nadawc|a, -y; -y, -ów *sender*
nadjeżdża|ć, -m > nad|jechać,
    -jadę, -jedzie *approach (not*
    on foot)
nadzie|ja, -i; -je, -i *hope,*
    expectation miejmy -ję, że *let's*
    hope
nagle *suddenly* nagły *sudden*
nagłów|ek, -ka; -ki, -ków
    salutation, headline
nagr|oda, -ody, po -odzie; -ody,
    -ód *prize, reward*
najbardziej *most* najmniej *least*
napisać < pisać *write*
napiw|ek, -ku; -ki, -ków *tip*
nap|ój, -oju; -oje, -ojów *or* -oi
    drink
napraw|a, -y, w -ie *repair*
naprawdę *really*
narkoman, -a; -i, -ów *drug addict*
    narkoman|ka, -ki; -ki, -ek
    female drug addict
narzę|dzie, -dzia; -dzia, -dzi *tool*
narzeka|ć, -m na + acc. *complain*
    about
nastawia|ć, -m > nastaw|ić, -ię, -i
    set
następn|y, vir. -i *next*
nastolat|ek, -ka, z -kiem; -ki,
    -ków *teenager* nastolat|ka, -ki,
    o -ce; -ki, -ek *teenage girl*
nastr|ój, -oju; -oje, -ojów *mood*
nasz, -a, -e; vir. nasi *our, ours*
natychmiast *immediately*
    natychmiastowy *immediate*
nauczyciel, -a; -e, -i *teacher*
    nauczyciel|ka, -ka, o -ce; -ki,
    -ek *female teacher*
nawet *even*
nazwis|ko, -ka; -ka, -k *surname*
    nazywa|ć, -m > nazwać *call,*
    name
nektary|na, -ny; -ny, -n *nectarine*

niebezpieczn|y, vir. -i *dangerous*
niebiesk|i, -a, -ie *blue*
nieb|o, -a; -iosa, -ios *sky, heaven*
niech panowie siadają *take a seat,*
    gentlemen
nieczynny *out of action, not*
    working, closed niedaleko +
    gen. *not far from* niedługo *soon*
    niedobrze *not (too) well, badly,*
    wrong
niedzie|la, -li; -le, -l *Sunday*
niedźwie|dź, -dzia; -dzie, -dzi *bear*
niektóre, niektórych *some*
    (particular individuals)
    niektórzy *some people*
niełatwy *difficult*
Niemcy, do Niemiec, w
    Niemczech *Germany* Niemiec,
    Niemca; Niemcy, Niemców, o
    Niemcach *German*
nienawidz|ić, -ę, -i; -ił + gen. >
    z- *hate*
niepok|oić, -oję, -oi, -ój; -oił;
    -ojony, -ojeni > za- *disturb,*
    trouble (za)n. się *worry, be*
    worried
nieposłuszn|y, vir. -i *disobedient,*
    unruly
nieprzyjaci|el, -ela; -ele, -ół, z
    -ółmi, o -ołach *enemy,*
    opponent
niespodzian|ka, -ki, o -ce; -ki, -ek
    surprise
niestety *unfortunately*
ni|eść, -osę, -esie, -eś, -ósł, -osłem,
    -eśli; -esiony > za- *be carrying,*
    be bringing (on foot)
niewygodny *uncomfortable,*
    inconvenient niewyraźny
    indistinct
nieznajom|y, vir. -i *strange(r)*
    nieznany, vir. -i *unknown*
nigdy *never* nigdzie indziej
    nowhere else
nikt, nikogo *nobody*
nim *before*
niski, vir. niscy *low, short* nisko
    low
nitka, nitki, o nitce; nitki, nitek
    thread

niż *than*
niżej *lower* niższy *lower* niższa
    temperatura *lower temperature*
no *well, then;* no to *well then*
noc, nocy; noce, nocy (fem.) *night*
noga, nogi, na nodze; nogi, nóg
    leg
normalny, vir. normalni *normal*
nos, -a, w -ie; -y, -ów *nose*
no|sić, -szę, -si, -ś; -sił > po- *carry
    about (on foot), wear
    habitually*
notat|ka, -ki; -ki, -ek *note*
not|ować, -uję > za- *make a note
    of*
nowy, vir. nowi *new* Nowy Jork,
    Nowego Jorku *New York*
nożycz|ki, -ek *scissors*
nóż, noż|a; -e, -y *or* -ów *knife*
nud|a, -y *boredom*
nume|r, -u, o -ze; -y, -ów *number*

o + acc. *against*
o + loc. *about, of, with*
o ile wiem *as far as I know*
obaj *both (men)*
obawiam się, że *I'm afraid*
obcho|dzić, -dzę, -dzi > ob|ejść,
    -ejdę, -ejdzie; -szedł, -eszła *walk
    around, evade, celebrate*
obejm|ować, -uję, -uje > obją́ć,
    -ę, -ie, -ij; obj|ął, -ęła; -ęty
    embrace, cover
obi|ad, -adu, na -edzie; -ady,
    -adów *midday meal (up to 4
    p.m.) lunch, dinner*
obiec|ywać, -uję, -uje, -uj; -ywał
    > obieca|ć, -m, + dat. + acc.
    promise someone something
obowiąz|ywać, -uję, -uje; -ywał >
    apply, oblige, be in force
obraz, -u; -y, -ów *picture*
obserwatori|um, -um; -a, -ów
    observatory
obsłu|ga, -gi, o -dze *service, use*
    instrukcja -gi *instructions for
    using*
obsuwa|ć się, -m > obsu|nąć się,
    -nie się; -nięty *sink, slide,
    cave in*

obszar, -u *space, area*
obszerny *extensive*
obywa|ć się, -m > ob|yć się, -ędę,
    -ędzie bez + gen. *do without*
obywatel, -a; -e, -i *citizen* (female:
    obywatel|ka, -ki; -ki, -ek)
oc|et, -tu *vinegar*
och *oh, ah*
ochot|a, -y *desire, inclination* mieć
    -ę na + acc. *feel like*
oczywisty *obvious* oczywiście
    of course
od + gen. *from, since*
odchodz|ić, -ę > od|ejść, -ejdę,
    -ejdzie, -ejdź; -szedł, -eszła *he,
    she left, went away*
odda|wać, -ję, -je, -waj; -wał >
    odd|ać, -am, -a, -adzą, -aj; -ał
    give back, return
oddzi|ał, -ału, o -ale; -ały, -ałów
    department oddzielny *separate*
odj|azd, -azdu, po -eździe; -azdy,
    -azdów *departure* odjeżdża|ć,
    -m > od|jechać, -jadę *drive off,
    drive away*
odkąd *since*
odlat|ywać, -uję > odle|ci, -cę, -ci; -
    ciał, -cieli *depart by air, fly away*
odlo|t, -tu, po -cie; -ty, -tów
    departure by air
odpoczywa|ć, -m > odpocz|ąć,
    -nę, -nie *rest*
odpowiada|ć, -m > odpowi|edzieć,
    -em, -e, -edział, -edzieli na
    + acc. *reply to, answer* jeśli to
    panu odpowiada *if that suits
    you* odpowied|ni, -nia, -nie, vir.
    -ni *suitable*
odsuwa|ć, -m > odsun|ąć, -nę,
    -nie; -ął, -ęta *move,
    push away*
odtwarzacz kompaktow|y, -a
    -ego CD *player* o. kasetowy
    cassette player
odwiedza|ć, -m > odwie|dzić,
    -dzę, -dzi, -dź *visit (people)*
odw|ozić, -ożę, -ozi, -óź *or* -oź;
    odwi|eźć, -ozę, -ezie; -ózł,
    -ozłem *take, give a lift to*
odwraca|ć się, -m > odwró|cić się,

-cę, -ci; -cony -ceni *turn away, turn around*
odzywa|ć się -m > odezwać się -zwę -zwie *answer, respond*
ofiarow|ać, uję, -uje > za- *offer*
ofice|r, -ra, o -rze; -rowie, -rów *army officer*
og|ień, -nia, w -niu; -nie, -ni *fire*
ogląda|ć, -m > obejrz|eć, -ę, -y, -yj; -ał, -eli *watch, see, look at*
ogon|ek, -ka, z -kiem; -ki, -ków *queue, tail*
ogólnie mówiąc *generally speaking*
ogólny *general*
ogór|ek, -ka; -ki, -ków *cucumber*
ogrodni|k, -ka; -cy, -ków *gardener*
ogr|ód, -odu, w -odzie; -ody, -odów *garden*
ohydny *revolting*
oj|ciec, -ca, ku -cu, voc. -cze; -cowie, -ców *father* ojczy|zna, -zny, o -źnie; -zny, -zn *motherland*
okazj|a, -i, przy -i; -e, -i *occasion, opportunity, bargain*
okaz|ywać się, -uje > oka|zać się, -że *turn out* o. pomoc + dat. *to give help to*
ok|no, -na; -na, -ien *window*
oko, oka; oczy, oczu *eye*
okoli|ce, -c *surrounding districts*
okropnie *terribly* okropn|y, vir. -i *terrible*
okuli|sta, -sty, o -ście; -ści, -stów *eye specialist*
ołów|ek, -ka; -ki, -ków *pencil* -kiem *in pencil*
omawiać > omówić *discuss*
omija|ć, -m > omi|nąć, -nę, -nie, -ń; -nął, -nęła *avoid*
opatrun|ek, -ku; -ki, -ków *dressing, bandage*
op|el, -la *Opel*
operacj|a, -i; -e, -i *operation*
opini|a, -i; -e, -i *reputation, evaluation, opinion*
opowiada|ć, -m > opowi|edzieć, -em, -e, -edz; -edział, -edzieli *relate, recount* opowiada|nie, -nia; -nia, -ń *story*

opuszcza|ć, -m > opu|ścić, -szczę, -ści; -szczony, -szczeni *leave*
organiz|ować, -uję > z- *organize*
ortope|da, -dy; -dzi, -dów *orthopedic surgeon*
osiem, ośmiu *eight* osiemdziesiąt, osiemdziesięciu *80*
osiemdziesiąty *80th* osiemnasty *18th* osiemnaście, osiemnastu *18* osiemset, ośmiuset *800* osiemsetny *800th*
os|oba, -oby; -oby, -ób *person* mało -ób *not many people*
osobno *separately* osobny *separate* osobowy *local (train)*
osp|a, -y, po -ie *smallpox* o. wietrzna *chicken pox*
ostateczny *final, eventual* ostatecznie *eventually, finally*
ostatn|i, -ia, -ie, vir. -i *last* ostatnio *recently*
ostrożnie *carefully* ostrożnoś|ć, -ci *caution*
ostrożn|y, vir. -i *careful*
ost|ry, vir. -rzy *sharp, severe*
oto *here is*
otrzym|ywać, -uję > otrzyma|ć, -m *receive*
otwarcie *openly* otwar|ty, vir. -ci *open* otwiera|ć, -m > otw|orzyć, -orzę, -orzy, -órz; -orzył *open (something)*
owoc, -u; -e, -ów *fruit*
owszem *(oh) yes*
oziębiło się *it has got cooler*

ósmy *eighth*

pacz|ka, -ki, w -ce; -ki, -ek *packet, parcel*
pada|ć, -m > pa|ść, -dnę, -dnie; -dł *fall*
pakie|t, -tu, w -cie; -ty, -tów *packet, package*
pak|ować, -uję > s- *pack*
paleni|e, -a *smoking* rzucić palenie *give up smoking* pa|lić, -lę, -li, -l; -lił > s- *smoke, burn* p./sp. się *be on fire, burn down*
pałac, -u; -e, -ów *palace, grand house*

pamię|ć, -ci *memory*; k. pamięci
memory card
pamięta|ć, -m > za- *remember*
pan, pana, o panu, voc. panie;
panowie, panów *(gentle)man,
sir, Mr, lord, you*
pani, pani; panie, pań *lady,
woman, Mrs, Miss, Ms, you*
pan|ować, -uję *reign, rule*
państwo, państwa, o państwie;
państwa, państw *state*
państwo, państwa, o państwu (+
plural verb) *Mr and Mrs, ladies
and gentlemen, you* (formal to
a mixed group *or* couple) ci
państwo *that couple, those
people*
papie|r, -ru, w -rze; -ry, -rów
paper
papieros, -a; -y, -ów *cigarette*
papryk|a, -i *paprika*
pa|ra, -ry, w -rze; -ry, -r *pair,
couple*
paragon, -u, o -ie; -y, -ów *till
receipt*
parasol, -a; -e, -i *umbrella*
par|ę, -u *a few* przed paroma laty
a few years ago
parking, -u, za -iem; -i, -ów *car
park* park|ować, -uję > za- *park*
parkowanie *parking*
partne|r, -ra, o -rze; -rzy, -rów
partner partner|ka, -ki, o -ce;
-ki, -ek *female partner*
Paryż, -a, w -u *Paris*
pasj|a, -i; -e, -i *passion, anger*
pas|ować, -uję > *suit*
pa|sta, -sty, o -ście; -sty, -st *paste,
cream*
paszpor|t, -tu, w -cie; -ty, -tów
passport
pasztecik, -a, z -iem; -i, -ów
savoury pastry
patrz|eć *or* -yć, -ę, -y, -; -ył >
po- *look* p. na + acc. *look at*
paw, -ia; -ie, -i *peacock*
październik, -a *October*
pediat|ra, -ry, o -rze; -rzy, -rów
pediatrician
pełny, pełen *full*

peron, -u, przy -ie; -y, -ów *railway
platform*
pew|ien *or* -ny, -na, -ne, vir. -ni (a)
certain, reliable pewnie *surely*
pęt|la, -li, w -li; -le, -li *loop*
piąt|ek, -ku; -ki, -ków *Friday*
piąty *fifth*
picie *drinking* pi|ć, -ję, -je, -j; -ł
> wy- *drink*
piec, -a; -e, -ów *stove, oven*
pieczyw|o, -a *bread, bakery*
piekarz, -a; -e, -y *baker*
piechotą/na piechotę/pieszo *on
foot*
pielęgniar|ka, -ki; -ki, -ek *nurse*
pielęgniarz, -a; -e, -y *male nurse*
pieni|ądz, -ądza; -ądze, -ędzy *coin*
(sing.) *money* (pl.)
pieprz, -u *pepper*
pierścion|ek, -ka, z -kiem; -ki,
-ków *ring*
pierw|szy, vir. -si *first*
pies, psa, ku psu, o psie; psy, psów
dog
pietruszk|a, -i *parsley*
pi|ęć, -ęciu *five* pięćdziesi|ąt,
-ęciu *50* pięćdziesiąty *50th*
pięćset, pięciuset *500* pięćsetny
500th
pięknie *beautifully* piękn|y, vir. -i
beautiful, fine, lovely
piętnasty *15th* piętna|ście, -stu *15*
pięt|ro, -ra, na -rze; -ra, -er *floor,
storey*
pilo|t, -ta; -ci, -tów *pilot*
pió|ro, -ra, o -rze; -ra, -r *pen
-rem in pen* wieczne p. *fountain
pen*
pi|sać, -szę, -sze, -sz > na- *write*
pisarz, -a; -e, -y *writer* pisar|ka,
-ki; -ki, -ek *woman writer*
pisk, -u, z -iem; -i, -ów *screech,
squeak, squeal* piskl|ę, -ęcia, o
-ęciu; -ęta, -ąt *chick*
pi|smo, -sma, na -śmie; -sma, -sm
(hand)writing, periodical
pisua|r, -ru, przy -rze; -ry, -rów
urinal
pis|ywać, -uję *write occasionally*
pi|wo, -wa; -wa, -w *beer*

plan, -u, w -ie; -y, -ów *plan*
plast|er, -ra, w -rze; -ry, -rów
   plaster plaster|ek, -ka; -ki,
   -ków *slice*
plastik, -u, z -iem; -i, -ów *plastic,*
   plastic bag
pled|y, -ów *back*
pła|cić, -cę, -ci, -ć; -cił > za- *pay*
pła|kać. -czę, -cze, -cz; -kał *cry*
płatn|y, vir. -i *paid*
pły|nąć, -nę, -nie, -ń; -nął, -nęła
   > po- *flow, sail, swim along*
   pływać, -m > *swim around,*
   know how to swim
po + acc. *for, to get*
po + loc. *after, (all) over*
poby|t, -tu, po -cie; -ty, -tów *stay,*
   residence
pochmurno *it's cloudy* pochmurny
   cloudy
pochodzeni|e, -a *origin*
pociąg, -u; -i, -ów *train* -iem *by*
   train pociągający *attractive*
począt|ek, -ku; -ki, -ków
   beginning, start
poczekaln|ia, -i; -ie, -i *waiting*
   room
pocz|ta, -ty, na -cie *post, post*
   office p. głosowa *voicemail*
poczuci|e, -a *sense* poczucie
   humoru *sense of humour*
pod + acc. *moving under* pod górę
   uphill
pod + instr. *located under, outside*
podbródek *chin*
poda|wać, -ję, -je, -waj; -wał
   > po|dać, -dam, -da, -dadzą,
   -daj *pass, hand, serve, give*
podchodz|ić, -ę > pod|ejść,
   -ejdę, -ejdzie, -ejdź; -szedł,
   -eszła do + gen. *go up to,*
   approach (on foot)
podejrzewam, że *I suspect*
podeszły: w podeszłym wieku
   getting on a bit
pod|łoga, -łogi, na -łodze; -łogi,
   -łóg *floor*
podmiejsk|i, -a, -ie *suburban*
podno|sić, -szę, -si > podni|eść,
   -osę, -esie, -eś; -ósł, -osłem,

-eśli; -esiony *raise, lift*
podobać się > s- *please*
podobno *apparently, they say*
podobn|y, vir. -i do + gen.
   similar to
podróż, -y; -e, -y *journey* p.
   poślubna *honeymoon*
podróż|ować, -uję > *travel*
podusz|ka,-ki, na -ce; -ki, -ek
   pillow, cushion
poe|ta, -ty, o -cie; -ci, -tów *poet*
   poet|ka, -ki; -ki, -ek *female poet*
pogo|da, -dy, o -dzie *weather,*
   good weather
pojawia|ć się, -m > pojaw|ić się,
   -ię, -i; -iłem *appear*
pojutrze *the day after tomorrow*
pok|ój, -oju; -oje, -ojów *or* -oi
   room, peace
Pola|k, -ka, z -kiem; -cy, -ków
   Pole
pol|e, -a; -a, pól *field*
Pol|ka, -ki; -ki, -ek *Polish girl,*
   woman
polonez, -a; -y, -ów *polonaise,*
   Polonez
Pols|ka, -ki, w -ce *Poland* pols|ki,
   vir. -cy *Polish*
połącze|nie, -nia; -nia, -ń
   connection
połow|a, -y, w -ie *half, mid-point*
poł|ożyć, -ożę, -oży, -óż < kła|ść,
   -dę, -dzie; -dł *put*
południ|e, -a, na -u *south, noon*
   południowy *southern*
pomaga|ć, -m > pom|óc, -ogę, -oże,
   -óż, -ógł, -ogłem + dat. *help*
pomarań|cza, -czy; -cze, -cz *or*
   -czy *orange* sok p.-czow|y, -u
   -ego *orange juice*
pomido|r, -ra, w -rze; -ry, -rów
   tomato
pomiędzy + acc. *going between,*
   among pomiędzy + instr.
   situated between, among
pomnik, -a; -i, -ów *monument*
pomoc, -y; -e, -y *help, assistance*
pomóc < pomagać *help*
pomył|ka, -ki, o -ce; -ki, -ek
   mistake, wrong number

pomyśleć < myśleć *think*
poniedział|ek, -ku; -ki, -ków
  Monday
ponieważ *since, because, for*
poniżej zera *below zero*
pończo|cha, -chy, w -sze; -chy,
  -ch *stocking*
popielaty *grey*
popielnicz|ka, -ki, w -ce; -ki, -ek
  ashtray
poprawia|ć, -m > popra|wić, -wię,
  -wi, -w; -wił *correct, put right,
  mark (exercises)*
popsuć się < psuć się *go wrong*
popularn|y, vir. -i *popular*
po|ra, -ry, o -rze; -ry, pór *season,
  time*
poradz|ić sobie, -ę, -i < radzić
  sobie *manage, cope*
portmonet|ka, -ki, w -ce; -ki, -ek
  purse
porusz|ony, vir. -eni *stirred*
porząd|ek, -ku, w -ku; -ki, -ków
  order
porzecz|ka, -ki, w -ce; -ki, -ek
  currant
porzuca|ć, -m > porzu|cić, -cę,
  -ci, -ć; -cił *leave, abandon, ditch*
posłuszn|y, vir. -i *obedient*
posprząta|ć, -m < sprzątać *tidy up*
posyła|ć, -m > po|słać, -ślę, -śle,
  -ślij; -słał *send*
pośpiech, -u, w -u *hurry, haste*
pośpieszny *fast*
poświęca|ć, -m > poświę|cić,
  -cę, -ci, -ć; -cił (+ dat.) *devote,
  dedicate to*
potem *afterwards, later, then*
potrąca|ć, -m > potrą|cić, -cę, -ci;
  -cony, -ceni *hit, knock*
potrzebn|y, vir. -i *necessary*
potrzeb|ować, -uję > + gen.
  need potrzeba mi (było) *I
  need(ed)*
powie|dzieć, -m < mówić *tell, say*
  -edzieli *speak, say, tell*
powieś|ć, -ci; -ci, -ci *novel*
powietrz|e, -a *air*
powin|ien, -na, -no *he, she, it
  ought to, should* -ienem (był),

-nam (była) *I ought to (have)*
  -no się *one should*
powrotny *return* powr|ót, -otu, po
  -ocie; -oty, -otów *return z
  -otem *back*
Powstani|e Warszawski|e, -a -ego
  The Warsaw Uprising
powszechny *universal*
powtarza|ć, -m > powtó|rzyć,
  -rzę, -rzy, -rz; -rzył *repeat*
pozdrawia|ć, -m > pozdr|owić,
  -owię, -owi, -ów *send regards
  to*
pozna|wać, -ję, -je, -waj; -wał
  > pozn|ać, -am, -a, -aj *get to
  know*
pozosta|ły, vir. -li *remaining*
pozwala|ć, -m > pozw|olić, -olę,
  -oli, -ól; -olił + dat. *allow,
  permit*
pożycza|ć, -m > poży|czyć, -czę,
  -czy, -cz; -czony *lend, borrow*
pójść, pójdę, pójdzie, poszedł,
  poszła < *go, get there (on foot)*
półgodzina/półgodziny *half an hour*
pół|ka, -ki na -ce; -ki, -ek *shelf*
północ, na -y *north, midnight*,
  północny *northern*
późno *late* za/zbyt późno *too late*
późny *late*
pra|ca, -cy; -ce, -c *work, task, job*
prac|ować, -uję > *work*
pracowni|k, -ka; -cy, -ków
  employee
prać, piorę, pierze, pierz > wy- *or*
  u- *wash, launder*
Praga, Pragi, na Pradze *Praga
  (part of Warsaw)* Praga, Pragi,
  w Pradze *Prague*
pral|ka, -ki, w -ce; -ki, -ek *washing
  machine*
pral|nia, -ni; -nie, -ni *laundry,
  washery*
pras|a, -y, w -ie *press*
pras|ować, -uję, > wy- *or* u- *iron*
praw|da, -dy, o -dzie; -dy, -d *truth*
prawdopodobnie *probably*
  prawdopodobny *probable*
prawdziw|y, vir. -i *real, true*
prawie *almost*

prawni|k, -ka; -cy, -ków *lawyer*
praw|o, - *right* p. jazdy *driving licence*
prawo: w prawo *to the right* na prawo *on the right*
prawosławny, vir. prawosławni *Orthodox*
prawy *right hand*
premie|r, -ra, o -rze, -rzy, -rów *prime minister*
prezen|t, -tu, w -cie; -ty, -tów *present*
prędki *quick, early*
problem, -u, o -ie; -y, -ów *matter*
profeso|r, -ra, o -rze; -rowie, -rów *professor*
progno|za, -zy; -zy, -z *forecast*
program, -u, w -ie; -y, -ów *program*
prom, -u, na -ie; -y, -ów *ferry*
pro|sić, -szę, -si, -ś; -sił; -szony, -szeni > po- (o) + acc. *ask for*
prosi|ę, -ęcia, o -ęciu; -ęta, -ąt *piglet*
prosto *straight on* pro|sty, vir. -ści *straight, simple* prościej *more simply*
prowa|dzić, -dzę, -dzi, -dź > *lead, carry out, carry on, drive*
prób|ować, -uję > s- + gen. or infin. *try*
przebiega|ć, -m > przebie|c, -gnę, -gnie, -gnij; -gł *run across, run through*
przechadza|ć się, -m > prze|jść się, -jdę się, -jdzie się *have a stroll*
przecież *but, after all*
przeciw(ko) + dat. *against*
przeciwni|k, -ka; -cy, -ków *enemy, opponent*
przed + acc. *moving in front of* iść przed siebie *go ahead*
przed + instr. *situated in front of, outside, before*
przedstawia|ć, -m > przedsta|wić, -wię, -wi, -w + acc. + dat. *introduce ... to ...*
przedtem *previously, before that*
przedwczoraj *the day before yesterday* przedzimi|e, -a

beginnings of winter
przedwiośni|e, -a *early spring*
przejmować się -uję, -uje > prze|jąć się -jmę, -jmie; -jął [oł], -jęła [eła] *worry about*
prze|jść się, -jdę się; -szedł się < przechadzać się *have a walk*
przekaz|ywać, -uję > przeka|zać, -żę *pass on*
przeprasza|ć, -m > przepro|sić, -szę, -si, -ś; -sił (za + acc.) *apologize for*
przerywa|ć, -m > przer|wać, -wę, -wie *interrupt*
przesiada|ć się, -m > przesi|ąść się, -ądę, -ądzie, -adł, -edli *change, find another seat*
przesiadk|a, -i; -i *changing buses, trains, etc.*
przesta|wać, -ję, -je, -waj; -wał > przesta|ć, -nę, -nie, -ń; -ł + impf. verb *stop, cease*
przeszkadza|ć, -m > przeszko|dzić, -dzę, -dzi + dat. *to hinder*
przez + acc. *across, through*
przeżywa|ć, -m > przeży|ć, -ję, -je; -ł *live through, survive*
przy + loc. *by, at*
przychod|nia, -ni *out-patient centre, surgery*
przycho|dzić, -dzę, -dzi, -dź > przy|jść, -jdę, -jdzie, -jdź; -szedł, -szła *come, arrive*
przyg|oda, -ody, po -odzie; -ody, -ód *adventure*
przygotowan|y, vir. -i *prepared*
przyjaci|el, -ela; -ele, -ół, ku -ołom, z -ółmi, o -ołach *friend*
przyjaciół|ka, -ki, o -ce; -ki, -ek *(girl)friend*
przyj|azd, -azdu, po -eździe; -azdy, -azdów *arrival (not on foot)*
przyj|echać, -adę, -edzie, -edź < przyjeżdża|ć, -m *arrive (not on foot)*
przyjemniej|szy, vir. -si *nicer*
przyjemnoś|ć, -ci; -ci, -ci *pleasure*
przyjemn|y, vir. -i *agreeable, pleasant*

przyjść < przychodzić *come*

przykła|d, -du, o -dzie -dy, -ów
example

przykro mi (było) *I am (was) sorry*

przykry *unpleasant*

przylat|ywać, -uję > przyle|cieć,
-cę, -ci, -ć *arrive by air, fly in*

przymierzal|nia, -ni; -nie, -ni *fitting
room* przymierzać
> przymierzyć, przymierzę
try on

przymr|ozek, -ozku *or* -ozka;
-ozki, -ozków *light frost,
groundfrost*

przynajmniej *at least*

przyno|sić, -szę, -si, -ś; -sił >
przyni|eść, -osę, -esie, -eś; -ósł,
-osłem, -osła, -eśli *bring by
hand on one's person*

przypływać > przypłynąć *come,
swim in*

przypra|wa, -wy, o -wie; -wy, -w
seasoning

przypuszcza|ć, -m > przypu|ścić,
-szczę, -ści, -ść *suppose*

przysł|owie, -owia; -owia, -ów
proverb

przystan|ek, -ku, za -kiem; -ki,
-ków *stop*

przysz|ły, vir. -li *future, next*

przytrafiać się > przytrafić się
+ dat. *happen to*

przywo|zić, -żę, -zi, -ź >
przywi|eźć, -ozę, -ezie, -eź;
-óźł, -ozłem, -eźli; -eziony *bring
(not on foot)*

przyzwyczaja|ć się, -m >
przyzwycza|ić się, -ję się, -ić się
do + gen. *get used to*

ptak, -a; -i, -ów *bird*

pudeł|ko, -ka; -ka, -ek *box*

puka|ć, -m > za- do drzwi *knock
at the door*

punkt piąta *(at) five o'clock on the
dot*

pytać (się) > s- o + acc. *ask about*
pyta|nie, -nia; -nia, -ń *question*

rachun|ek, -ku, pod -kiem; -ki,
-ków *bill*

racj|a *that's right* mieć -ę *be right*

rad, -a, vir. radzi *glad*

rad|a, -y *advice, tip, council* nie
dam rady *I can't cope*

radi|o, -a, w -u *radio*

radoś|ć, -ci; -ci, -ci *joy*

radz|ić, -ę, -i > *advise* r. sobie
manage

rajsto|py, -p *tights*

rami|ę, -enia, na -eniu; -ona, -on
arm

ran|ek, -ka, -kiem; -ki, -ków
morning

rano *in the morning*

raz *once* od razu *at once* w takim
razie *in that case* razem
together, altogether

recepcjonist|ka, -ki; -ki, -ek *female
receptionist*

recep|ta, -ty, o -cie; -ty, -tów
prescription

regularnie *regularly* regularny
regular

regul|ować, -uję > u- *settle (bill)*

reklamów|ka, -ki, w -ce; -ki, -ek
plastic bag

relaks, -u, o -ie *relaxation*

religi|a, -i; -e, -i *religion*

renomowan|y, vir. -i *famous*

republi|ka, -ki, w -ce;
-ki, -k *republic*

restaurac|ja, -ji; -je, -ji *restaurant,
restoration*

resz|ta, -ty, o -cie *rest, change*

reumatyzm, -u, po -ie *rheumatism*

rewolucj|a, -i; -e, -i *revolution*

rezerw|ować, -uję > za- *reserve*

reżyse|r, -ra, o -rze; -rzy/-rowie,
-rów *(film) director*

ręcznik, -a; -i, -ów *towel* rę|ka,
-ki, w -ce; -ce, rąk *hand*
rękawicz|ka, -ki, w -ce; -ki,
-ek *glove* rękaw, -u; -y, -ów
sleeve

robić, -ię, -i, rób > z- *do, make*
r.>zr. się *become, get*

rob|ota, -oty; -oty, -ót *work*
robotni|k, -ka; -cy, -ków
workman

roczni|ca, -cy; -ce, -c *anniversary* r.

ślubu *wedding anniversary*
rodza|j, -ju; -je, -jów *or* -i *kind,
type*
rodzic|e, -ów *parents* rodzi|na,
-ny; -ny, -n *family*
rok, -u; lata *last year*
rolni|k, -ka; -cy, -ków *farmer*
ro|snąć, -snę, -śnie, -śnij; rósł,
-słem, -śli > wy- *grow*
rozbiera|ć, -m > roz|ebrać,
-biorę, -bierze *undress someone*
rozchorow|ywać się, -uję >
rozchor|uwać się, -uję *fall ill*
roześmiać się < *burst out laughing*
rozległy *extensive*
rozmaity *various*
rozmawia|c, -m > po- *converse,
talk* rozm|owa, -owy; -owy,
-ów *talk, call*
rozpłakać się < *burst into tears*
rozsian|y, vir. i *scattered*
roztargni|ony, vir. -eni
absentminded
rozumi|eć, -em, -e; -ał, -eli > z-
understand
rozw|ód, -odu,; -ody, -odów
divorce
róg, rogu, na rogu; rogi, rogów
horn, corner
róża, róży; róże, róż *rose* różowy
pink
różn|y, vir. -i *various*
ruch, -u; -y, -ów *movement,
traffic, exercise*
rujn|ować, -uję > z- *ruin*
rumsztyk, -u; -i, -ów *rump steak*
Rumuni|a, -i *Romania*
ry|ba, -by, o -bie; -by, -b *fish*
ryba|k, -ka; -cy, -ków *fisherman*
ryż, -u; -e, -ów *rice*
rzadko *seldom* rzadziej *less often*
rzad|ki, vir. -cy *rare*
rz|ąd, -ądu, w -ądzie; -ądy, -ądów
government
rzecz, -y, o -y; -y, -y *thing*
Rzeczpospolit|a, -ej *Republic*
rzeczywiście *really, indeed*
rzeczywisty *real, actual*
rze|ka, -ki, -ce; -ki, -k *river* nad
-kę *to the river*

rzuca|ć, -m > rzu|cić, -cę, -ci, -ć;
-cił *throw, give up*

saba|t, -tu, po -cie; -ty, -tów
witches' sabbath
sadz|a, -y *soot*
sała|ta, -ty; -ty, -t *lettuce*
sam, -a, vir. -i *alone* ten sam, taki
sam *the same*
samoch|ód, -odu, w -odzie; -ody,
-odów *car* -odem *by car*
samolo|t, -tu, w -cie; -ty, -tów
plane -tem *by air*
sanatori|um, -um, w -um; -a, -ów
convalescent home
sądzić > *think*
sąsi|ad, -ada, o -edzie; -edzi,
-adów *neighbour*
schod|y, -ów *stairs*
schronis|ko, -ka; -ka, -k *hostel*
scyzoryk, -a, -iem; -i, -ów *penknife*
sekretarka *secretary* sekretarz
(male) secretary
sens, -u, w -ie *sense, meaning,
point*
sentymentaln|y, vir. -i *sentimental*
se|r, -ra, po -rze; -ry, -rów *cheese*
ser|ce, -ca; -ca, -c *heart* serdecznie
cordially serdeczność *warmth,
cordiality* serdeczny *kind,
sincere*
serwet|ka, -ki, w -ce; -ki, -ek
serviette
setny *100th*
siada|ć, -m > usi|ąść, -ądę,
-ądzie, -ądź; -adł, -edli *sit
down, take a seat*
siedem, siedmiu *seven*
siedemdziesi|ąt, -ęciu *70*
siedemdziesiąty *70th*
siedemna|ście, -stu *17*
siedemnasty *17th* siedemset,
siedmiuset *700* siedemsetny
700th
sie|dzieć, -dzę, -dzi, -dź; -dział,
-dzieli *be sitting*
sie|ń, -ni; -nie, -ni *hallway,
vestibule*
sierp|ień, -nia *August*
si|ostra, -ostry, o -ostrze; -ostry,

-óstr *sister, you (to a nurse or a nun)*
siódmy *seventh*
skane|r, -ra, o -rze; -ry, -rów *scanner*
skansen, -u; -y, -ów *heritage park, open-air museum*
skarpeta, -y; -y, -t *sock*
skąd *from where*
sklep, -u, w -ie; -y, -ów *shop*
składać, -m > złoż|yć -ę, -y *fold*
krzesło składane *folding chair*
skoczę po rozmówki *I'll nip and get a phrasebook*
skó|ra, -ry, o -rze *leather*
skręca|ć, -m > skręc|ić, -ę *turn*
skrzyżowa|nie, -nia; -nia, -ń *crossing, junction*
słabo *weakly* słab|y, vir. -i *weak, faint*
sło|ń, -nia; -nie, -ni *elephant*
słoń|ce, -ca; -ca, -c *sun* słonecznie *sunnily* słoneczny *sunny*
słownicz|ek, -ka; -ki, -ków *small dictionary, vocabulary, glossary*
słownik, -a; -i, -ów *dictionary*
sł|owo, -owa; -owa, -ów *word*
słów|ka, -ek *vocabulary*
słuchać, -m > po- + gen. *listen to, obey* słuchacz, -a; -e, -y *listener*
słuchaw|ka, -ki; -ki, -ek *receiver, (head)phone*
słup telegraficzn|y, -a -ego *telegraph pole*
słu|żyć, -żę, -żysz, -ż; -żył > + dat. *serve (to) someone*
słycha|ć *there can be heard*
sły|szeć, -szę, -szy; -szał, -szeli > u- *hear*
smakuje mi + nom. *I like the taste of* smakowało państwu? *did you like it?*
smoking, -a *or* -u; -i, -ów *dinner-jacket*
smutniej|szy, vir. -si *sadder* smutno *sadly* smutn|y, vir. -i *sad*
sob|ota, -oty, o -ocie; -oty, -ót *Saturday*
solenizan|t, -ta; -ci, -tów *man*

celebrating solenizant|ka, -ki, o -ce; -ki, -ek *woman celebrating*
sól, soli *salt*
spacer|ować, -uję > po- *stroll, be out walking*
spada|ć, -m > spa|ść, -dnę, -dnie, -dnij; -dł *fall down*
specjali|sta, -sty, o -ście; -ści, -stów *expert*
spędza|ć, -m > spę|dzić, -dzę, -dzi, -dź *spend (time)*
spod + gen. *from under* spod lady *(from) under the counter* spod spodu *from underneath* spod|ek, -ka, z -kiem; -ki, -ków *saucer* spodni|um, -um, w -um; -a, -ów *trouser suit* spodn|ie, -i *trousers*
spodobała się pani Polska? *did you like Poland?*
spodziewać się, -m + gen. *expect*
spokojn|y, vir. -i *quiet, peaceful, calm*
sponso|r, -ra, o -rze; -rzy, -rów *sponsor*
sporo + gen. *a fair amount/number of*
spor|t, -tu, o -cie; -ty, -tów *sport*
spory *good-sized*
spotyka|ć, -m > spotka|ć, -m *meet someone, something* s. się z + instr. *meet, get together with*
spożywczy: artykuły spożywcze *groceries*
spód, spodu *underneath, underside*
spódni|ca, -cy, w -cy; -ce, -c *skirt* spódnicz|ka, -ki, w -ce; -ki, -ek *skirt, kilt*
spóźnia|ć się, -m > spóź|nić się, -nię, -ni, -nij; -nił *be late*
spra|wa, -wy; -wy, -w *matter, affair, case, business, problem*
sprawdza|ć, -m > sprawdz|ić, -ę, -i *check*
sprawia|ć, -m > spra|wić, -wię + dat. + acc. *cause, give*
sprawn|y, vir. -i *fit, efficient*

sprzeda|wać, -ję, -je, -waj; -wał
> sprzeda|ć, -m, -dzą, -j *sell*
sprzęt, -u *equipment, appliances*
sprzyja|ć, -m + dat. *work for, be in favour of*
srebrny *silver* sreb|ro, -ra, o -rze *silver*
stacj|a, -i; -e, -i *station*
st|ać, -oję, -oi, -ój; -ał *stand*
stać się *happen* nic ci się nie stanie *you'll be OK*
stale *constantly* staly *constant*
stamtąd *from there*
Stan|y Zjednoczon|e, -ów -ych *The United States*
stara|ć się, -m > po- o + acc. *try to get*
star|szy, vir. -si *older, senior, elderly* sta|ry, vir. -rzy *old*
stat|ek, -ku; -ki, -ków *ship, vessel*
stawia|ć, -m > posta|wić, -wię, -wi, -w *put, stand*
staż, -u *period of training, work, etc. experience*
stąd *from here* stąd też *and that's why*
stek, -u, pod -iem *steak*
sto, stu *a hundred* stokrotny *hundredfold*
stolik, -a; -i, -ów *small table*
stomatolo|g, -ga; -dzy *or* -gowie, -gów *dentist*
st|ół, -ołu, na -ole, przy -ole; -oły, -ołów *table*
strach, -u; -y, -ów *fear, scarecrow* strasznie *terribly* straszn|y, vir. -i *terrible*
straż pożarn|a, -y -ej *fire brigade* straża|k, -ka; -cy, -ków *fireman* strażni|k, -ka; -cy, -ków *guard*
stro|na, -ny; -ny, -n *side, page, direction*
stróż, -a *caretaker, watchman*
stryj, -a; -owie, -ów *paternal uncle*
studen|t, -ta, o -cie; -ci, -tów *undergraduate student* student|ka, -ki, o -ce; -ki, -ek
studi|a, -ów *undergraduate study* po studiach *a graduate*
studi|ować, -uję *study*

stwórc|a, -y *creator*
stycz|eń, -nia, w -niu *January*
sukien|ka, -ki, w -ce; -ki, -ek *dress* suk|nia, -ni; -nie, -ni *or* -ien *dress, frock*
surowo *strictly* surow|y, vir. -i *strict, severe, uncooked*
surów|ka, -ki, w -ce; -ki, -ek *side salad*
suszar|ka, -ki, o -ce; -ki, -ek *dryer*
swet|er, -ra, w -rze; -ry, -rów *sweater, jumper*
swój, swoja, swoje, nom. vir. pl. swoi *my, etc., own*
sympatyczn|y, vir. -i *nice, pleasant*
syn, -a, o -u; -owie, -ów *son*
szaba|s, -su, o -sie *or* -t, -tu, o -cie *Jewish sabbath*
sza|fa, -fy; -fy, -f *cupboard, wardrobe*
szale|t, -tu, w -cie; -ty, -tów *public convenience*
szalik, -a; -i, -ów *scarf*
szał|wia, -wii; -wie, -wii *sage*
szampon, -u; -y, -ów *shampoo*
szanown|y, vir. -i *honourable*
szatn|ia, -i, w -i; -ie, -i *cloakroom* szatniarz, -a; -e, -y *cloakroom attendant*
szary *grey*
szczątk|i, -ów *fragments, debris, remains*
szczególnie *particularly* szczególny *particular* szczegó|ł, -łu, o -le; -ły, -łów *detail*
szczę|ka, -ki, o -ce; -ki, -k *jaw*
szczęśliw|y, vir. -i *happy*
szczu|r, -ra, o -rze; -ry, -rów *rat*
szczypior|ek, -ku, ze -kiem *chives*
szczy|t, -tu, na -cie; -ty, -tów *summit, top, height*
szef, -a; -owie, -ów *superior, boss*
szero|ki, vir. -cy *wide, broad*
szesnastoletni *sixteen-year-old*
szesnasty *16th* szesna|ście, -stu *16* sześ|ć, -ciu *six*
sześćdziesią|t, -ęciu *60*
sześćdziesiąty *60th* sześcior|o, -ga dzieci *six children* sześ|ćset, -ciuset *600* sześćsetny *600th*

szklan|ka, -ki, w -ce; -ki, -ek *glass, tumbler* szk|ło, -ła, w -le *glass* Szkoc|ja, -ji, w -ji *Scotland* szkoc|ki, -ka, -kie, vir. -cy *Scottish* Szko|t, -ta, o -cie; -ci, -tów *Scot* szk|oda, -ody; -ody, -ód *waste, shame* szko|dzić, -dzę, -dzi, -dź; -dził > za- *harm* szk|oła, -oły, w -ole; -oły, -ół *school* szósty *sixth* szpinak, -u *spinach* szpital, -a; -e; -i *hospital* szuka|ć, -m > po- + gen. *look for* Szwajcari|a, -i *Switzerland* Szwecja *Sweden* Szwe|d, -da; -dzi, -dów *Swede* szybciej *more quickly, faster* szybko *quickly* szybki *quick* szy|ja, -i; -je, -j *neck* szyn|ka, -ki, na -ce *ham*

ściska|ć, -m > ści|snąć, -snę, -śnie; -snął, -snęła *hug, squeeze* śliczny *lovely, sweet, delightful* śliw|ka, -ki, o -ce; -ki, -ek *plum* śmi|ać się, -eję, -eje, -ej; -ał, -ali > po- > roze- *laugh* śmier|ć, -ci *death* śniada|nie, -nia; -nia, -ń *breakfast* śnić się: śni mi się + nom. *I dream about* śnieg, -u *snow* śnieżyca *blizzard* śp. (świętej pamięci) *late, dear departed* śpiący, vir. śpiący *sleepy* śpie|szyć się, -szę, -szy, -sz; -szył się > po- *hurry* śpiewa|ć, -m > za- *sing* śpiewa|k, -ka, -cy, -ków *singer* śred|ni, -ia, -ie, vir. -i *average, middle* śr|oda, -ody, o -odzie; -ody, -ód *Wednesday* środ|ek, -ka, w -ku; -ki, -ków *middle, centre, inside, way, means* świadect|wo, -wa; -wa, -w *certificate, school report* świ|at, -ata, na -ecie; -aty, -atów *world* świat|ło, -ła, w świetle; -ła, -eł *light* świe|cić, -cę, -ci, -ć > za- *illuminate* świetnie *splendidly, very well* świetn|y, vir. -i *fine, great, excellent* świeżo *freshly* świeży *fresh* świę|to, -ęta; -ęta, -ąt *church or public holiday* w pierwszym dniu Świąt *on Christmas Day* świę|ty, vir. -ci *holy, sacred, saint*

tak *yes, so, this way* tak często, *jak as often as* tak jak *just like* tak zwany *so called* ta|ki, -ka, -kie, nom. vir. -cy *that sort of, like this, like that* taksów|ka, -ki, w -ce; -ki, -ek *taxi* postój -ek *taxi rank* -ką *by taxi* taksówkarz, -a; -e, -y *taxi driver* także *also* także nie *neither* talerz, -a; -e, -y *plate* tam *there* tam|ten, vir. -ci *that over there* tang|o, -a *tango* tan|i, -ia, -ie, nom. vir. -i *cheap* taniej *more cheaply* tanio *cheaply* tańszy, vir. tańsi *cheaper* tańcz|yć, -ę, -y > po-/za- *dance* tatu|ś, -sia *daddy* teat|r, -ru, ku -rowi, w -rze; -ry, -rów *theatre* telefon, -u; -y, -ów *telephone* telefon|ować, -uję > za- *telephone, call up* telewizj|a, -i, w -i *television* telewizo|r, -ra, o -rze; -ry, -rów *television set* temperatur|a, -y *temperature* temp|o, -a *rate* tenisistka *female tennis player* teraz *now* termin, -u; -y, -ów *deadline, date, term* teściow|a, -ej *mother-in-law* też *also* tłu|c, -czę, -cze; -kł > s-/po- *break, smash*

tłum, -u; -y, -ów *crowd*
toale|ta, -ty, w -cie; -ty, -t *toilet*
tom, -u; -y, -ów *volume*
to|r, -ry, na -rze; -ry, -rów *track, lane*
towarzysz|yć, -ę, -y > + dat.
accompany
tra|cić, -cę, -ci, -ć > s- *lose*
tradycyjnie *traditionally*
tradycyjny *traditional*
trafia|ć, -m > trafi|ć, -ę do + gen.
get to trafić na + acc. *run into*
trakto|r, -ra, na -rze; -ry, -rów
tractor
tramwa|j, -ju; -je, -jów *or* -i *tram*
transpor|t, -ty, w -cie; -ty, -tów
consignment, haulage
trochę/trosz(ecz)kę *a little (bit), some*
troj|e, -ga dzieci *three children*
trudno *with difficulty, it's tough*
trudny *difficult*
truskaw|ka, -ki; -ki, -ek *strawberry*
tryb, -u, o -ie; -y, -ów mode, mood
t. życia *lifestyle*
trzeba *one must*
trzechsetny *300th* trzec|i, -ia, -ie
third
trzej *three (men, boys, etc.)* trz|y,
-ech *three* trzydzie|ści, -stu *30*
trzydziesty *30th*
trzyma|ć, -m > po- *hold, keep*
trzynasty *13th* trzyna|ście,
-stu *13th* trzyst|a, -u *300*
tu(taj) *here*
Turcj|a, -i *Turkey*
tury|sta, -sty, o -ście; -ści, -stów
tourist, walker turyst|ka, -ki;
-ki, -ek *female tourist*
tuzin, -a; -y, -ów *dozen*
tuż *just, right (here)*
twar|dy, vir. -dzi *hard, tough*
twarz, -y, na -y; -e, -y *face*
twarzowy *suitable*
tw|ój, -oja, -oje, vir. -oi *your
(familiar, to one person)*
ty *you (familiar, to one person)*
ty|dzień, -godnia; -godnie, -godni
week
tyle *so much* tyle ile *as much as*

tylko *only, solely*
tymian|ek, -ku *or* -ka *thyme*
tysi|ąc, -ąca; -ące, -ęcy *1000*

u + gen. *at someone's house*
ubezpieczeni|e, -a *insurance*
ubiera|ć, -m > ub|rać, -iorę,
-ierzesz, -ierz; -rał *dress
(someone)* u. się *dress (oneself),
get dressed*
ubikacj|a, -i; -e, -i *toilet*
ubo|gi, vir. -dzy *poor*
ubra|nie, -nia; -nia, -ń *clothes, suit
of clothes*
ucho, ucha, ucha; uszy, uszu *or*
uszów *ear*
uczenni|ca, -cy; -ce, -c *pupil,
schoolgirl*
ucz|eń, -nia; -niowie, -niów *pupil,
disciple, schoolboy*
uczu|cie, -cia; -cia, -ć *feeling,
emotion*
uczyć, uczę, uczy, ucz > na- *teach*
u./nau. się + gen. *learn*
udaje mi się *I succeed* uda mi się
I will succeed udany *successful,
good, happy*
uderza|ć, -m > uderz|yć, -ę, -y *hit*
uj|rzeć, -rzę, -rzy, -rzyj; rzał, rzeli
< *see, catch sight of*
ul|ga, -gi, po -dze *relief* ulgowy
concessionary
uli|ca, -cy, na -cy; -ce, -c *street*
umawia|ć się, -m > umówi|ć się, -ę
*make a date, make an
appointment*
umi|eć, -em, -e, -eją, -ej; -ał, -eli *be
able to, know how to*
uniwersyte|t -tu, na -cie; -ty, -tów
university U. Wrocławski *The
University of Wrocław*
upada|ć, -m > upa|ść, -dnę,
-dnie, -dnij; -dł *fall down*
upar|ty, vir. -ci *stubborn*
uprzednio *previously*
uprzejmie *politely* uprzejm|y, vir. -i
polite, kind
uroczystoś|ć, -ci; -ci, -ci *festivity*
urodzi|ny, -n *birthday(s)*
urządza|ć, -m > urządz|ić, -ę, -i

furnish, arrange, > *suit*
urzędnicz|ka, -ki; -ki, -ek *female
clerk*
urzędni|k, -ka; -cy, -ków *official*
usłyszeć < słyszeć *hear*
ustęp, -u, w -ie; -y, -ów *toilet,
paragraph*
ustęp|ować, -uję > ustąpi|ć, -ę
miejsca + dat. *give up one's
seat for, make room for*
utrwala|ć, -m > utrwal|ić, -ę;
-ony *consolidate, fix*
uważa|ć, -m > *consider, take care*
uwielbia|ć, -m > *adore, love*
uzdrowis|ko, -ka; -ka, -k *spa town*
użyci|e, -a *use*
używa|ć, -m > uży|ć, -ję *use*

w, we + acc. *into, on*
w, we + loc. *in*
wa|ga, -gi, na -dze *weight, scales*
wakacj|e, -i *(summer) holidays*
Wali|a, -i, w -i *Wales* Walijczy|k,
-ka; -cy, -ków *Welshman*
waliz|ka, -ki; -ki, -ek *suitcase*
waria|t, -ta, o -cie; -ci, -tów
madman
Warszaw|a, -y *Warsaw*
warszawia|nin, -nina; -nie, -n
Varsovian
warsztat samochodow|y, -u -ego
car repair shop
warto + infin. *it's worth*
warunk|i atmosferyczn|e, -ów
-ych *weather conditions*
warzy|wo, -wa; -wa, -w *vegetable*
wa|ta, -ty, w -cie *cotton wool*
ważn|y, vir. -i *important, valid*
termin ważności *expiry date*
waż|yć, -ę, -y > z- *weigh*
wąsk|i, -a, -ie *narrow* wąsko
narrowly wąż, węża; węże,
węży *snake* węższy *narrower*
wątpię, czy *I doubt if*
wąż, węża; węże, węży *or* wężów
snake, hose
wcale nie *not at all*
wcho|dzić, -dzę, -dzi, -dź; -dził >
w|ejść, -ejdę, -ejdzie, -ejdź;
-szedł, -eszła do + gen. *enter,*

come into na + gen. *come onto*
wciągający *absorbing*
wciąż *still*
wcze|sny, vir. -śni *early* wcześnie(j)
early(-ier) wcześniej|szy, vir. -si
earlier
wczoraj *yesterday*
wdzięczn|y, vir. -i *grateful*
według + gen. *according to*
według mnie *in my opinion*
wełn|a, -y *wool* wełniany *woollen*
Wenecj|a, -i *Venice*
wersj|a, -i; -e, -i *version*
wes|oły (-ół), vir. -eli *cheerful*
wewnętrzny *internal*
wędli|na, -ny; -ny, -n *cooked or
smoked meat*
wi|ać, -eję, -eje; -ał *waft*
wiadomoś|ć, -ci; -ci, -ci *piece of
news, message*
wi|ara, -ary, w -erze *faith, belief*
wi|atr, -atru, na -etrze; -atry,
-atrów *wind*
wią|zać, -żę, -że, -ż; -zał > za-
tie, bind
widać *evidently, is visible*
widel|ec, -ca; -ce, -ców *fork*
wideł|ki, -ek, na -kach *hook
(phone)*
wideofon (magnetowid) *video
recorder* wideotelefon *video-
phone*
widocznie *apparently* dobrze
widoczny *clearly visible*
widz|ieć, -ę, -i; -iał, -ieli *see*
(> zobaczyć *or* ujrzeć)
wieczorny *evening (time)*
wieczorowy *evening (clothes)*
wiecz|ór, -ora *or* -oru; -ory,
-orów *evening*
wiedz|a, -y *knowledge*
wie|dzieć, -m, wie, -dzą, -dz;
-dział, -dzieli *know*
wiek, -u; -i, -ów *age, century*
wiel|e, -u *many, a lot of*
Wielkanoc, -y *Easter*
wiel|ki, -ka, -kie, vir. -cy *great*
wieprzowin|a, -y *pork*
wierzą|cy, vir. *also* -y *believer*
wie|rzyć, -rzę, -rzy, -rz; -rzył >

u- *believe, trust*

wiesza|ć, -m > powie|sić, -szę, -si, -ś *hang up*

wieś, wsi; wsi *or* wsie, wsi *village, country*

wi|eźć, -ozę, -ezie, -eź > przy- *carry, bring (not on foot)*

więc *so*

więcej *more* więk|szy, vir. -si *bigger, major*

wilgotny *damp*

win|da, -dy, w -dzie; -dy, -d *lift*

win|ien, -na, -ne, vir. -ni *indebted*

winogron|o, -a *grape*

wios|ka, -ki, w -ce; -ki, -ek *small village*

wio|sna, -sny, o -śnie; -sny, -sen *spring* na -snę, (z) -sną *in spring*

wiot|ki, -ka, -kie, vir. -cy *limp*

wirus, -a, o -ie; -y, -ów *virus*

wita|ć, -m > po- *greet, welcome*

wj|azd, -azdu, o -eździe *entry by vehicle* wj|echać, -adę, -edzie, -edź < wjeżdża|ć, -m *drive in, travel in*

wkłada|ć, -m > włoż|yć, -ę, -y *put into, put on (clothes)*

władz|a, -y; -e, władz *power, authority*

wła|sny, vir. -śni *own*

właściciel, -a; -e, -i *owner*

właściwie *actually* właśnie *just*

włącznie z + instr. *including*

Wło|ch, -cha; -si, -chów, o -chach *Italian* Wło|chy, do -ch, we -szech *Italy* we Włochach in Włochy, *Warsaw*

włos, -a, na -ie; -y, -ów *hair*

włożyć < wkładać *put in*

woda, wody, w wodzie; wody, wód *water* nad wodą *at the waterside* do wody *into the water*

woj|na, -ny; -ny, -en *war*

wojs|ko, -ka; -ka, -k *army, the forces, military training*

wol|eć, -ę, -i; -ał, -eli/od + gen. niż *prefer (to)* wolał(a)bym *I'd prefer*

wolniej *more slowly, freely* wolno *one may, slowly* woln|y, vir. -i *free, independent, not engaged, slow*

woła|ć, -m > za- *call, cry out*

wołowin|a, -y *beef*

wo|zić, -żę, -zi, -ź; -ził > *carry repeatedly (not on foot)*

wód|ka, -ki, w -ce; -ki, -ek *vodka*

wóz, wozu; wozy, wozów *car, vehicle, cart*

wpaść, -dne, -dnie > wpadać *drop in, pop in*

wpół do drugiej *half past one*

wprawdzie *admittedly*

wraca|ć, -m > wró|cić, -cę, -ci, -ć; -cił z + gen. *come back, go back, return from*

wraże|nie, -nia; -nia *impression*

wreszcie *at last*

Wrocław, do -ia, we -iu *Wrocław*

wrze|sień, -śnia, we -śniu *September*

wspania|ły, vir. -li *splendid, magnificent*

wspólnie *jointly* wspólno|ta, -ty, we -cie; -ty, -t *community* wspólny *joint* współpasażer(ka) *fellow traveller, travelling companion*

wsta|wać, -ję, -je, -waj; wsta|ć, -nę, -nie, -ń *get up*

wstęp, -u, na -ie *entry (on foot), introduction*

wsty|dzić się, -dzę, -dzi, -dź > za- *be embarrassed, ashamed*

wszcząć < wzczynać: wszczęto śledztwo *an enquiry has been set up*

wszelki *any sort of* na w. wypadek *just in case*

wszędzie *everywhere*

wszys|cy, -tkich *everybody*

wszystk|ie dan|e, -ich -ych *all the details*

wszystk|o, -iego *everything* wszystko jedno, czy *it's all the same whether*

wtedy *then*

wtor|ek, -ku; -ki, -ków *Tuesday*

wuj, -a; -owie, -ów *uncle, maternal uncle*

wybiera|ć, -m > wyb|rać, -iorę, -ierze, -ierz; -rał *choose* w. się *be on one's way, intending to go*

wybrze|że, -ża; -ża, -ży *coast, shore*

wycho|dzić, -dzę, -dzi, -dź > -|jść, -jdę, -jdzie; -szedł, -szła z + gen. *go out, come out (of)*

wyciąga|ć, -m > wyci|ągnąć, -ągnę, -ągnie, -ągnij *pull out, draw* w. numerek *draw a number*

wyciecz|ka, -ki, po -ce; -ki, -ek *trip, excursion*

wyda|wać, -ję, -je, -waj; -wał > wyd|ać, -am, -a, -adzą, -aj *spend money, give change*

wygląda|ć, -m > *look, appear*

wygodnie *comfortably, conveniently* wygodny *comfortable*

wyj|azd, -azdu, o -eździe; -azdy, -azdów *departure, going away*

wyjeżdża|ć, -m > wy|jechać, -jadę, -jedzie, -jedź; -jechał z + gen. *go away (on wheels), drive out of*

wyjm|ować, -uję > wyj|ąć, -mę, -mie, -mij, -ął, -ęli z + gen. *take out of*

wykła|d, -du, na -dzie; -dy, -dów *lecture*

wykorzyst|ywać, -uję > wykorzysta|ć, -m *exploit*

wykręcać > wykręcić numer *dial a number*

wykrzyknik *exclamation, exclamation mark*

wymienia|ć, -m > wymie|nić, -nię, -ni, -ń *exchange, enumerate*

wyobrażać sobie > wyobrazić sobie *imagine*

wypadek *accident* na wszelki w. *just in case* jest po wypadku *s/he's had an accident*

wypełnia|ć, -m > wypełn|ić, -ię, -i; -iony *fill in, carry out*

wypogadza się *the weather is clearing up* > wypogodzi się *it will clear up*

wyraźny *clear* wyraźnie *clearly* wyraźniej *more clearly* wyraźniejszy *clearer*

wyrost|ek, -ka, z -kiem *appendix*

wysiada|ć, -m > wysi|ąść, -ądę, -ądzie *get out, get off, go flat*

wysił|ek, -ku *effort(s)*

wysoce *highly, greatly* wyso|ki, vir. -cy *high, tall* wysoko *high up*

wysta|wa, -wy; -wy, -w *exhibition*

wysyła|ć, -m > wy|słać, -ślę, -śle, -ślij *send, post* w. SMS(a) + dat. *to text*

wyżej *higher up, above* wyż|szy, vir. -si *higher*

wzbrania|ć, -m > wzbro|nić, -nię, -ni, -ń; -niony *forbid*

wziąć, wezmę, weźmie, weź; wziął, wzięli < brać, biorę *take*

wzywać, -m > wezw|ać *send for*

z + gen. *from, out of, off, made of*

z + instr. *with, in the company of*

za + acc. *going behind, in ...'s time* za co? *for what?*

za + adverb or adjective *too* = zbyt

za + instr. *located behind*

zabawny *amusing*

zabiera|ć, -m > zab|rać, -iorę, -ierze *take away*

zachmurzeni|e, -a *cloud*

zach|ód, -odu, na -odzie *west* zachodni *western*

zachow|ywać, -uję > zachowa|ć, -m *keep* z. się *behave*

zaczynać, zaczynam > zacząć, zacznę, zacznie, zacznij; zaczął, zaczęli *start something* z. + infin. of impf. vb *start doing something* z. się *begin, start* zaczęło się w lipcu *it started in July* od czego mam zacząć? *where am I to start?*

zada|nie, -nia; -nia, -ń *exercise, task, job* zadawać, zadaję, zadaje, zadawaj > zadać, zadam, zada, zadadzą, zadaj *ask, set a question or task*

zadymka *blizzard*
zadzwonić < dzwonić *ring*
zaję|cie, -cia; -cia, -ć *occupation, something to do, class*
zajm|ować, -uję; -owany > zaj|ąć, -mę, -mie, -mij; -ął, -ęła; -ęty, -ęci *occupy z. się + instr. occupy oneself with*
zakaz, -u, o -ie; -y, -ów *ban*
zakończeni|e, -a *a conclusion*
Zakopane, Zakopanego, w Zakopanem *Zakopane*
zakup|y, -ów *shopping*
zależeć od + gen. > *depend on* to zależy *that depends*
załatwia|ć, -m > załatw|ić, -ię, -i *deal with*
załóżmy jednak, że *but supposing*
zamawia|ć, -m > zamó|wić, -wię, -wi, -w; -wiony *order, book*
zam|ek, -ku, w -ku; -ki, -ków *castle, lock*
zamie|ć, -ci *blizzard*
zamknię|ty, vir. -ci *closed*
zamrażar|ka, -ki, w -ce *freezer*
zamyka|ć, -m > zamk|nąć, -nę, -nie, -nij; -nął, -nęła *close, shut, lock*
zapala|ć, -m > zapa|lić, -lę, -li, -ł *light up (a cigarette, fire, etc.)*
zapał|ka, -ki, na -ce; -ki, -ek *match*
zapis|ywać, -uję > zapi|sać, -szę, -sze, -sz; -sał *write down*
zapomina|ć, -m > zapomn|ieć, -ę, -i, -ij; -iał, -ieli + gen./o + loc. *forget (about)* był(a)bym -iał(a) *I nearly forgot*
zapowiadać się > zapowiedzieć się *promise to be*
zaprasza|ć, -m > zapro|sić, -szę, -si, -ś; -szony, -szeni *invite*
zaprzyjaźni|ony, vir. -eni z + instr. *friendly*
zarabia|ć, -m > zar|obić, -obię, -obi, -ób; -obił *earn*
zaraz *at once*
zarażać się > zarazić się + instr. *catch (illness)*
zasta|wać, -ję, -je, -waj > zasta|ć, -nę, -nie *find at home when calling*

zaśmieca|ć, -am > zaśmieci|ć, -ę, -i *pollute*
zatrzym|ywać, -uję > zatrzyma|ć, -m *detain, keep, stop*
zauważa|ć, -m > zauważ|yć, -ę *notice*
zawartoś|ć, -ci *content(s)*
zawo|zić, -żę, -zi > zawi|eźć, -ozę, -ezie *give a lift*
zawsze *always*
zaziębieni|e, -a *cold, chill*
zaziębion|y, vir. -i *bunged up with a cold*
zbierać się > zebrać się *gather together* zebra|nie, -nia, na -niu; -nia, -ń *meeting*
zbliża|ć się, -m > zbli|żyć się, -żę się, -ży się, -ż się *come close, approach, draw near*
zbrodn|ia, -i; -ie, -i *crime*
zbrodniarz, -a; -e, -y *criminal*
zbyt *too*
zda|nie, -nia; -nia, -ń *sentence, opinion* tego samego -nia *of the same opinion* moim -niem *in my opinion*
zdarzać się > zdarzyć się *happen*
zdawać się > *seem* zdaje mi się, że *I think*
zdąż|yć, -ę, -y < *be in time*
zdejm|ować, -uję > zd|jąć, -ejmę, -ejmiesz, -ejmij; -jął, -jęła *take off, take down, remove*
zdenerw|ować się, -uję; -owany, -owani < denerwować *worry, upset*
zdję|cie, -cia; -cia, -ć *photograph*
zdobywa|ć, -m > zdob|yć, -ędę, -ędzie *get hold of*
zdrowi|e, -a *health* zdr|owy/ów, vir. -owi *healthy*
zegar|ek, -ka, na -ku; -ki, -ków *watch*
zepsuć się < psuć się *go wrong*
ze|ro, -ra; -ra, -r *zero, nought*
zgadza|ć się, -m > zgo|dzić się, -dzę, -dzi, -dź na + acc. / z + instr. *agree to/with* zgadza się *that's right*
zgłasza|ć, -m > zgło|sić, -szę, -si, -ś

declare z. się *turn up*

zgo|da, -dy, w -dzie *agreement*

zgubi|ć, -ę < gubić *lose, mislay*

ziarno *grain*

zielony *green*

zie|mia, -mi; -mie, -m *earth, soil, ground, land, province*

ziemniak, -a; -i, -ów *potato*

zi|ma, -my, w -mie; -my, -m *winter* zimno *it's cold* zimno mi *I'm cold* zimn|y, vir. -i *cold*

zlikwid|ować, -uję < likwidować *close down*

złamać: złamała się narta/narta jest złamana *the ski is broken*

złodzie|j, -ja; -je, -i *or* -jów *thief*

zło|to, -ta, w -cie *gold* złotów|ka, -ki, o -ce; -ki, -ek *or* złot|y, -ego *Polish unit of currency*

zły, vir. źli *bad, evil, wrong*

zmar|ł, -ła, -li *died* zmarły *dead*

zmęczenie *tiring out, tiredness* zmęcz|ony, vir. -eni *tired*

zmienia|ć, -m > zmien|ić, -ię, -i, zmień *change*

zmieszany *confused, embarrassed*

zmokn|ąć, -ę, -ie, -ij; zmókł, zmokła < moknąć *get wet*

znacz|ek, -ka; -ki, -ków *stamp* znacznie lepiej *much better* znacz|yć, -y (impf.) *mean*

zna|ć, -m > poznać *know, be acquainted with*

znajomoś|ć, -ci *acquaintance, friendship, knowledge*

znajom|y, vir. -i *familiar, friend*

znakomit|y pomy|sł, -ego -słu *splendid idea*

zna|leźć, -jdę, -jdzie, -jdź; -lazł, -leźli, -leziony > znajd|ować, -uję *find*

zno|sić, -szę, -si, -ś > zni|eść, -osę, -esie, -eś; -ósł, -osłem, -eśli *put up with, stand*

znowu/znów *again* nie taki znów stary *not as old as all that*

zobacz|yć, -ę, -y < widzieć *see, catch sight of*

zoper|ować, -uję < operować *operate on*

zosta|ć, -nę, -nie, -ń < stać się nauczycielem *become a teacher*

zosta|wać, -ję, -je, -waj; -wał > -ć, -nę, -nie, -ń; -ł *stay, remain* został (za)aresztowany *he was arrested*

zostawia|ć, -m; zosta|wić, -wię, -wi, -w; -wił *leave, leave behind*

zresztą *anyway, by the way*

zrobić < robić do, *make*

zu|pa, -py, w -pie; -py, -p *soup*

zupełnie *quite* zupełnie nie *not at all* nie zupełnie *not entirely* zupełnie inny *completely different* zupełny *utter*

zwalnia|ć, -m > zwoln|ić, -ę, -i *slow down*

zwany *called*

zwiedza|ć, -m > zwiedz|ić, -ę, -i *visit (a place)* zwiedzanie *sightseeing*

zwierz|ę, -ęcia, o -ęciu; -ęta, -ąt *animal*

zwłaszcza wtedy, kiedy *especially when*

zwraca|ć się, -m > zwró|cić się, -cę się, -ci się, -ć się do + gen. *address, turn to*

zwycięst|wo, -wa; -wa, -w *victory*

zwykle *usually* zwykły, vir. zwykli *normal, usual, ordinary*

zza + gen. *from behind*

źle *badly, wrong(ly)*

źród|ło, -ła, w -le; -ła, -eł *stream, source*

ża|ba, -by; -by, -b *frog*

żad|en, -na, -ne *none, no, not any*

żakie|t, -tu, w -cie; -ty, -tów *jacket*

żal mi, że *I regret that* żal mi się go zrobiło *I felt sorry for him*

żar|t, -tu, o -cie; -ty, -tów *joke, practical joke* żart|ować, -uję > po- *joke*

żąd|ać, -am, -a, -aj > za- + gen. *demand* żądany *desired*

że *that* żeby *in order to/so that*

żegna|ć się, -m się > pożegna|ć się, -m *say goodbye*

żelaz|ko, -ka; -ka, -ek *iron (for
    ironing)* żelazny *iron* żelaz|o,
    -a, o -ie *iron*
żeński *feminine, female, ladies'*
żeton, -u, o -ie; -y, -ów *token*
żołnierz, -a; -e, -y *soldier*
żo|na, -ny; -ny, -n *wife*
żółty *yellow*
ży|ć, -ję, -je, -j > *live, be alive* nie
    żyjący *late*
życi|e, -a *life*
życze|nie, -nia; -nia, -ń *wish*
życzliw|y, vir. -i *sympathetic, kind*
    życz|yć, -ę, -y > + dat. + gen.
    wish someone something

polish conversation
joanna michalak-gray

- Do you want to talk with confidence?
- Are you looking for basic conversation skills?
- Do you want to understand what people say to you?

Polish Conversation is a three-hour, all-audio course which you can use at any time, whether you want a quick refresher before a trip or whether you are a complete beginner. The 20 dialogues on CDs 1 and 2 will teach you the Polish you will need to speak and understand, without getting bogged down with grammar. CD 3, uniquely, teaches skills for listening and understanding. This is the perfect accompaniment to **Polish** in the **teach yourself** range.

Joanna Michalak-Gray is an experienced teacher of Polish to English-speaking students from all walks of life, and since 1993 has been a GCSE examinations scrutineer.

teach yourself

beginner's polish
nigel gotteri and
joanna michalak-gray

- Are you looking for a simple way to learn Polish?
- Do you want to progress at your own pace?
- Do you want to communicate and get around with confidence?

Let the experts be your guide! **Beginner's Polish** will help you get to grips with the basics and be confident in everyday situations – without using jargon or requiring any prior language knowledge. With lots of support, practice pronunciation, examples and explanations this flexible course will suit your needs, whether you need a refresher, want to make the most out of a holiday or wish to go on to further study.

With **Teach Yourself Beginner's Polish** you're in control of your learning and you set the pace!

Nigel Gotteri has recently retired from Sheffield University, where he taught Polish as a Senior Lecturer in Russian and Slavonic Studies from 1973. **Joanna Michalak-Gray** is an experienced tutor of Polish to adult language learners.